일상의 한가운데서 신비주의자로 살기

삶과 사랑에 빠진
아이처럼

삶과 사랑에 빠진 아이처럼

일상의 한가운데서 신비주의자로 살기

2023년 5월 2일 초판 1쇄 발행. 디르크 그로서가 쓰고, 추미란이 옮겼으며, 도서
출판 샨티에서 박정은이 펴냅니다. 편집은 이홍용과 윤혜정이 하고, 표지 및 본
문 디자인은 김현진이 하였으며, 이강혜가 마케팅을 합니다. 인쇄 및 제본은 상지
사에서 하였습니다. 출판사 등록일 및 등록번호는 2003. 2. 11. 제2017-000092
호이고, 주소는 서울시 은평구 은평로3길 34-2, 전화는 (02) 3143-6360, 팩스
는 (02) 6455-6367, 이메일은 shantibooks@naver.com입니다. 이 책의 ISBN은
979-11-92604-12-1 03200이고, 정가는 18,000원입니다.

삶과 사랑에 빠진 아이처럼

일상의 한가운데서
신비주의자로 살기

디르크 그로서 지음
추미란 옮김

【산티】

모든 것을 시험해 보고 좋은 것을 꼭 붙드십시오.

— 사도 바울로의 《데살로니카인들에게 보낸 첫째 편지》에서

차례 ———————————

한국어판 서문

'일상에 뿌리 내린 신비주의'를 보여주려는 소박한 시도에서 시작된 이 책이 내가 사는 곳에서 참 먼 한국에서 번역 출간된다고 생각하니 매우 기쁘고 영광스럽다. 한국의 독자들과 내가 비록 8천 킬로미터도 넘게 떨어져 있지만, 나는 우리가 아주 깊은 곳에서부터 서로 연결되어 있다고 믿는다. 인간으로서 누구나 겪는 경험들로 말이다. 예컨대 어느 아름다운 날에 느끼는 행복감, 아이들이 우리 마음속에 부채질하는 그 무엇보다도 깊은 사랑, 우리가 이 우주에 보내는 신뢰, 종종 우리를 우울하게 하는 의심들, 부조리한 상황들이(그리고 우리 스스로가) 유발하는 헛웃음, 누군가를 잃었을 때 겪는 슬픔, 그리고 작은 풍뎅이 한 마리가 손가락을 간지럽히며 주는 기쁨 같은 경험들 말이다.

우리를 인간이게 하는 것은 실제로 우리가 이미 넘치도록 들어온 커다란 이념, 개념, 이론이 아니라 이런 경험들이 있는 우리의 일상이다. 서로 너무도 다른 이념, 개념, 이론 덕분에 인간은 역사 내내 서로 싸우지 않은 적이 없다. 하지만 인생은 우리의 이 아주 단순하고 철저히 인간적인 일상들이 모인 것이며, 그 일상을 사는 우리는 세상 어디에 살든 모두 비슷한 존재들이다.

그리고 그런 일상을 새로운 눈으로 보고 소중히 여기며 다시 세상과 사랑에 빠지는 것은 우리 모두에게 좋은 일이다. 일상은 우리가 주의 깊게 보고 엿듣고 현재의 순간에 빠져드는 법을 배우기만 하면 우리 모두를 위한 진짜 기적을 보여준다. 그런 의미에서 이 책《삶과 사랑에 빠진 아이처럼*Lass es gut sein*》은 대단한 책이 아니다. 우리 모두 이미 이렇게 저렇게 경험한 것들 혹은 십중팔구 계속 경험할 것들에 관한 책이니까 말이다. 그리고 무언가 지속적이며 의지할 만한 것을 찾는 것, 진정한 소속감을 발견하는 것, 스트레스나 분노, 무력감 같은 감정에서 빠져나오는 방법들, 기쁨과 자유, 정신없는 삶 속에서 가만히 쉴 수 있게 하는 소박한 만족감에 관한 책이니까 말이다.

인류가 이미 수백 년, 심지어 수천 년 전에 이미 자각하고 말했던 수많은 것들이 이런 일상 속에서 그 모습을 드러낸다. 그리고 바로 그런 의미에서 이 책에서 내가 가볍게 언급하는 다양한 문화의 신비주의자들도 그 대단한 시공간의 심연을 넘어 우리와 다르지 않은 사람이 된다. 그들도 우리와 같은 인간이다. 그리고 그들의 말은 지금도 우리의 일상에서 우리를 통해 새로운 생명을 부여받고, 그렇게 우리도 그 말들로 새로운 생명을 부여받는다.

당신이 지금 이 책을 펼치며 이 인간적인 여정을 나와 함께 가기로 한 것이 나는 정말 기쁘다. 매우 일상적인 것들 속에 숨어 있는 큰 비밀을 우리 함께 발견해 보자. 모든 존재를 하나로 묶어주고 우리를 진정한 형제자매로 만들어주는 그 비밀을!

디르크 그로서
2022년 가을

일상의 신비주의자가 되자

　나에게 종교는 영성 세계의 세발자전거 같은 것이다. 여섯 살 난 아이에게 세발자전거는 더할 수 없이 적절하지만 열여섯 살에도 여전히 세발자전거를 탄다면 조금 이상할 것이다. 그런데도 우리의 전통적인 교회들(힌두교, 기독교, 이슬람교 등등 모든 종교를 포괄한 말이다)은 우리를 자신의 치맛자락에 묶어두려 한다. 그리고 변절자는 카르마의 저주로 위협하고 독실한 자는 성스러운 약속들로 어르고 달랜다. 폐소공포증을 유발하는 이런 답답한 상황에서 사람들은 당연히 벗어나고 싶었다. 그러므로 사실상 종교의 역사는 전통과 혁신, 절대 권력과 아나키즘, 의례와 자율적 사고, 계율과 사랑, 금욕주의와 쾌락주의, 선행과 믿음 사이의 영원한 줄다리기 역사였다.

　종교든 경제든 정치든 인생의 큰 주제들은 모두 삶이라는 큰 바위를 둘둘 감고 있는 밧줄 같은 것이고, 우리는 그 밧줄이 이끄는 대로 끌려간다. 그리고 프로파간다를 통해 다른 사람도 그와 같은 쪽으로 끌고 가려 한다.

그런데 그렇게 끌려가거나 끌고 가기를 멈추고 그냥 바위를 보고 감탄해 보면 어떨까? 원래 있던 그 자리가 그 바위의 자리일지도 모르지 않은가?

디르크 그로서는 철저하게 순간을 사는 자타공인 신비주의자이다. 자신의 음악적 재능을 발휘할 때도, 두 딸과 함께할 때도, 아내 제니와 함께 글을 쓸 때도 그렇다. 그리고 거칠게 몰아치는 대서양의 파도가 우리의 영혼과 정신을 고양시키던 아일랜드의 해변을 함께 산책하며 이야기를 나눌 때에도 그랬다. "교회의 교리를 따르면 영혼의 구원을 보장할 수 있다"는 전통적인 믿음을 가진 사람이라면 디르크 그로서의 생각과 글이 불편할 수도 있다. 그렇다고 디르크 그로서가 주말 명상 수업에 참석했다가 깨달았다며 집 앞에 "구루와의 만남—한 시간에 100유로"라고 써 붙이는, 빛으로 충만한 '뉴에이지' 사람들이 좋아할 만한 유형도 아니다.

디르크 그로서는 그만의 매우 독특하고 현명하면서 대담한 방식으로 신비주의의 복잡하고 현란한 실타래를 풀어주며 일상의 신비 속으로, '속俗'을 사는 우리 마음속의 '성聖' 속으로, 현재 순간의 영원함 속으로 우리를 인도한다.

결국에는 어디에서 찾느냐가 아니라 어떻게 찾느냐가 중요하다. 어떻게 찾아야 하는지 모른다면 사방팔방 돌아다녀도 못 찾는다. 어떻게 찾아야 하는지 안다면 어디서나 찾고, 찾지 못할 게 없다. 성경에 나오는, 보물을 발견한 농부의 비유에서처럼 우연히 본질을 발견하는 사람들이 있다. 농부는 자신이 부쳐 먹던 부자의 땅에서 일하다가 보물을 발견했다. 그리고 진주를 발견한 상인의 비유에서처럼 일생을 그 목표 하나만으로 찾은 끝에 드디어 발견하게 되는 사람도 있다.(《마태오의 복음서》13장 44~46절에 나오는 보물과 진주의 비유—옮긴이) 두 사람 다 그렇게 찾은 보물과 진주를 자신이 가진 모든 것과 바꾸었다. "하늘 왕국은 모든 것을 요구하기 때문"이다. 그렇다고 가족과 고향을 등지고 집도 차도 팔고 히말라야로 떠나지는 말기 바란다. 그보다는 모든 사람과 모든 상황에 신이 숨어 있음을 알기를 바란다. 존재하는 모든 것이 변장한 신이다. 우리가 알아야 할 것은 이처럼 간단하다!

'속俗'을 부정하지 않고 그곳에 은총을 내릴 때 신성이 찾아올 것이다. 일상의 신비주의자, 실용주의자, 보통의 예술가가 되자.

디르크 그로서가 그 방법을 차근차근 알려줄 것이다.

세안 오라이어Seán ÓLaoire

들어가는 말

일상이 진정한 기적이다

우리는 특별함에 끌린다. 특별한 사람이 되고 싶고, 특별한 관심을 받고 싶고, 특별한 것을 보고 싶고, 특별한 사람을 만나고 싶고, 특별한 이벤트를 원하고, 조금이라도 더 특별한 경험을 하고 싶다. 그게 어려우면 집에서 기르는 고양이라도 페이스북에서 사랑을 듬뿍 받았으면 좋겠다. 뭐든 특별해야 좋고 평범함은 지루하다. 이제는 이것이 일단 접고 들어가는 기본적인 생각이 된 듯하고, 영성 분야에서도 그 사정은 다르지 않다. 주제가 특이할수록, 나아가 튈수록 더 많은 사람이 관심을 보인다! 이것이 간단하지만 늘 통하는 규칙이 되었다.

그래서 우리는 지금 있는 것(혹은 지금 없는 것), 현재 이 순간 일어나고 있는 것이 아닌 것들만 보느라 정신이 없다. 먼 곳만 보느라 우리 발 바로 앞에서 조심조심 고개를 내미는 아네모네꽃은 보지 못하고 밟아버린다. 인도에서 온 구루의 위엄 넘치는 말은 경건하게 듣지만, 병원에서 같이 순서를 기다리

15

던 옆의 할머니가 당신 강아지에 관해 칭찬을 늘어놓으면 슬슬 짜증이 난다. 크리스털 연꽃 명상은 잘하지만, 낙엽을 치울 때는 그것들의 아름다움을 조금도 감지하지 못한다. 돌고래와 수영은 하고 싶지만, 아이들과 개울가에서 올챙이를 보며 놀 시간은 없다……

그런 의미에서 이 책은 그 반대를 추구한다. 이 접근법은 붓다의 가르침, 노자의 지혜, 예수가 보인 모범의 정수들만 모은 접근법이고 일상에서 신비주의를 어떻게 실천할 수 있는지를 일목요연하게 보여주는 접근법이다.

이른바 사막의 교부들, 즉 3세기부터 이집트, 시리아 등지의 사막에서 관상觀想(혹은 명상冥想)에 전념했던 초기 기독교의 수도사라면 분명히 좋아할 접근법이다. 지혜로운 달라이 라마와 폭탄이라도 맞은 듯한 외모의 정신 나간 마법사 캣위즐(영국 TV 프로그램 〈캣위즐Catweazle〉의 주인공—옮긴이)을 반반씩 섞어놓은 듯한 이 사막의 교부들은 우리의 삶이 정확히 바로 지금 이곳에서 말하려는 것을 보고 배웠다.

사막의 교부, 압바스 모세스Abbas Moses도 그래서 다음과 같은 멋진 말을 남겼다. 어느 날 한 제자가 혼란에 빠진 채 스승인 압바스 모세스에게 한 말씀 해주십사 부탁하자, 압바스 모세스가 "사원의 지하실Kellion로 가거라. 지하실이 너에게 모든 걸 가르쳐줄 것이다!"라고 한 것이다.(Kellion은 원래 사막으로 들어간 수도사들의 단순한 구조의 오두막이나 산비탈에 파놓은 굴 따위를 뜻한다.)

흠! 그 젊은 제자는 분명 그런 답을 기대하지는 않았을 것이다. 어쩌면 최후의 만찬에서 썼던 '그 성배'를 찾아오라는 숭고한 임무를 받고 싶었는지도 모른다. 아니면 "특별한 기도문을 궁리해서 올리는 것으로 신에 도달하라" 혹은 "어떤 밀교 명상법을 통해 황금 날개를 돋게 하라" 같은 말을 기대했을지도 모른다. 그것도 아니면 최소한 용을 죽이고 처녀를 구하는 일도 괜찮을 것 같다…… 하지만 이미 도가 튼 압바스 모세스는 노련하게도 그 수도사를 그저 지하실로 보냈다. 말하자면 '외출 금지+TV 금지'를 시킨 것이다!

그 제자는 바로 지금 여기서 모든 것을 배울 수 있었다. 눈을 뜨고서 매 순간 일어나는 일에 거부함 없이 자신을 맡길 때, 진정으로 지금 여기에서 자신을 발견하고 자신의 모든 관점과 측면을 받아들이고 자신의 감정을 연구하고 고요를 유지할 때, 그리고 일상 속 경이로움을 발견할 때 말이다.

바로 이것이 현대의 우리에게도 필요한 것이다. 우리에게 모든 것을 가르쳐줄 우리만의 지하실을 우리도 갖고 있다. 바로 우리의 일상을!

그러므로 별 볼일 없지만, 지극히 정직한 일상으로 돌아가

자. 색연필로 거실 벽에 거대한 악어를 그려놓는 우리의 아이들에게로, 어떻게 그곳까지 오게 되었는지 기억도 못하는 중앙역 대기실의 노숙자에게로, 그 어떤 학회에서보다 더 강한 인내심과 주의력을 요구하는 마트의 계산대로, 고압 전선 탑과 공사장 칸막이의 아름다운 자태 속으로, 정말 감동적인 음악으로, 함께 웃고 떠들기도 하지만 함께 침묵할 수도 있는 진정한 친구에게로 돌아가자. 그렇게 일상으로 돌아가자. 왜냐하면 일상이 우리가 마음대로 할 수 있는 모든 것이자 우리가 필요한 모든 것을 찾을 수 있는 곳이기 때문이다.

슈퍼히어로 영화와 죽음, 운명에 대한 천착들 사이, 정신없이 흘러가는 일과 사랑하는 사람과 주고받는 부드러운 모닝키스 사이, 크리스마스 직전 토요일의 번잡한 시내에서 주차할 곳을 찾는 일과 파티에서 몰래 빠져나와 혼자 맥주 한 병을 마시며 고요히 밤하늘을 바라보는 사이, 그 사이에서 우리는 우리만의 여행을 한다. 가끔은 절이나 교회, 이슬람 혹은 티베트 사원으로 여행하기도 하지만 보통은 이른바 세속의 장소를 한 발 한 발 걸으며 여행한다. 무한한 우주와 비교하면 작은 점에 불과한 지구가 보여주는 길이 그야말로 끝이 없다. 우리만의 영성을 찾게 하고 신, 알라, 불성佛性, 날아다니는 스파게티 몬스터, 도道 등등 당신이 뭐라고 부르든, 그것을 발견하게 하는 바로 그 길 말이다. 수피 신비주의자 하즈라트 이나야트 칸Hazrat Inayat Khan도 이 여행의 특성이 모든 것의 이면에서 신성을 보는 것이라고 했다.

"눈을 뜨고 제대로 여행하는 사람들이 있다. 눈앞에서 펼쳐지는 아름다움을 모두 보고 기뻐할 줄 알고 경이로움에 감탄할 줄 아는 사람들이다. 이들에게는 한 발 한 발이 새로운 경험이고 더 큰 기쁨이고 또 하나의 특별한 은총이다."[1]

바로 그렇다! 그렇게 우리는 일상의 신비주의 속으로 들어간다. 그리고 신비주의를 따라 삶의 멋진 모순 속으로 들어간다. 신비주의Mystik라는 말은 그리스어로 '눈을 감다myein'에서 나왔지만, 사실은 칸이 정확하게 이해했듯이 '눈을 뜨고' 여행하는 것이다. 이 모순에 대해서는 뒤에 또 언급할 테니 여기서는 일단 아름답지만 안타깝게도 잊힌 감이 없지 않은 라틴어 개념, 즉 '대립의 일치coincidentia oppositorum'(무한자로서의 신에게는 모든 대립이 통일된다고 했던 니콜라스 쿠자누스의 이론—옮긴이) 정도로만 이해하고 넘어가도록 하자.

다만 신비주의가 비밀 가득하고 모호한 것이 아니며 오컬트occult(초자연적·밀교적 이론과 실천을 다루는 학문—옮긴이)는 더더욱 아님을 확실히 밝혀두고 싶다. 당신은 벨벳 로브도 흰 수염도 주문할 필요가 없다. 신비주의란 간단히 말해 영성이라는 추상적인 생각을 살아있는 현실로 만드는 것이다. 현실을 의식적으로 살아가다 보면 영적인 경험이란 언제 어디서든(그리고 가끔은 정확하게 예기치 않은 상황 속에서도) 가능함을 알게 된다. 그렇게 눈을 뜨고 여행하다 보면 미완 속 아름다움을, 혼돈 속 경이로움을, 소란 속 고요를 발견할 테고, 어쩌면 요다Yoda(영화 〈스타워즈〉에 나오는 제다이들의 스승—옮긴이)의 어법 속에 숨겨진 의미까지 보게 될지도 모른다.

칸의 말처럼 이제 우리는 "눈앞에서 펼쳐지는 아름다움을 모두 보고" 우리의 전통만이 아니라 다른 문화들이 큰(그리고 온전하게 볼 수 없었던) 그림을 위해 모아온 작은 모자이크 돌들에게서도 영감을 얻으려 한다. 그러므로 이 책에서 우리는 기독교, 유대교, 이슬람교, 힌두교, 도교, 불교의 원천들을 열심히 살펴보고 세계 어디서든 어느 시대든 일상의 신비주의에 몰두했던 사람들이 있었음을 깨닫게 될 것이다. 그중에는 사람들 눈에 띄지 않게 세속을 완전히 떠나 자신만의 길을 걸었던 사람도 많다. 그들은 수도자이자 일반인이었고 신학자이자 채소 장수였고 명상하는 은둔자이자 열정적인 여행가였으며 지혜로운 광대이자 아웃사이더였다. 그리고 그들의 생각, 믿음, 때로 매우 기묘한 행동들은 오늘날에도 매우 생생히 경험할 수 있는, 일상의 모든 순간 속에서 뛰는 '세상의 심장'을 암시한다.

지금 당신에게 어쩌면 조금 과하다 싶게 감상적으로 느껴질 수도 있는 것이, 이 책을 다 읽어갈 즈음에는 희망하건대 아주 당연한 것이 되기를 바란다. 왜냐하면 이 책은 세상과 그 세상에 사는 모든 특별한 존재들과 새로운 수준의 관계를 맺는 것에 관한 책이기 때문이다. 그리고 그 모든 존재 안에 있고, 세상의 기적들 속에 숨어 있고, 그러면서 그 하나하나의 합보다 더 큰 무엇과의 관계에 관한 책이기 때문이다.

모든 경험이 새로운 곳으로 향하는 문이다

동시에 큰 영적 전통들의 다른 면, 즉 신비주의의 모든 '아름다움'도 당신 '눈앞에 펼쳐지게' 될 것이다. 뜻밖의 감동을 주고 우리를 한 뼘 더 자라게 하는 일상의 모든 평범한 순간들이나, 우리를 움츠러들게 만들고 마음을 닫게 만들거나 무감각하게 만드는 일상의 버거운 순간들 속에서 말이다. 심지어 그 버거운 일상의 경험들조차 용기를 내어 제대로 들여다본다면 내면의 세계는 물론 외적인 세상으로 향하는 문을 만나게 될 것이다.

다행히 신비주의자들은 대개 세상을 등진 몽상가나 기인이 아니라 각자의 사회에 두 발을 단단히 딛고 섰던 사람들이었다. 하지만 이들은 늘 다시 일어나는 불편한 감정과 내면의 갈등과도 끊임없이 싸웠다. 그 감정과 내면의 갈등은 오늘날에도 우리에게 중요한 역할을 하며, 오락 산업과 제약 회사 직원들에게 막대한 수익을 보장해 준다. 우리의 불안, 분노, 회의, 무력감, 우리의 취약성, 소속감과 자신만의 공간에 대한 갈망, 삶에 대한 기대와 그 기대 끝에 오는 실망, 그리고 소음이 난무하는 세상 속에서 고요를 찾는 절박함 등, 우리가 거듭 경험하는 이 모든 일상적인 감정들, 생각들, 상황들은 고대 중국의 도시에서도, 고대 인도의 코끼리 도로에서도, 팔레스타인의 먼지 나는 대로에서도, 고대 로마가 지어 올린 최초의 마천루에서도, 터키 남부 코냐와 바그다드의 정원들에서도, 그리고 중세 유럽의 수도원에서도 있었다. 모든 시대 모든 곳에 〈세서미 스트리트〉(미국의 유명한 어린이 애니메이션 프로그램―옮긴이)의 노랫말인 "질문하지 않으면 바보가 돼"(those who don't ask stay dumb!)를 거듭 되뇌는 사람들이 있었고 지금도 있다. 인간 존재의 수수께끼에 눈을 돌리고 이 경계 없는 우주에 자신의 자리가 어딘지 알고 싶은 사람들, 인간으로 산다는 것이 진짜로 무슨 의미인지 알고 싶은 사람들 말이다.

그리고 이 용기 있는 순례자들은 인간의 삶을 근본부터 뒤집는 질문들을 너무도 치열하게 파헤친 나머지 결국 그 답도 스스로 발견해 냈다. 그 답이 꼭 지금 우리의 답일 필요는 없지만 최소한 우리만의 답으로 이끄는 길로 우리를 데려가 줄 것이다. 바트 피르몬트(독일의 소도시—옮긴이) 소재 어느 퀘이커교 교회를 방문한 적이 있는데 그곳에서 만난 사람이 나에게 이런 의미심장한 질문을 던졌다.

"예수는 이렇게 말했고 바울은 저렇게 말했는데…… 당신은 뭐라고 하겠소?"

우리는 지난 2~3천 년 전의 답에 귀를 기울이고, 당시 사람들이 인생의 걸림돌로 보이는 이 장애와 난관을 어떻게 가장 큰 힘의 원천으로 바꾸었는지 본 다음 우리만의 여행에서 우리만의 길을 갈 수 있다. 우리는 우리 자신, 우리 감정, 세상, 세상 속 비밀과 우리만의 관계를 만들 수 있다. 우리는 (내 소견으로는 영성에 속하는) 아주 보통의 일상에서 영적인 길을 갈 수 있고, 신비주의는 어떤 종교도 아니고 자학이나 고행이 수반되는 신조도 아니며 단지 세상과 당신의 지극히 개인적인 관계를 축하하는 것임을 볼 수 있다. 신비주의는 이 세상을 가득 채우고 있는, 근본적으로 신성한 비밀들을 알아차리는 것이고, 우리 존재의 가장 깊은 원천과의 진정한 연결 속으로 깊이 내려가는 것이며, 그때 경직된 종교적 구조들을 기꺼이 뒤로하고 본질에 더 집중하게 될 것이다.

이 책에서 나는 그 길을 당신과 함께 가며 누더기를 걸친 사막의 재담꾼들, 방랑하는 수피 형제들, 명상하는 스님들, 술을 좋아하는 산 속 은둔자들이 남긴 말을 우리 현대의 삶과 연결해 보고자 한다.

또한 몇 가지 연습과 명상에 대한 소개도 제공할 것이다.

그리고 마침내 당신은 마음을 활짝 열고 세상과 삶과 새롭게 사랑에 빠지게 될 것이다.

이때 치유를 부르는 삶의 기술이 조금씩 전해질 것이고, 이 기술이 우리 내면에서 자고 있던 일상의 신비주의자를 깨워 세상에 소속감을 느끼게 하고, 강하면서도 공감할 줄 아는 마음을 키워줄 것이며, 자신을 보고 한바탕 웃을 줄 알고 현재 순간이 만들어내는 마술을 볼 줄 알게 할 것이다.

사막으로 떠날 필요도, 수도원에 들어갈 필요도 없다. 이미 하던 일을 계속하면 된다. 살아가는 것 말이다! 그리고 눈을 뜨고 있으면 된다……

하늘에 계신 근엄한 그분을 구름 아래로 밀기

전통 밖에서 자신과 신을 찾기

본격적으로 시작하기 전에 잠깐 과거를 회상해 보는 것도 분위기 환기에 좋을 것 같다. 회상으로 시작하는 것이 역사 소설이나 공상 과학 영화에 좋다면 정신 세계 책이라고 나쁠 게 무어랴. 인정하고 싶든 아니든 이 두 장르와 영성 분야는 교집합 부분이 작지도 않다.

그런 의미에서 다음 몇 장면을 한번 음미해 보자.

이곳은 이집트 시나이 반도의 바싹 마른 고원 지대이다. 건조하기 이를 데 없고 햇살이 쨍하기가 눈을 찌를 듯하며 공기는 질식할 정도로 뜨겁다. 그늘? 그런 거 없다. 물? 최소한 근방에는 없다. 은퇴 후 살고 싶은 땅은 절대 아닐 것 같은 이런 곳에도 작은 흙집들이 술 취한 거인이 던져놓은 주사위처럼 드문드문 있다. 모두 한 칸짜리 집이고 현대의 도쿄에서나 넉넉하다 할 만한 크기이다. 이런 집 문을 하나 열고 들어가면 나이 든 여윈 남자가 보인다. 갈색 수도복이 꽤 낡았다. 남자는 바닥에 앉은 채 바구니 짜는 일에 몰두하고 있다. 그러다 때가 되면 일을 멈추고 숭고한 빛이 가득한 눈을 감는다. 그렇게 넉넉히 한 시간은 그대로 앉아서 성경의 문장들을 떠올린다. 자신의 삶을 예수의 그것과 연결해 주고 그곳 카파도키아, 시리아, 팔레스타인, 이집트의 도시들보다 더 큰 세상과 더 큰 진리를 암시하는 문장들이다. 지배와 피지배, 사고 팔기, 싸우거나 도망가기를 모두 초월한 더 큰 진리. 그러다 그는 다시 눈을 뜬다. 이제 그의 눈은 더 반짝인다. 남자는 말린 대추야자 몇 개를 우물우물 먹은 뒤 행복하고 만족스러운 얼굴로 다시 일을 계속한다.

꽤 깊은 계곡의 위쪽, 안개 자욱한 산 속에 남자는 홀로 웅크리고 앉아 있다. 아랫마을의 농부들과 가축들이 내는 소리가 희미한 메아리로 올라온다. 남자는 그곳에서 새 소리를 듣고 가끔(아니 사실은 매일) 쌀로 빚은 술을 마시고 먹을 갈아 한지에 멋진 선을 그으며 단순하고 인상적인 풍경화를 그린다. 시도 짓고 명상도 한다. 그 외 다른 일은 하지 않는다. 그날그날 먹을 것은 아랫마을로 내려가 얻어온다. 자신들이 먹을 음식도 넉넉하지 않지만 기꺼이 나눌 줄 아는 사람들이 있다. 이 사람들은 남자가 그 위에서 무엇을 하는지 정확히는 몰라도 그의 내면이 고요해 들뜨고 혼란스러운 마음을 치유해 준다는 것은 잘 안다. 그는 선불교 스님이고 도를 닦는 도인이다. 애수를 자아내는 그의 대나무 피리 소리는 저녁 바람에 실려 계곡 너머까지 퍼져나간다. 그에게는 그 피리 소리가 어떤 성스러운 글보다 더 의미심장하다.

이제 사람들로 북적거리는 아나톨리아, 코냐(지금의 튀르키예 남부—옮긴이)의 어느 거리이다. 사람들은 조심조심, 그러나 망설임 없이 시장의 가판대로 가 무화과, 오렌지, 석류 따위를 코에 대보고 향신료와 직물의 품질도 평가한 후 주인들과 큰소리로 가격을 흥정한다. 주화들이 오가고 물건을 넣은 자루들이 짐승의 등에 올려진다. 중세의 그 모든 전형적인 상거래 풍경 속에 한 남자가 아무 일에도 관심을 보이지 않고 마치 이물질처럼 서 있다. 다듬어야 할 때를 이미 오래전에 놓친 듯한 검은 턱수염을 하고, 마찬가지로 오래 빨지도 수선하지도 않은 검은 옷을 입고 있다. 바로 탁발 수도사로 지혜와 유머가 가득한 이야기가 그의 재산이다. 그는 전례가 없는 방식으로 전지전능한 신 알라에 관해 설파한다. 그곳 사람들에게 그는 편하지 않은 존재이고, 그가 떠나면 사람들은 안도한다. 소수만이 그의 말에 귀를 기울이지만, 그가 말을 마치면 그들은 어느새 새사람이 된다.

드디어 긴 흰 수염의 남자도 등장한다. 남자는 폴란드 크라쿠프의 하시디즘(유대교 신비주의—옮긴이) 교회의 랍비이다. 이날 밤 사람들은 18세기 끝 즈음해서 자신들의 믿음을 축하하기 위해 모였다. 교회 사람들은 이 랍비를 차딕zaddik이라고 불렀는데 '올바른 사람'이란 뜻이다. 그는 종종 사람들을 웃게 만드는 비유와 이야기를 들려준다. 하시디즘은 정통 유대교에 속하긴 하지만, 다른 곳의 교회당보다 훨씬 덜 엄숙하며 진지하지 않아서 중상을 당하거나 불만을 사기도 한다. 기쁨의 눈물을 훔치고 팔을 흔들며 신을 찬양하고 춤추고 노래하는 이 차딕을 다른 교회당 사람들이 보았다면 그 주체할 수 없는 삶의 환희 속에서 그저 경망함과 죄만을 보았을 것이다. 그의 흰 수염조차 그런 심판을 막아주지는 못한다. 하지만 그는 눈곱만큼도 신경 쓰지 않는다. 신이 자신과 함께 기뻐하고 있음을 잘 알기 때문이다.

이제 장면은 해가 질 무렵의 갠지스강을 비춘다. 이런저런 시체가 경쾌하게 타오르는 동안 소들은 늘 그렇듯 여기저기서 길을 막고 있고, 한 남자가 넙적한 돌에 고요히 앉은 채 흐르는 강물을 바라본다. 강물은 헤아릴 길 없는 인생을 보여준다. 강물처럼 잠시도 머물지 않을 존재에 우리는 왜 집착하는가? 수년 동안 그는 인도 전역을 다니며 명상했고, 가르침을 베풀었고, 인도의 위대한 영적 서사시의 일화들을 들려주었다. 그러는 동안 지배 계급인 브라만과 계속 갈등을 겪었는데 그들의 우상 숭배와 특정 관습을 그가 대놓고 불합리하다고 논박했기 때문이다. 그는 이른바 영성계의 슈퍼스타는 분명 아니고, 카스트 제도에 반대하는 것도 명성을 얻는 데(그리고 물론 큰 사원이나 마하라자의 궁전에서 보수 좋은 자리 하나 얻는 데도) 도움이 되지 않았다. 오늘만 해도 그는 자신을 삐딱하게 바라보는 대중 앞에서 신으로 향하는, 전문 사제 조합의 복잡하고 값비싼 의례가 필요 없는 단순한 길을 다시 설파했다. 덕분에 한 브라만은 그의 머리에 반쯤 썩은 망고를 던졌고, 그런데도 화가 풀리지 않았는지 쿵쾅거리며 자신의 사원으로 돌아갔다. 우리의 방랑 사제는 최소한 저녁에 먹을 게 하나 생겼다. 그는 망고의 껍질을 깎으며 미소 지었다. 신도 미소 지어 주었다.

이제 마지막 장면이다. 독일 딜링겐 안 데어 도나우 소재 어느 사원에 딸린 병원이다. 침대가 열 개 있다. 매트리스는 짚으로 만들었고 이불은 소박하고 거칠다. 여기저기 기침 소리와 참다못해 새어나오는 앓는 소리가 들린다. 하지만 암갈색의 수도복을 입은 젊은 수녀가 지나가면 놀랍도록 모두 평안해진다. 환자들은 그녀를 보고 희망을 얻고 힘을 낸다. 젊은 수녀는 사실 그때 큰 미사에 참석해야 했다. 심지어 멀리서 온 주교가 참석한다는 미사였다. 하지만 그녀는 수도원 생활을 시작할 때부터 향내 가득한 교회당보다는 도움이 필요한 사람들 곁에 있을 때 신과 더 가까워짐을 잘 알았다. 인생이 그녀를 그곳으로 이끌었고, 그녀는 "너희가 여기 있는 형제 중에 가장 보잘 것없는 사람 하나에게 해준 것이 바로 나에게 해준 것이다"라는 성경 구절[2]을 따르며, 자부심 넘치는 주교의 설교보다 병자들의 눈에서 정말 중요한 것을 보았다. 그녀의 신은 그녀가 거기서 도움의 손길을 내밀 때마다, 연민의 눈길을 보낼 때마다, 당시에도 맛이 지독하게 없었을 것이 분명한 허브차를 건넬 때마다 그녀 곁에 있었다.

이런 장면들이 뭔가 마음에 와 닿고 이런 사람들의 인생에 예전부터 끌렸다면, 당신은 분명 본능적으로 이미 사회적 약자의 편에 서 있는 사람이다. 당신은 부적응자 아웃사이더들에게 연민을 느낀다. 왜냐하면 다른 사람들과 달리 그들이 당신에게 할 말이 있음을 느끼기 때문이다. 추측하건대 당신은 월드컵 때마다 미국령 사모아나 트리니다드 토바고(카리브해 남동쪽 섬나라—옮긴이) 같은 나라가 16강에 들기를 바랄 것이다. 그러나 이런 나라 국가 대표팀이 우승 후보에 속하지 않듯이 신비주의자도 그들의 시대와 문화의 종교적 체제에 속하지 않는다. 하지만 약소 국가 축구팀 선수들과 달리 신비주의자들은 그런 점에 신경 쓰지 않는다. 자칭 독실한 신자라고 하는 사람들이 이들 신비주의자를 묘사하는 형용사는 '어리석은, 단순한, 빈궁한, 제정신이 아닌, 거만한, 위험한, 과격한, 세상 물정 모르는, 신앙이 없는, 불경한' 등등 참으로 다양하다. 그리고 그들이 아무리 공격해도 아무 소용이 없다는 것을 깨닫는 일도 그만큼 허다하다. 왜냐하면 모든 신비주의자에게 실제로 가장 잘 맞는 형용사는 바로 '영혼이 충만한'이기 때문이다.

신비주의자들은, 어떤 사람들은 설교단Minbar[3]에서나 상상할 만한, 신에 대한 자신만의 경험으로, 또 진실과의 직접적인 만남으로 영혼이 충만하다. 또한 인습에 매이지 않는, 경계를 넘어선 사랑으로 충만하다. 이런 충만의 경험은 신비주의자들을 모든 시대의 광신자와 위선자는 헤아릴 수도 없고 도달할 수도 없는 영적 깊이에 이르게 했다.

사막의 교부, 수피교도, 도교의 구도자, 선불교 스님, 동유럽의 하시디즘 신자, 힌두교의 방랑 수도자, 그리고 중세 유럽 수도원의 신비주의자, 이들에게는 한 가지 분명한 공통점이 있었는데 그것을 몇 세기 후 C.G. 융Jung이 다음과 같이 멋지게 표현했다.

"전통이 아무리 신성해 보여도 신은 그 안에 살기를 거부한다."[4]

이래서 신비주의자는 세간의 신자들과 근본적으로 다르다. 특히 신자들을 이끄는 성직자와는 근본적으로 다르다. 신비주의자도 물론 각자가 속한 문화의 비유와 상징을 사용한다. 하지만 이들은 그런 비유와 상징이 본질이 아님을 잘 알고 있다. 이미지에 너무 동일시되거나 기대감이 즉각적인 경험을 차단한다면, 이런 이미지가 자신만의 여정을 방해한다. 이런 위험을 잘 경고하는, 선불교에서 자주 인용되는 말이 있다.

"붓다를 만나면 붓다를 죽여라!"

이 책에서 앞으로 자주 만나게 될 14세기 독일의 위대한 신비가인 마이스터 에크하르트Meister Eckhart도 비슷한 말을 했다.

"그래서 나는 신에게 신에게서 벗어나게 해달라고 빌었다!"[5]

다음번에 여호와의 증인들이 당신 집의 초인종을 누른다면 에크하르트의 이 아름다운 말이 찍힌 티셔츠를 입어보는 건 어떨까? 당신에게 천국의 마지막 창가 자리를 팔려 드는 그 상냥한 사람들의 반응을 한번 잘 살펴보자. 분명 흥미진진한 대화가 시작될 것이다.

모든 이미지를 넘어

신비주의가 전달하는 신의 이미지가 다른 모든 종교의 신의 이미지와 다르다는 것만큼은 분명한 것 같다. 이 책이 말하는 '신'도 저 하늘 위에서 당신의 이른바 잘못들을 큰 장부에다 조목조목 적어놓고 적당한 때 혹은 아무 때고 그 죄를 묻는 근엄한 그분은 아니다. 신비주의에서 신은 그보다 비밀스럽고 불가사의하고 헤아릴 수 없고 설명할 수 없으며, 우리가 무엇을 상상하든 그 이상이다. 신은 (가장 큰) 어떤 존재가 아니라 세상에 두루 작용하는 원칙이자 세상을 먹여살리는 원천이고 존재들이 태어나는 근원이다. 신은 도道이고 〈스타워즈〉의 포스Force이고 당신 폐 속의 숨이고 진동하는 우주의 근본 리듬이다. 신은 모든 것이 상영되고 모든 가치와 희비극이 투사되는 스크린이다. 하지만 동시에 신은 그 모든 것이 아니다. 그모든 것도 결국은 설명할 수 없는 것을 설명하는 불충분한 이미지일 뿐이기 때문이다.

이런 이해는 모든 종류의 근본주의적 사고는 물론이고 대중들이 종교에 대해 이해하는 것과도 분명히 다르다. 그런 의미에서 '신'이라는 단어를 애초에 왜 써야 하는가 하는 의문이 정당하게 들 수밖에 없다. 모든 사람이 동의하는, 신에 대한 분

33

명한 정의가 없지 않은가 말이다. 게다가 이 단어가 무엇을 위해 그렇게 신랄한 방식으로 오용되어 왔는지, '그'를 앞세워 얼마나 많은 전쟁이 정당화되었으며, 앞으로도 여전히 정당화될 것인지, 그리고 얼마나 많은 억압, 폭력, 테러가 '그 이름' 아래 자행되어 왔는지를 보면 이 물음은 더 긴급해진다. 베네딕토회 수도사, 데이비드 슈타인들-라스트David Steindl-Rast같이 독실한 사람도 같은 생각을 했던 것 같다.

"오늘날에는 많은 사람이…… '신'이라는 말을 쓰고 싶어 하지 않는다. 이것은 우리 중에 그 말을 쓰는 사람들 때문이다."6

나도 그래서 오랫동안 '신'이라는 말을 쓰기를 절대적으로 거부해 왔었다. 무엇보다 '우리 중에' 그것을 틈만 나면 다른 사람을 비난하는 데 써대는 사람들 때문이었다. 그런데 위대한 유대인 종교 철학자 마르틴 부버Martin Buber에게 천착하다가 이런 멋진 문장과 만나게 되었다.

"우리는 '신'을 다시 깨끗하게 세탁할 수 없고 다시 온전하게 만들 수 없다. 하지만 큰 고통의 시간이 찾아올 때 갈기갈기 찢기고 더럽혀진 그대로 '신'을 바닥에서 들어올려 세울 수는 있다.7

나는 전적으로 부버가 말한 의미와 부버가 경탄해 마지않았던 동유럽 하시디즘의 의미를 받들며, 여기에 "큰 기쁨의 시대에도 그렇다!"라고 덧붙이고 싶다.

중요한 것은 존재의 깊은 차원을 경험하는 것이고, 그런 면에서 '신'이라는 말은 우리 문화에서 긴 전통을 차지한다. 그러므로 우리는 한 음절 이상의 훨씬 더 큰 무언가를 암시하는 이 소중한 단어를 자기만의 이기적인 목적을 위해 혹은 자신의 신경증을 종교라는 베일로 가리기 위해 오용하는 사람들에게 넘겨주어서는 안 된다.

'신'이 미국의 텔레비전에 나오는, 드라이기로 머리를 잘 살린 설교자 혹은 이슬람교 광신도들의 볼모가 더 이상 되지 않을 때 우리는 '신'이라는 말로 무언가 다시 시작할 수 있다. 이때 신은 다시 미지의 것에 대한 암호나 상징이 될 수 있다. 우리가 태어났고 언젠가 다시 돌아갈 그 어떤 미지의 것 말이다.(재미있게도 우리는 이 두 사건 사이의 시간도 이 미지의 것 안에서 보낸다.)

그럼 이제 우리는 '신'을 다른 모든 사람과 나눌 수 있다. 신에 대한 나의 이해만이 옳고 적절한 것처럼 행동하지 않아도 된다. 그리고 이제 우리는 루미Rumi의 시를 제대로 이해할 수 있다.

"대양의 관대함에 질투를 느끼는가?

그래서 그 기쁨을 누군가에게 허락하지 않으려는가?
물고기는 신성한 바닷물을 컵에 가두지 않는다!
단지 그 안에서 종횡무진 헤엄칠 뿐이다.
그 광활하고 구속 없는 바다를."[8]

신비주의자들은 영성 분야의 린 콕스Lynne Cox[9]이고 루이스 퓨Lewis Pugh이다.[10] 이들은 "광활하고 구속 없는 바다"를 헤엄치고, 그 바다와 파도의 한 부분이며, 삶이라는 반짝이는 바다의 한 부분이다. 이들은 자신이 하는 말도 전체 바다가 아닌, 바닷물이 들어 있는 컵에 지나지 않음을 잘 안다.

이제 우리도 매일같이 우리에게 밀려오는 이 바다에 뛰어들자. 그 모든 진부함과 숭고함이 있는 일상의 바다로, 쉬는 시간의 빵과 졸업식, 구멍 난 양말, 출생과 장례식, 야외 파티장 속으로. '신'이 우리에게 벌을 주는 독재자가 아니라 바로 여기 우리 가운데에서 벌어지는 사건들임을 보여주는 그 아주 보통의 삶 속으로.

바로 여기, 바로 우리
일상의 무질서 속 예상치 못한 아름다움

아이들은 등교했고, 개들은 산책 후 또 잠들었다. 땅에 코를 박고 노루의 흔적을 킁킁대는 일도 대단한 중노동이자 상당한 만족감을 주는 일임에 틀림없다. 그 일만 하고 나면 바로 각자의 방석에서 곯아떨어지니 말이다. 나도 언제 한번 똑같이 해보리라.

글쓰기 광산에 들어가 낱말을 캐는 작업을 시작하기 전에 나에게도 이제 약간의 자유 시간이 주어졌다. 그냥 앉아서 명상하며 고요를 즐길 시간. 나만의 명상 공간을 꿈꾸곤 했는데 한 번도 가져본 적은 없다. 장식이라곤 없는 방에 방석 혹은 명상 의자 정도만 있으면 좋을 것 같다. 거기에 작은 탁자가 하나 있어서 내가 좋아하는 관세음보살상Chenrezig[11]을 올려놓아도 좋겠다. 보살상 옆에는 작고 단아한 꽃 장식을 두면 어떨까 싶다. 이케바나ikebana(일본의 전통 꽃꽂이)든 분재든 선불교 분위기를 자아내는, 자연스럽게 휘어진 아름다운 꽃이면 더할 나위 없다. 그리고 마치 할 일이 아무것도 없는 사람처럼 아침마다 한 시간씩 그 꽃을 보살피는 것이다.

꿈도 참 야무졌다. 현실은 아주 달랐던 게, 관세음보살상 대신 나는 지금 백 개는 됨직한 플레이모빌 피규어들을 보고 있다. 이 녀석들은 카펫이 깔린 바닥에서 아예 눌러 살 모양이다. 그리고 내 초록색 방석은 말 피규어에게는 거부할 수 없이 촉촉한 목초지라도 되는지 말들이 떼거리로 그 위를 활보하고 있다. 내 명상 의자 아래에는 그 말들을 위한 외양간까지 확보되어 있다. 이런 일에는 어찌나 노련한지 우리 딸들이 잘도 꾸며놨다.

우리 딸들은 청소에는 소질이 없다. 내 책상 위가 어지러운 것을 보면 내가 모범을 보이지 못해서 그런 것 같다. 그렇다고 내가 딸들에게 '쓰레기장' 같다고 좀 치우라고 하지 않는다는 말은 아니다. 물론 내 책상 위가 지저분한 것은 '창조 활동에 필요한 혼돈'이라고 말하는 것도 잊지 않는다. 하지만 우주의 빅뱅 이론을 설명한답시고 아이들에게 우주가 사실은 지금도 확장 중이라고 말한 것은 분명 실수였다. 아이들은 아주 큰 관심을 보이더니 그때부터 온 집 안에 장난감들을 펼쳐놓기 시작했다. 이제 장난감들이 거대한 빵 반죽 속에서 부글대는 효모들 같다.

나는 크게 한숨 한 번 쉬는 것으로 내가 얼마나 힘든지를 온 세상에 피력한 다음 피규어 말들을 장난감 상자에 차곡차곡 집어넣고 외양간도 치운다. 그리고 말 기수들과 자동차 경주자들, 아기 공룡과 한바탕했음에 분명한 인디언들(대체 무슨 상황이었는지는 아이들과 이야기해 봐야겠다)도 정리해 내 한 몸 운신할 공간을 만든다. 그런데 해적들과 침팬지가 끌고 가는 마차가 눈에 들어왔고 나는 또 한 번 그 어지러운 공간에 머리를 절레절레 흔든다. 마차에는 작은 플라스틱 꽃들이 실려 있다. 이건 또 무슨 놀이인가? 후크 선장이 이제 치타와 함께 플뢰롭(꽃 선물을 대행하는 회사 이름—옮긴이)에서 아르바이트라도 하는 걸까?

충분히 탄식하고 나니 이제 슬슬 웃음도 나고 다른 감정들도 올라온다. 우주의 확장이 언젠가 그 경계에 부딪친다고 해도 내 아이들의 상상력만큼은 절대 그 한계를 모를 것이다. 그렇게 생각이 바뀌자 사방의 것들이 내 심금을 건드리고 나는 이제 명상에 방해되는 무질서 대신 그곳에 만들어진(다시 말해 마구 흩뿌려져 있는) 이야기들, 즐거움, 자기 주도 학습, 창의성, 개의치 않음이 얼마나 유쾌한지를 본다. 정리를 모르는 내 딸들을 내가 얼마나 사랑하는지 알아차린다. 그렇게 내 두 딸을 생각하다 보니 조야한 플라스틱 쪼가리 해적 피규어와 그의 침팬지 친구마저 나를 울컥하게 한다.

티슈로 눈물을 닦고 나니 조금 전 개와 산책했을 때도 무언가를 보고 비슷한 방식으로 감동하고 시각이 바뀌었던 게 기억났다.(흠…… 명상하는 데 왜 이렇게 생각이 많은지 모르겠다!)

몇 년 전부터 우리 가족은 뒷마당의 울타리만 열면 들판과 숲이 널찍이 펼쳐지는 시골에 살고 있다. 개를 산책시키기에 아주 좋다. 문 열고 몇 발자국만 걸으면 샤이어(J.R.R. 톨킨의《반지의 제왕》에서 선한 호빗들이 사는 땅—옮긴이)가 나온다. 정말 감사한 일이다!

그런데 안타깝게도 나를 포함해 사람들은 대부분 일상에서 전기가 필요하다. 그래서 이 멋진 시골에 호빗들이 살 법한 동굴들과 사과나무들 사이에도 고압 전신주(나에게는 22만 볼트의 끔찍한 강철 괴물들)가 드문드문 있다. 이 전신주들을 볼 때마다 나는 여지없이 '아! 저것들만 없으면 정말 완벽하게 아름다울 텐데……'라고 혼자 내면의 독백(보통은 이걸 생각이라고 한다)을 내뱉는다.

그런데 오늘 조금 전 내 털복숭이 두 친구와 산책 중일 때도 이와 똑같은 생각이 내 정신을 훔치려 드나 싶었는데 그 순간 길을 잃은 햇살 한 줄기가 그 강철 흉물 위로 쏟아졌다. 그 강철 전신주 하나가 아주 짧은 순간 번쩍하고 빛을 냈고, 그러자 갑자기 모든 생각이 사라졌다. 그 멋진 광경에 그만 할 말을 잃고 말았다! 거대 전신주가 그 순간 내 눈에는 황금빛으로 변했고 그 순간 나는 그 전신주 괴물마저 내 세상의 일부임을 깨달았다. 제대로 봐주기만 하면 그것만의 아름다움을 뿜어내는 내 세상의 일부.

당신도 버려진 공장 건물, 석탄 운반 탑, 기차가 다니지 않는 기찻길, 녹슨 농기계가 어느 순간 이전에는 몰랐던 특별한 분위기를 발산하는 모습을 본 적이 있을 것이다. 신비 체험을 했다고 하면 사람들은 대부분 태국의 어느 숲속 사원 터나 에베레스트산 정상 같은 곳을 기대한다. 하지만 티센크루프 Thyssen-Kruppe(1999년 티센과 크루프가 합병하며 생겨난 유럽 최대의 철강 회사—옮긴이)나 다른 에너지 건설사의 굉장한 작업물(그러니까 강철 전신주)도 같은 의미에서 유용할 때가 있다.

그런 순간을 경험할 때마다 나는 중요한 것은 실제 환경이 우리의 상상과 바람에 얼마나 부합하느냐가 아니라 감동을 주는 그 무엇들에 우리가 얼마나 열려 있느냐임을 다시 한 번 절감한다. 일본 카마쿠라의 큰 불상을 오래 들여다본다고 해서 혹은 예루살렘을 구석구석 유랑한다고 해서 깨달음이 찾아오는 것도 아니고, 다른 종교적 황홀경을 느낄 수 있는 것도 아니다. 그리고 경험이 다 같은 경험이 아니다. 잘난 척하는 것처럼 들리겠지만 이 말은 꼭 해야겠다. 아주 멋진 경험이 나에게 주어질 수도 있지만, 내가 닫혀 있다면 내 안에 남는 것은 아무것도 없다. 반대로 내가 열려 있다면 '아주 평범한 일상의' 순간도 실제로 감동일 수 있고, 별것 아닌 작은 일 하나로 전체를 깨달을 수도 있으며, '무언가가' 돌연 분명해질 수도 있다. 그 무언가를 말로 적절히 설명할 수는 없어도, 그것이 무언가 매우 근본적이고 매우 단순하며 진리임을 우리는 분명히 느낀다. 우리를 온전하게 하는 그 무엇임을, 그 온전함 속으로 고요가 찾아옴을, 순간이나마 우리를 치유함을heilen 감지한다. 따라서 우리는 그것을 신성한 것Heilige이라고 말한다. 어쩐지 비약 같은가? 하지만 '이 신성한 것'이 우리가 특별히 소중히 여기고 보호할 가치가 있다고 여기는 것이라면, 나아가 특정 방식으로 현재의 순간과 우리를 연결해 주고, 따라서 우리에게 '온전하다heil sein'고 느끼게 한다면, 좀 더 편안하게 이 말을 사용할 수 있을 것이다.

그런 방식으로 무언가가 우리를 건드린다면(혹은 우리가 건드리게 허락한다면), 이제 그 경험은 진짜 경험이 된다. 즉 경험이 내면화되고 우리는 조금 다른 사람이 된다. 이때 우리는 '경험에서 말할' 수 있고 모든 신비주의자처럼 신성에 대해 말하기를 시도할 수 있다. 그 경험이 우리 인생 곳곳에 스며들어 우리 모든 행동이 '신성해질' 수도 있다.

인도의 신비주의자 시인 라빈드라나트 타고르Rabindranath Tagore는 이런 일상의 경험들, 신성이 우리 삶에 들어오는 순간들을 이렇게 표현했다.

"당신의 세계는 내 마음속에 말을 지어내고,
당신의 기쁨이 그 말에 음악을 덧붙입니다."[12]

신성은 모든 곳에 있다

17~18세기 폴란드와 리투아니아에 살았던 하시디즘 유대인들은 랍비 바알 쉠 토브Baal Shem Tov의 뜻을 따라 자신들만의 종교적 실천법을 계발했고, 무엇보다 신성이란 시나고그Synagoge(유대교 교회당)와 토라Thora(유대교 경전)에만 있는 것이 아니라 일하고 먹고 가족들과 함께할 때, 그리고 낯선 사람을 만날 때도 경험할 수 있음을 강조했다. 마르틴 부버의 대작에도 보면 이 형태의 유대교를 참조한 말이 나온다.

"세상에는 한 곳에서만 발견할 수 있는 것이 있다. 그것은 다름 아니라 존재의 충만함이라는 큰 보물이다. 우리가 서 있는 곳이 바로 그 보물이 있는 곳이다."[13]

그 보물을 플레이모빌 피규어와 플라스틱 장난감 모형들 사이에서 찾지 못한다면 나는 다른 어디에서도 찾지 못할 것이다. 지금 나와 마주한 것, 그것이 중요하다. 플뢰롭 마차에서 제일 즐거워 보이고 이제 막 내 방석 위를 달리고 싶어 하는 후크 선장과 치타, 이것들이, 나의 계획 혹은 관념들과 어긋나곤 하지만 바로 그래서, 신성한 나만의 진실이다.

"내가 느끼는 자연 환경, 나에게 운명처럼 주어진 상황, 내가 매일 만나는 것들, 나에게 매일 요구되는 것들, 이것들에 내 중요한 과제가 있고 내 존재의 충만함이 활짝 열려 있다."[14]

영성 분야에서 어떤 말들은 너무 회자되어서 '진부한' 느낌마저 든다는 것을 잘 알고 있다. 하지만 어느 순간 문득 드러나는 '신성'에 대해 말할 때면 늘 강조되는 바로 '지금 여기'라는 말을 쓰지 않을 수가 없다. 방금 말한 그 '신성'으로 향한 접근을 가능하게 하는 것이 '바로 지금'이고 '여기'이기 때문이다. 산티아고 데 콤포스텔라로 가도 물론 좋다. 복작복작한 순례자 숙소와 밤마다 맡아야 하는 고약한 양말 냄새가 괜찮다면 말이다. 시스티나 성당 혹은 앙코르 와트를 보는 것도 나쁘지 않다. 하지만 이곳이 아닌 오직 그곳에서만 찾을 수 있다고 생각한다면 그건 문제이다.

그런 곳으로의 여행이 가치 없다는 말은 아니지만 그곳이 바로 여기(나한테는 중앙역이나 우리 동네 감자튀김 집)와는 아주 다를 것이라고 굳게 믿고 있다면, 아주 멀리 있는 것을 좇느라 눈앞에서 벌어지는 일을 보지 못하게 될 것이다. 그럼 바로 앞에서 일어나는 신성한 일도 알아차리지 못한다. 예를 들어 누군가가 엘리베이터 문을 잡고 기다려줄 때, 길을 물어보는 낯선 이와 진정한 친밀감을 주는 대화에 빠질 때 말이다.(플라스틱 장난감 말들은 최소한 내 방석에 똥을 싸지는 않는다는 사실을 깨닫고 감사히 생각하는 순간을 놓칠 수도 있다.) 아이가 유치원에서 그린 세 줄짜리 그림이 무엇을 의미하는지 알아차리지 못하고, 신나게 숲을 산책하고 지저분해진 모습으로 혀를 내밀며 즐거워하는 개를 알아보지 못한다. 그리고 진정한 인간미가 넘치는 순간에 신성이 나타나는 것을 보지도 못한다. 이를테면 마트에서 앞 사람이 50센트가 부족한 걸 보고 기꺼이 대신 내주겠다고 말하는 사람을 볼 때, 혹은 평소에 화만 낼 것 같은 이웃집 할아버지가 자신의 정원에 잘못 들어온 아이들의 공을 돌려주는 데 그치지 않고 같이 축구하며 노는 모습을 볼 때 말이다. 거의 매일 보다시피 하는 일출과 일몰은 언급하지도 않겠다.

다양한 전통의 신비주의자들은 일상에서의 이런 '신성 경험'을 세상에 혹은 내면에(이 둘은 사실 서로 분리되어 있지 않다) 신이 나타나는 것으로 보았다.

다시 한 번 강조하는데 이 신의 출현은 흰 수염의 전지전능

한 존재가 천사들이 앤드루 로이드 웨버Andrew Lloyd Webber(영
국의 뮤지컬 작곡가—옮긴이)가 만들었을 것 같은 낯간지러운 노래를
부르는 동안 하늘에서 거대하고 멋진 계단을 타고 느릿느릿
내려오는 것을 의미하지 않는다. 그보다는 당신만의 내면에
떠오르는 어떤 자각이나 감성을 말한다. 이 자각이나 감성은
늘 잡을 수 있는 가까운 곳에 있고, 이른바 성스러운 곳이라는
교회나 명상홀, 사원 바깥에도(혹은 바깥이라서) 있다. 도미니크회
수도사였기에 교회의 공식 의례들에 최소한 중립적인 입장을
취해야 했던 마이스터 에크하르트도 일상의 활동에서 드러나
는 신성에 대해 이렇게 말한 바 있다.

"정말이지 부엌 화구나 외양간에서가 아니라 기도할 때나 달
콤한 황홀경을 느낄 때 내면에서 신에게 더 잘 다가갈 수 있다
고 믿는 사람은 신을 영접한 후 그의 머리에 보자기를 씌운 뒤
의자 밑으로 넣어버리는 사람이다."(부엌이나 외양간 같은 일상의 장
소에 신이 있는데, 기도나 달콤한 황홀경 속에서만 신에게 다가갈 수 있다고 여
기는 사람은, 그 신을 보고도 신인 줄 모르고 보자기에 싸 의자 밑으로 넣어버
린다는 뜻—옮긴이)[15]

모든 특별한 장소는 물론이고 궁극적으로 외부에서 신성을
찾는 것을 기본적으로 거부하는 수피교도는 더욱 분명하게 이

렇게 말한다.

"나는 당신을 찾았지만 찾을 수 없었습니다. 사원의 첨탑에 올라가 당신을 큰소리로 불렀고, 해가 뜨고 질 때마다 사원의 종을 크게 울렸습니다. 보람도 없이 갠지스강까지 가서 목욕했고, 카바Kaaba(메카에 있는 이슬람교 신전―옮긴이)까지 가서 실망하고 돌아왔습니다. 내 사랑하는 이여, 나는 당신을 이 땅 위와 저 하늘 위 모든 곳에서 찾아다녔습니다. 그리고 결국에는 내 마음의 조개가 품고 있는 진주가 당신임을 알게 되었습니다.[16]

신비주의 글들은 미사여구가 좀 지나친 감이 있다는 거, 인정한다. 하지만 이 책에서 당신이 읽게 될 내 글들도 사실은 말로 설명할 수 없는 것을 말로 설명하려는 시도임을 늘 감안해 주기 바란다. 사람이 내면의 경험을 설명할 때는 그의 경험치, 그가 속한 문화와 시대와 사회의 영향을 받을 수밖에 없다. 내가 "신이란 결국에는 내 명상 의자 밑 외양간에 숨어 있는 눈곱만한 장난감 재갈"이라고 쓴다면, 이것도 "신은 내 마음이라는 조개가 품고 있는 진주"라는 말을 읽을 때만큼이나 기묘하게 들릴 것이다.

어쨌든 나는 지금 여기에 앉아 있고, 내가 꿈꿨던 명상 방은 선불교 사원에 사는 깐깐한 주지 스님에게나 어울릴 뿐 나에게는 필요 없음을 잘 알고 있다. 사원의 세심하게 갈퀴질한 자갈밭은 100인조 플레이모빌 피규어로 대체하고, 사원의 종은 우리 개들의 후루룩 쩝쩝대는 소리로 충분히 대체할 수 있다. 참고로 우리 개들은 믿을 수 없이 오랫동안, 미치도록 시끄럽게 쩝쩝대며 물을 마시는 것으로 늘 내 명상 시간에 동참한다. 그냥 그렇다. 더는 달라질 수 없기에 전혀 나를 속일 필요가 없다.

최소한 오늘의 나는 그런 현실에 낙담하지 않고 그 무질서와 쩝쩝대는 소리를 내 명상의 일부로 여기게 되었다. 명상이란 어쨌든 세상에서 도망쳐 숨는 것이 아니라 주저 없이 세상으로 향하는 것이니까 말이다.

이런 통찰에 스스로 감탄한 나는 명상을 그만하고 일어나려 한다.

더 명상할 필요가 있을까? 그럴 필요는 없다. 하지만 순간 내 안의 게으름을 알아차렸고, 그러자 계속 명상하는 게 더 나을 것 같았다. 나는 완벽한 장소에 대한 이미지뿐만 아니라 완벽한 디르크라는 이미지도 마음속에 가지고 있기 때문이다.(완벽한 디르크는 게으르지 않다는.) 이 이미지들은 늘 바뀌지만 어쨌든 과거에도 있었고 현재에도 있고 미래에도 있을 것이다. 그리고 이런 이미지들을 없애는 데 명상만큼 좋은 것도 없다. 영적 방법 중 생각을 표백해 주는 게 있다면 그것은 바로 명상이다.

나란 사람은 얼마나 지루한가?

열서너 살 때쯤 나는 밴드 디페쉬 모드Depeche Mode의 싱어송라이터 데이브 게한Dave Gahan처럼 되고 싶었다. 잘 안 되었다. 일단 엉덩이를 흔들어대는 내 모습이 그다지 매력적이지 않다는 걸 알게 되었고, 후에는 키보드 연주자와는 절대로, 절대로 밴드를 같이 하지 않겠다고 결심했기 때문이다.(당신이 만약 프로 키보드 연주자라면 죄송합니다. 그 모든 인공적인 변조를 해가며 연주하더라도 나는 당신이 멋지고 좋은 사람이라고 믿습니다.) 열일곱 혹은 열여덟 살쯤 나는 그때그때의 호르몬 상태에 따라 알베르 카뮈 혹은 헨리 밀러 같은 작가가 되고 싶었다. 보다시피 이것도 이루지 못했다. 필터도 없이 골루아즈Gauloises(프랑스의 독한 담배 제품─옮긴이)를 연신 피워댈 생각도 없었고, 열 명이 넘는 매춘부들과 며칠 동안 마약 파티를 열 생각도 없었기 때문이다. 물론 구차한 변명이란 거 잘 안다……

고담 시의 뒷골목 혹은 독일 빌레펠트 시의 실데세스(먹고 살기 힘든 곳)에서 복면을 하고 정의를 실현하고 다니는 상상도 꽤 오래 해봤지만 알다시피 이 일도 이루었다고는 못하겠다. 그러다 20대 초중반의 나는 깨달은 사람이 되고 싶었다. 최소한 붓다처럼. 선禪에 조금도 신경 쓰지 않았던 네 발 달린 선사 Zen-Lehrer가 당시 나를 제자로 삼지 않았더라면 내 상태는 훨씬 심각한 방향으로 흘러갔을 것이다.(당시 기르던 보바라는 개를 스승으로 삼았다는 뜻이다.—옮긴이)[17]

돌아보면 나는 늘 그렇게 나 아닌 다른 누군가가 되려 했다. 결코 나로 존재하고 싶지 않았다. 그건 내게 너무 지루했고, 극적이지도 않았고, 영웅적이지도 않았다. 그리고 영적이지도 않았다.

바로 이 영적이지 않다는 생각만으로도 우리는 하루를 망치게 될 수 있다. 왜냐하면,

당신이 아닌 다른 누군가가 되기는 불가능하기 때문이다.

그래서 '자기 기만' 운운할 것도 없이 곧장 '불행으로 향한' 직행로 위에 서게 된다.

우리는 아주 영적인 사람, 열렬한 신봉자 혹은 제자가 되고 싶어서 작은 꿀벌처럼 쉬지 않고 노력한다. 자신이 이미 거의 성자가 되었음을 자타가 공인하게 하려는 듯. 이제 막 입문한

수행자들이 이 함정에 잘 빠진다. 이들은 크리스천 중의 크리스천, 무슬림 중의 무슬림이고 세상 가장 독실한 사람이고 가장 오래 명상하는 사람이 승리한다고 생각한다.

네덜란드 출신의 로마 가톨릭 사제이자 심리학자였던 헨리 나우웬Henri Nouwen이 이런 이야기를 들려준 적이 있다. 사막의 교부들이 경험하곤 했던 이야기이다. 주인공은 요하네스 클라인이라는 사람인데 그는 세상에서 가장 성스러운 사람이 되기로 결심하고 사막으로 들어가 성경 구절들을 쉬지 않고 암송했다.

하지만 스스로 정한 규칙을 따른 지 일주일 만에 그는 그 결심을 철회하고 수도원으로 돌아갔다. 그리고 수도사 형제가 있는 거처의 문을 두드리며 말했다. "나 돌아왔네. 그리 좋은 생각이 아니었어!" 그런데 장난기가 발동한 수도사 형제가 클라인 형제의 목소리를 못 알아듣는 척했다. "누구시오?" "나라고, 클라인. 두더지가 지은 집보다 겨우 머리 하나 더 큰 나 클라인!(독일어로 'klein'은 '작은'이라는 뜻이다—옮긴이) 알면서 왜 그러나?" 클라인이 소리쳤다. 그러자 형제가 말했다. "아니요, 클라인은 이제 천사가 되었소. 진짜 날개를 달고 하프도 켜고…… 뭐 천사들이 하는 것들은 다 하고 있을 거요. 아주 신성한 존재가 되었거든요…… 옷도 하얀색만 입고 말이에요…… 우리

같은 수도사 나부랭이한테는 더 볼 일이 없는 사람이라고요!"

클라인은 머리를 한 방 맞은 듯했고 한층 더 작아졌다. 하지만 바로 그래서 위엄이 바닥에 떨어지는데도 그 소리가 덜 요란했다.

어쨌든 요하네스 클라인은 하룻밤 더 문 밖에서 자야 했고, 다음날 일어났을 때는 다시 인간이 되어 있었다.[18] 인간은 인간으로 존재해야 한다. 우리의 유전자와 경험이 우리에게 선물하는 모든 것과 함께 실재해야 한다. 이것이 중요하다.

나도 진짜 나 자신으로 살기까지 상당히 오래 걸렸다. 이른 나이에 이미 철학과 영성에 심취했지만 그 모든 혼란과 시행착오를 피해가지는 못했다. 자꾸만 이 영적 교사, 저 명상 선생이 '그것'을 발견한 듯 보였고, 그래서 그들이 하는 대로 따라하고 싶었다. 그들의 방식을 따라하기만 하면 될 것 같았다! 하지만 모방은 인생의 다른 모든 분야에서처럼 영적인 길에서도 무익하다. 그 모든 교사와 선생들이 '그것'을 정말 발견했다 쳐도 '그것'은 그들을 위한 것이다. 그리고 말이 나온 김에 하는 말인데 누구나 자신을 위해 스스로 '그것'을 발견할 수 있다. 그들은 그들만의 길을 걸었고, 그들 인생의 수많은 작은 부분들이 모여서 마침내 신성 혹은 숭고함으로의 접근이 가능해진 것이었다. 그런 그들의 길을 내가 뒤늦게 맹목적으로 따라간들 나는 아무 데도 도착할 수 없다. 내가 달라이 라마처럼 되려고 하는 것은 내가 데오도란트(겨드랑이 탈취제)를 손에 쥐고 거울 앞에서 데이브 게한처럼 춤을 추려고 하는 것과 다르지 않다. 나로부터, 그리고 나의 현실로부터 도망치려는 것뿐이다.(그리고 후자의 경우 아주 민망한 도피가 될 터였다. 나는 페이스북과 유튜브가 생기기 전에 내가 그 시간을 지나왔고, 그래서 그 장면을 아무도 보지 못했으며, 그래서 아무 일도 일어나지 않은 것에 진심으로 감사한다!)

신비주의는 어느 전통이든 경험 지향적 영성을 추구한다. 그리고 경험은 각자 스스로 할 수 있다. 다른 사람의 경험을 따라하는 것은 다른 사람이 하는, 아니 했을 경험에 대한 대중의 아이디어를 얻을 수는 있지만 똑같은 효과를 기대할 수는 없다.

가라오케 음악은 (아무리 좋은 기계라도) 가라오케 음악일 뿐이다. 가라오케 음악을 진짜 좋은 음악과 비교하는 것은 도널드 트럼프를 마르쿠스 아우렐리우스 황제와 비교하는 것과 같다.

페이스북 게시판을 장식하는, 오스카 와일드Oscar Wilde가 말했다는 유명한 인용구가 있다.

"너 자신이 되라. 다른 사람은 이미 있으니까."[19]

신성의 영역에 들어서는 것에 관한 신비주의의 관점을 상당히 정확하게 대변하는 말이 아닐 수 없다. 내가 예수를 존경한다고 해도 누구도, 그 무엇도 내게 예수처럼 되어야 한다고 요구하지 않는다. 그리고 나는 어느 쪽이 더 나쁜지 모르겠다. 정치-종교 권력에 의해 십자가형을 받는 것과 말귀 어두운 열두 명의 수염 달린 인간들에게 밤낮으로 둘러싸여 있는 것 중에 말이다.

이 삶이 나, 디르크에게 주어졌으므로 디르크로 살도록 요구된 사람은 나뿐이다. 달리 말해 (진화하는 생명의 근원으로서) 신은 유일무이한 존재를 창조하므로, 그/그녀/그것은 최대한 완벽한 복제품을 생산하는 클론 실험실의 수석 기술자가 아니다. 그런 의미에서 랍비 수스야Sussja도 죽기 직전 유일무이한 존재로서의 각각의 생명체에 관해 이렇게 말했다.

"앞으로 올 세상에서는 사람들이 나에게 '당신은 왜 모세로 살지 않았냐?'고 묻지 않을 것이다. '당신은 왜 수스야로 살지 않았냐?'고 물을 것이다."[20]

내가 언젠가 하늘나라로 가면 신은 데이브의 노래 〈마스터 앤 서번트Master and Servant〉를 틀어놓고 나에게 데이브처럼 춤을 추라고 하지는 않을 것이다.(실망하지 않기 위해서라도 말이다.) 그

54

보다는 랍비 수스야와 폴카를 추며 나에게 편하게 있으라고 할 것이다. 최악의 경우 "아니 너는 일상에서의 신비주의에 관한 책을 쓰지 않았느냐?! 당장 꺼지거라!" 하고 소리를 지를 수는 있다. 하지만 그 정도는 감수해야 할 것 같다. 작가로 사는 이상 약간의 잔존 위험은 피할 수 없다.

하늘에 감사하게도 '신'이라는 암호는 복수심에 불타는 고집불통의 노인이 아니라 예수가 이미 다음과 같이 말하면서 암시했듯이 '통일성 속 다양성 원칙'을 상징한다.

"내 아버지의 집에는 있을 곳이 많다."[21]

그러니 때로 평균적인 성스러움에도 전혀 미치지 못하는 나 같은 작가를 위한 자리도 분명 있을 것이다.

'신'이라는 말은 항상 우리를 (전체의 개별적인 부분으로서의) 우리 자신과 (반복할 수 없어 소중한 지금 여기로서의) 현재 순간으로 이끄는 살아있는 원칙을 상징한다.

'바로 우리, 바로 여기'는 신비주의 전반을 위한, 그리고 특히 이 책을 위한 잠정적인 모토로 매우 적합하다. 운율도 맞다. 알다시피 운율이 맞으면 대개 다 옳다.

곰 패딩턴, 단식을 시도하다
금욕 그리고 순간의 충만함

이미 말했듯이 따라하기 혹은 흉내 내기의 함정에 빠지기는 영성 분야에서도 마찬가지다. 이 함정이라면 나도 할 말이 많지만 너무 부끄러워질 수도 있으니 여기서는 정말 확실히 망했던 경험 하나만 말해보겠다.

신비주의 전통 혹은 다른 영적인 길에 천착하다 보면 언젠가는 '단식'의 마법에 홀리게 된다. 나도 그랬다. 온 세상이 단식의 효력을 확신하는 것 같았고, 당시 하레 크리쉬나Hare-Krishna(힌두교 종교 단체―옮긴이)에 심취해 놀랍도록 많은 양의 레몬 밥, 달dahl(인도의 콩으로 만든 커리 요리―옮긴이), 차파티, 사모사를 먹어치우던 내 친구마저 어느 날부터 음식 절제에 대해 틈만 나면 찬양해 마지않았던 것이다.

단식은 몸과 정신을 정화하고 영적으로 깊은 경험을 가능하게 하며 마음의 고요를 선사해 신과의 만남을 촉진한다고 했다. 사막의 교부들과 아시시의 프란치스코Francesco, 빙엔의 힐데가르트Hildegard von Bingen 등도 모두 단식이 정말 좋다고 했다. 그만하면 나도 한번 시도해 볼 만했다.

결론부터 말하자면 단식이 좋은 사람도 분명 있겠지만 나는 그런 사람이 아니다. 불평할 생각은 없지만 나는 생지옥을 경험한 기분이었다! 내가 겪은 일을 당신은 아마 상상도 못할 것이다!

단식 첫날이 밝아왔고 내 상태는 매우 좋았다. 하루 금식 정도는 나쁠 게 없어 보였다. 어쨌든 마실 수는 있으니까. 하지만 그날 첫 허브차를 마실 때부터 이미 흥미가 사라졌다. 사람이 어떻게 이렇게 맛없는 걸 자진해서 마실 수 있단 말인가? 이것은 앞으로도 나에게 수수께끼로 남을 것이다. 정오도 되지 않았는데 이미 나는 안절부절못했고, 신선한 빵과 버터, 스크램블드에그, 오렌지 주스, 코코아 생각이 그치지 않았으며, 브런치를 화려하게 차려먹을까 하는 생각만 점점 더 커졌다. 위장이 짝짓기 철을 맞은 오크Ork(영화 〈반지의 제왕〉에 나오는 괴물들—옮긴이)처럼 으르렁댔다. 정오가 되자 일주일 단식은 불가함을 이미 확신했다. 하지만 최소한 하루는 견뎌보자 정도의 의지는 아직 있었다. 점심때도 지났다. 오후의 케이크를 곁들인 커피 타임도 나를 비웃으며 신기루처럼 지나갔다. 오후 간식 따위는 없었다. 이제 나는 매분 더 불행해졌다. 위장의 꼬르륵 소리가 어느덧 성가대의 클라이맥스로 변해 있었고, 냉장고가 계속 손짓했으며, 나는 세상 더없는 고뇌 속에 빠졌다. 나는 내 둔한 앞발로 딸기잼 뚜껑을 제발 열지 않기를 필사적으로 바라는, 곰 패딩턴(영국의 작가 마이클 본드가 만들어낸 어린이책의 캐릭터. 자세한 설명은 책 뒤의 "인물 및 용어 해설" 참조—옮긴이)이 되었다. 하지만 나는 내가 곰 패딩턴만큼이나 나약함을 기껏 저녁 8시도 못 되어 인정해야 했다. 분명 잠깐 정신을 잃었던 게 분명한 것이 어느덧 전화기를 잡고 특대 사이즈 피자를 주문하고 있었기 때문이다.

"토핑을 있는 거 다 올려달라고요?"

"네!"

"정말요? 전부 다요?"

"뭐든 상관없어요. 그냥 빨리 오기만 하면 돼요!"(내가 좋아했던 피자 배달 집이 당시에 사실은 튀르키예 인이 운영하는, 피자는 그냥 덤으로 파는 작은 중국 식당이었으므로, 이런 식의 주문은 사실 위험했지만 그 순간 나는 아무 생각이 없었다……)

"한 45분 정도 걸립니다."

제기랄! 게다가 나는 우리 집 주소를 세 번이나 또박또박 말해줘야 했다. 내가 그 집에 피자를 백 번도 넘게 주문했고, 사실 '이달의 고객'상을 받아도 부족한데 말이다. 혈당이 너무 떨어져 인내심 수치가 가련할 정도였으므로 나는 짜증을 조금 냈던 것 같은데, 그 때문인지 남자는 한 시간을 훌쩍 넘기고서야 피자가 들어 있는 검은 스티로폼 상자를 들고 나타났다. 친절하기는 했다. 어쨌든 나는 마침내 거실 식탁에 앉아 손가락에 기름을 잔뜩 묻혀가며 피자를 먹었고, 조금씩 다시 사람이 되어갔다. 자신에게 했던 약속은 깼지만 행복했다. 무엇보다 배가 불렀다.

당연히 금방 양심의 가책이 들었다. '하루도 못 참나? 나는 영적으로 정말 이토록 형편없단 말인가?'

다행히 나는 금방 예수조차 적들로부터 "먹보에다 술꾼이다"라는 소리를 들었음을 기억해 냈다.(분명 그럴만한 이유가 있었을 것이다.)22 갈릴리 가나에서 있었던 결혼식에서는 물을 포도주로 둔갑시키기도 했다.(절대 그 반대가 아님.)23 당시 전화기가 있었다면 예수도 분명 피자 몇 판은 배달시켰을 것이다.

그리고 라빈드라나트 타고르의 다음 말까지 떠올리고 나니 나 자신에게 완전히 만족하게 되었다.

"나에게 구원은 세상을 포기하는 일 속에 있지 않습니다. 천 가지 환희의 속박 속에서 나는 자유가 나를 껴안는 것을 느낍니다."24

휴! 이 얼마나 다행인가! 이 저명한 분을 벗삼으며 나는 다시 평안해진다. 인생 문구는 찾고 찾다 보면 결국 찾게 된다.

그러자 사람은 많은 면에서 각자 타고나는 것이 있고 다른 사람에게 맡기는 편이 나은 일도 있음을 좀 더 쉽게 인정하게 되었다. 내 부모님은 독일 슐레지엔 주 출신으로 슐레지엔에서는 내가 아는 한 단식하는 사람은 없다. 그냥 그렇다. 자라면서 친지들에게 내가 가장 자주 듣던 말이 "얘야! 부엌으로 와서 케이크나 한 조각 먹으렴!"이었다.

슐레지엔 사람, 그 존재를 이루는 기본 분자 구조는 어쩔 수 없이 크림과 버터를 필요로 한다. 그것도 매일. 거기다 파스타와 레드 와인을 곁들이고, 올리브와 오믈렛과 무사카, 그리고 속을 채운 버섯과 맛있는 냄새가 나는 스튜와 함께 먹으면 더할 나위 없다. 그렇지 않으면 내가 어떻게 되는지 당신도 이제 아셨으리라.

음식은 내게 큰 기쁨이고, 나눔과 축복을 의미한다. 다른 사람들과 함께하며, 사랑하는 사람들과 빵을 나누고 와인을 나누고 잔을 부딪치고, 삶에서 가장 좋은 것을 기원해 주고, 감사하며, 배 속과 가슴 속에 따뜻함을 느끼는 것, 그것은 내게 세상과 그 세상 속에 사는 신성과 연결되는 것을 의미한다. 나는 그냥 그렇다. 그러므로 단식은 앞으로도 그런 스무디나 저칼로리 생식처럼 될수록 멀리하려 한다.

나에게 좋은 음식이란 세상이 나에게 베푸는 어떤 것이다. 그러므로 나는 고맙게 받아먹는다. 선물을 거절하는 것은 예의가 아니니까. 하시디즘도 이 땅이 주는 음식이라는 선물, 그 기쁨에 대해서라면 나와 같은 생각인 것 같다.

"이 세상에서 우리가 만나고 우리 마음을 당기는 모든 것들을 모른 척해서는 안 된다. 그들과의 연결을 성스럽게 생각하고 그들 안에서 드러나는 아름다움과 쾌감과 즐거움에 맞닿아야 한다. 하시디즘은 세상에 대한 기쁨을 온 존재로 신성화할 때 그 기쁨이 신에 대한 기쁨으로 이끈다고 가르친다."[25]

모든 것에 현존하기

그런데 세상에 대한 기쁨을 어떻게 신성화하나? 바로 알아차림(혹은 마음 챙김)으로 할 수 있다. 모든 신비주의 전통의 기초가 되는 기술이 바로 이 알아차림 기술이다. 알아차릴 때 우리는 더 깊이 들여다보고, 그것의 비밀이 우리에게 스며들어 그것을 이해하도록 정성을 다한다. 사물과 사건을 볼 때 표면만 보지 않고 그 가장 깊은 내면의 본질에 눈길을 둔다. 그리고 그곳에서 우리는 신성을 발견한다.

이것이 신비주의와 종교의 다른 점이다. 종교는 대개 신을 어디 먼 곳에 존재하는 초월적 존재로 본다. 그 반면 신비주의는 신을 우리 바로 옆에서 작용하는, 세상에 내재하는 원리로 본다. 음식을 예로 든다면 신은 어디 바깥에 있는 것이 아니라 여기 내 앞에 놓인 접시 위에 있다!

내 앞에는 특대 사이즈 피자만 있는 것이 아니라 씨앗을 뿌리고 수확한 밀이 있다. 그리고 그 밀을 위해서는 햇살과 비가 필요했고, 밀가루로 팔리기 위해서는 도정 과정도 필요했고, 피자집에 팔려야 했고, 물, 이스트, 소금과 함께 자동차 바퀴만큼 크고 얇은 반죽이 되어야 했다. 그리고 거기에 비옥한 땅에서 태양을 향해 뻗어가며 빗물을 흡수했던 가지, 호박, 토마토가 올려졌다. 그리고 그 위에 또 치즈가 올려졌다. 치즈가 있기 위해 애초에 풀이 있었고, 그 풀을 소가 먹고 우유로 변형시켰으며, 이 소는 살아있고 숨을 쉬는 동물이자 모든 존재가 사는 우리 공동체의 경이로운 구성원이다. 그리고 마침내 불이 있어 피자를 구울 수 있었다. 그렇게 구운 피자를 종이 상자에 던져 넣은 사람, 그리고 열악한 상황에서도 나에게 배달해 준 사람도 있었다.(그는 이 도시에서 내비게이션도 휴대 전화도 없이 피자 배달을 했다.) 이것을 자세히 주의 깊게 생각해 보면, 야채를 올려 구운 넓적한 밀가루 반죽을 보는 것에 그치지 않고 태양, 땅, 비, 불, 그리고 연관된(소 포함) 모든 존재들의 계보, 그리고 우주 전체를 생각하게 되고, 그러므로 마지막에는 앞에서 언급했던,

보편적인 삶의 작용 원리로서의 신을 생각하게 된다.

　너무 속된 예인가? 난센스처럼 들리는가? 하지만 모든 것에서 신성을 알아차릴 수 있는 것, 이것이 바로 신비주의의 요지이다. 가장 일상적인 것들에 드러난 신성에 주의를 두는 것 말이다. 마르틴 부버는 이것을 다음과 같이 정리했다.

　"신비주의…… 이것의 진짜 이름은 당연히 현존이다."[26]

　현재 이 순간에 존재하는 것, 모든 것의 내면을 알아차리는 것, 늘 현재로 향해 있는 것, 이런 정신적 자세와 그에 따른 열린 시각을 가질 때 세상이 갑자기 전혀 다르게 보인다. 우리 앞에 있는 접시에서 신성을 볼 수 있다면(그리고 그런 시각을 유지하고 연마하기 위한 좋은 습관은 식사 기도를 하고 축복을 기원하는 것이라고 생각한다) 당연히 다른 곳, 예를 들어 주차장에서도, 집배원과 나누는 대화에서도, 정원에서 다람쥐를 관찰할 때도, 북적거리는 시장에서도, 개와 놀 때도, 모르는 사람이 무언가 물어보려고 할 때도, 혹은 낯선 전통을 경험할 때도, 아이들과 몇 시간 동안 장난감을 조립해야 할 때도 신성을 발견할 수 있다.

　아이오나 섬에서 아이오나 공동체Iona Community를 세운 스코틀랜드의 성직자 조지 맥레오드George MacLeod는 이렇게 말했다.

"풀들이 떨리고 바위들이 고동친다.······ 당신은 단지 돌 하나만 뒤집으면 된다. 그러면 천사가 움직일 것이다."[27]

성서 외전(성서 편찬자들이 보기에 부적당하다 싶어 공식 성서에는 들어가지 못한 복음서)인 《도마복음》에 보면 예수도 아주 비슷한 말을 하고 있다.

"나무토막을 쪼개보라, 내가 그곳에 있느니라. 돌을 들어 올려보라, 너희가 그곳에서 나를 발견하리라."[28]

물론 이런 말을 하면, 진리와 진리의 전달을 소유하고 있다고 생각하는 사람들에게는 사랑받을 수 없다. 순간의 충만함은 언제나 느낄 수 있고 신성은 늘 드러나는데 누가 교회, 절, 사원과 그 사제들을 필요로 하겠는가? 세상에 대한 그리고 그 세상에 존재하는 신에 대한 신비주의적 관점은 이를테면 영성계의 무제한 요금제 같은 것이다. 언제 어디서든 우리 주변과 우리 안의 삶의 그 커다란 신비로 접근해 들어갈 수 있다. 《코란》에도 이런 말이 나온다.

"어디를 돌아보든 그곳에 신의 얼굴이 있다."[29]

앞에서 언급했던 하즈라트 이나야트 칸도 이와 관련해서 어느 수피에 대한 아름답고 짧막한 이야기를 들려준다. 한 수피가 오솔길에서 기분 좋게 낮잠을 자고 있었는데 지나가던 독실한 이슬람교도가 잠을 깨웠다. 이유인즉슨 불경하게도 발을 메카 쪽으로 향해 자고 있다는 것이었다. 독실한 남자는 곤히 자고 있던 수피의 냄새나는 발이 신을 몹시 화나게 한다고 생각했고, 그래서 발을 다른 쪽으로 뻗으라고 했다. 그러자 수피는 전형적인 수피 방식으로 별것 아니란 듯 씨익 웃으며 남자에게 한 수 가르쳐주었다. "아이쿠 여보시오! 사방에 알라신 없는 곳이 어디 한 군데라도 있다면 그쪽으로 제 발을 돌려보시구려."[30]

할 말이 없어진 남자가 얼마나 화난 얼굴로 터번을 흔들어대며 사라졌을지는 당신도 충분히 상상할 수 있으리라.

알라, 신, 도道, 삶, 근원, 이 모두는 어디에나 있다. 신비주의적 관점에서 알아차림(마음 챙김)은 우리가 이 신성을 인식하는 데 도움이 된다. 그리고 이 이야기 속 독실한 남자가 생각하듯, 신성은 특정한 장소에만 있어서 당연히 그곳을 지켜야 하는 것도, 죽도록 방어해야 하는 것도 아니고, 이방인과 여성, 동성애자, 불신자 및 부정한 자들을 쓸어내 정화해야 하는 것도 아니다.

주의 깊게 순간의 충만함 속으로 들어갈 때 우리의 마음이 점점 더 커져서 모든 것, 모든 순간 속에 들어 있는 아름다움을 볼 수 있다. 깊은 곳을 보기 시작하고, 피자 안에서 우주를 보거나 소의 부드러운 눈 속에서 신의 얼굴을 보며, 세상을 신성한 눈으로 보게 될 때, 어쩌면 이전에 한 번도 감지하지 못했을 수도 있는, 삶의 기쁨을 위한 공간이 우리 안에 만들어질 것이다.

"당신의 영원한 손길에 나의 작은 가슴은 기쁨으로 부풀어 올라 말로 표현할 수 없는 소리를 외칩니다."[31]

그렇다면 우리는 우리 자신을 신의 얼굴로 경험할 수도 있고, 우리에게 맞지 않는 종교적 수행법 대신에 우리만의 충만한 순간을 찾아가는 길을 갈 수도 있다. 그때 우리는 슐레지엔 출신 향락주의자로서 마치 사막의 은자의 가난이 자신이 가장 크게 추구하는 것이며 궁핍이 자신이 가장 소중하게 생각하는 미덕인 양 가장할 필요가 없다. 신을 속이려면 정신을 아주 바짝 차려야 하는데 나는 이것이 정말 어렵다는 걸 이제 잘 알고 있다.

전혀 다른 금식

곰 패딩턴이 되어 결국 잼 병을 집어 들고 비명을 지르며 도망치는 한이 있더라도, 나는 단식에 대한 약간의 명예 회복을 해보려 한다. 단식이 대체로 아주 조금만 먹고 아주 많이 괴로워하는 것이라고 해도 단식에는 이 책에서 결코 소홀히 다루면 안 되는 또 다른 측면이 있다. 바로 본질적인 것에 집중하게 한다는 점이다.

사실 아주 간단하다. 인생에서 무언가를 없애면 다른 것을 위한 자리가 생긴다. 그리고 의식적으로 무언가를 없앨 수 있다면, 그것은 어쨌든 우리에게 특별히 도움이 되는 것은 아니었을 것이다. 4세기 말에 이집트 사막에서 살았던 요하네스 카시아누스Johannes Cassianus는 서방 교회에 관상 기도를 소개하고 나중에는 누르시아의 베네딕토Benedikt von Nursia에게 큰 영향을 끼쳤는데, 그도 단식을 권할 때 체질량 지수나 심장 판막을 생각해서 권한 것은 아닌 듯하다. 그는 그보다는 "우리 정신에 낀 지방",[32] 다시 말해 우리가 그냥 편해서 지니고 다니는 고정된 생각, 관념, 이미지를 더 고려해 단식을 권했다. 그런 익숙한 정신적 구조를 포기할 때, 매일 저절로 반복되는 생각들이 만든 깊은 틀을 자각할 때, 그때 나는 새로운 것에 나 자신을 열 수 있다. 그럴 때 비로소 지난 수년 동안 해오던 똑같은 불평을 더 이상 하지 않고 지금 실제로 일어나고 있는 일을 볼 수 있다. 이제 나는 일반적인 내 관성들에 빠지는 대신 내 안에서 무언가 새로운 것을 보고 새로운 힘을 발견한다. 분노가 폭발할 것 같을 때를 알고 그 진짜 이유를 내 안에서 찾기 시작하면서 더 이상 다른 것이나 다른 사람들을 탓하지 않는다. 그리고 더 이상 일반적으로 인정받는 의견들 뒤에 숨지 않고 나만의 세계관을 갖기 시작한다.

그리고 거의 강박적으로 하던 일을 잠시 멈춤으로써, 내가 나 자신과 세상으로부터 멀어졌음을 알아차리고 이해하기 시작하며 다시 나 자신과 연결되는 길을 찾을 수 있다. 늘 옳고 싶은 마음을 버림으로써 세상에 대한 다른 관점과 다른 인식의 가능성에 마음을 연다. 더 이상 난민이나 외국인, 대학생, 사회 보장 제도의 수혜자 등 다른 사람들에 대해 험담하기를 멈추고, 손해를 볼까봐 불안한 내 마음을 돌아볼 여유를 스스로에게 주고, 내가 가진 것을 보고 누리며, 또 그것을 나누어도 모자라지 않는다는 것을 알게 된다. 내 욕심을 버리고 자유로워져 진정으로 기쁨이 넘치게 살 수 있다. 너무 자유로워서 어쩌면 심지어 예언자 이사야와 함께 이렇게 외칠지도 모른다.

"내가 기뻐하는 단식은 이런 것이다. 억울하게 묶인 이를 끌러

주고 멍에를 풀어주는 것, 압제받는 이들을 석방하고 모든 멍에를 부수어버리는 것이다. 네가 먹을 것을 굶주린 이에게 나눠주는 것, 떠돌며 고생하는 사람을 집에 맞아들이고 헐벗은 사람을 입혀주며 제 골육을 모르는 체하지 않는 것이다. 그렇게만 하면 너의 빛이 새벽 동이 트듯 터져 나오리라. 너의 상처는 금시 아물어 떳떳한 발걸음으로 전진하는데 야훼의 영광이 너희 뒤를 받쳐주리라."[33]

실제로 이것은 단지 건강이나 참회를 위한 일반적인 의미의 단식과는 매우 다른 이해이다. 이것은 교회가 아니라 성경이 말하는 단식이다! 이 단식은 민첩하고 유연한, 기름이 끼지 않은 정신, 카시아누스가 말했듯이 "자신의 안전에 없어서는 안 될 것처럼 보이는 그 모든 것에 집착하지 않는 정신"을 보여준다. 여기서 우리는 경험의 세계에 열려 있는 정신, 이미 다 안다고 생각하지 않고 스스로 경험해 보는 정신을 말하고 있다. 이는 명상과 그에 따른 자비로운 행동이 단식의 또 다른 형태가 될 수 있으며 우리 자신과 세상에 대한 인식을 지속적으로 바꾸는 데 정말 도움이 되는 실천법(이 실천법은 모든 신비주의 전통에서 발견된다)이 될 수 있다는 것을 이해하는 정신, 그리고 자기 자신을 발견하기 위해, 안전하지 않지만 자유로운 공간으로 나아갈 만큼 용감한 정신이다.

아시시의 성 프란치스코와 연쇄 살인자
자신만의 길을 찾아서

"프란치스코 디 베르나르도네Francesco di Bernardone는 완전 미치광이야!" 콘솔리 궁 앞에서 프란치스코가 자신의 당황한 아버지이자 부유한 상인인 피에트로 디 베르나르도네Pietro di Bernardone에게 입은 옷을 다 벗어주면서 이제부터는 하나님만이 자신의 아버지라고 말하자, 작은 상업 도시 아시시의 사람들은 대부분 그렇게 생각했다. 하지만 이 소동이 있기 훨씬 전부터 프란치스코는 이미 나중에 세상에 널리 유명해질 아시시의 성聖 프란치스코로 변해가고 있었다.

엄청난 부잣집 아들이었던 프란치스코를 두고 다들 그가 언젠가는 가업을 이을 테니 그에게는 멋진 미래가 이미 보장되었다고 장담했다. 프란치스코는 당시의 혹은 오늘날의 청년들처럼 기사가 되어 전쟁터에서 자신을 증명하겠다는 꿈을 갖고 있었다. 그리고 그런 꿈이 대개 그렇듯 그 꿈도 이루어지지 못했다. 첫 전투가 대패로 끝났고, 프란치스코는 어두운 지하

감옥에 갇혀 1년을 보낸 뒤 아버지가 몸값을 내주고 나서야 풀려났다. 훌륭하고 영광스러운 경험은 분명 아니었지만, 고 난에는 늘 사람을 바꾸는 힘이 있는 법이다.(우리를 바꾸는 것은 고 난과 사랑뿐이다.)

그 일로 뿌리까지 흔들린 프란치스코는 지팡이에 의지한 채 온 도시를 방황했고, 다른 부잣집 도련님 친구들은 그를 부 끄럽게 여기고 피했다.

무언가 일이 잘 풀리지 않으면 사람들은 인생의 의미를 찾 기 시작하는데 프란치스코도 예외는 아니었다. 그는 많은 시 간 숲속을 방황했고, 아시시의 그다지 대단찮은 곳, 가면이 필 요 없고 아무도 지위나 무거운 돈 전대 뒤에 숨지 않는 곳을 다녔다. 다시 말해 자신의 옛 세상에서는 볼 수 없는 사람들 속으로 들어갔다.

그러던 어느 날 그 운명의 날이 찾아왔다. 그날 그는 평소 에 절대적으로 역겹다고 생각했던(그도 그 시대의 자식인 건 어쩔 수 없었다) 나병 환자 한 명과 마주쳤다. 길이 너무 좁았으므로 다 른 때처럼 병자를 피할 수도 달아날 수도 없었다. 그 순간 프 란치스코는 부정적인 감정을 극복하고 말에서 내려 그 남자에 게 돈을 주었고, 한순간의 즉흥적이고 강력한 감정에 압도되 어 그의 손에 입을 맞추었다.

당시의 인습에 이것이 얼마나 큰 일이었는지는 당시 나병 환자들이 속죄복이란 걸 입고 상징적인 장례 행렬을 따라 도시 밖으로 쫓겨났음을 고려해 보면 충분히 짐작할 수 있을 것이다. 그렇게 쫓겨난 나병 환자들은 사실상 '죽은 자'로 치부되었고 다시는 사람들 앞에 나타나지 못했다.

　　그것은 부유한 상인의 아들 프란치스코 디 베르나르도네가 프란치스코 수도회의 창설자가 되는 순간이었다. 신, 인간, 세상과의 관계에서 자신이 어떤 사람인지, 그리고 어떤 사람이 될 수 있는지 깨달았으므로 그때부터 모든 것이 바뀔 터였다. 프란치스코는 나병 환자 격리 병원에 큰돈을 기부했고, 모든 환자의 손에 입을 맞추기까지 했다. 나중에 성 프란치스코는 유언장에 이렇게 썼다.

"나는 20년 동안이나 그리스도가 없었던 듯 살았다. 그때는 나병 환자를 볼 때마다 불쾌했고 씁쓸했다. 하지만 하느님이 직접 나를 그들에게 인도하셨고, 이제는 그들과 만날 때마다 내 사랑이 깨어난다."[34]

　　그렇게 깨어난 사랑으로 프란치스코는 사람들에게 높이 평가받고 인정받는 것들과 모두 절연했다. 무엇보다 아버지와 절연했다. 아버지는 이웃을 외면했고, 부자로 호화롭게 살았으며, 신을 몰랐다. 프란치스코에게 아버지는 자신이 더 이상

원치 않는 모든 것을 상징했다.

사실 아시시 사람들은 계속 고개만 절레절레 흔들 뿐이었다. 프라우커 페트리Frauke Petry(현대 독일의 대표적 보수 정치인—옮긴이)가 시리아 난민 가족 일곱 명을 직접 거두겠다고 선언한다해도 당시 아시시 사람들이 느꼈던 프란치스코의 '허세'에 비하면 아무것도 아닐 것이다.

하지만 그때부터 프란치스코는 완전히 다른 삶을 살았다. 예수가 그랬듯 가난하고 억압받는 사람들과 자신을 절대적으로 동일시했고 완전히 다른 기독교를 찾아냈다. 다시 말해 위에서 다스리는 기독교가 아니라 아래에서부터 섬기는 기독교를 만들었다. 그리고 그의 시대를 대표하는 모든 것에 반대했고, 그러는 데에 조금도 주저함이 없었다.

당신이 이 책에서 성인의 이야기를 기대하지 않았다는 걸잘 안다. 그러나 이 훌륭한 프란치스코는 신비주의가 단지 다르게 믿는 것만이 아니라 다르게 행동하는 것도 의미한다는 것을 보여주는 너무나 좋은 예이다. 세계관이 바뀌면 내면이 바뀐다. 그리고 세상에서의 행동도 바뀐다. 앞에서 이미 언급했던 사막의 교부들도 꼭 그랬다.(영국 TV 프로그램 〈캣위즐〉의 주인공 어쩌고저쩌고했던 대목 기억나는가?)

자신의 신념에 따라 베트남 전쟁 반대 운동에 앞장서기도

했던, 트라피스트 수도회의 저명한 관상 수도사 토머스 머튼 Thomas Merton은 사회를 떠나 사막으로 들어간 이 사람들에 대해 이렇게 썼다.

"확실히 그들은 어떤 의미에서 '아나키스트들'이다. 그리고 그 렇게 본다고 해서 해가 되는 것은 없다. 그들은 타락한 국가가 지배하고 통치하는 것을 가만히 지켜만 보기를 거부했고 인습 적 가치에 노예처럼 종속되지 않아도 서로 잘 지낼 수 있다고 믿었다."[35]

독일 뮌스터슈바르츠아흐에서 '요하네스 카시아누스 연구 팀'을 이끌었던 가브리엘레 지글러Gabriele Ziegler는 교부들이 살던 그 사막을 "달아난 세무 공무원, 탈영병, 반체제 주교, 정 치적으로 환영받지 못하는 인물, 또는 신을 찾는 기이한 사람 들의 집합소"라 표현했다.[36] 아주 흥미로운 공동체였을 것 같 은 생각이 든다……

지글러는 이어서 말한다. "그들은 모두 자유를 원했다. 무엇 으로부터의 자유? 국가와 교회의 억압으로부터의 자유. 무엇 을 위해? 자신만의 길을 과감하게 가며 신을 경험하기 위해."[37]

영적인 연쇄 살인자와 그 멋진 불확실성

프란치스코와 사막의 교부들은 끊임없이 자문했다. "나는 누구인가? 나는 여기서 무엇을 하고 있는가? 어떻게 해야 성공적인 삶이 될까?"

우리 사회(그리고 이 사회 속의 기성 종교들)는 이런 질문에 수많은 답을 제공하지만, 그 답이란 게 대부분 우리의 진정한 본질과는 거의 관련이 없고 오히려 우리를 잘 길들여진 꼭두각시로 만들고 자발적 소비자로 강등시킨다. 하지만 동시에 이 사회는 우리에게 틀(원한다면 '황금 새장'이라고 해도 좋다)도 제공해 안전하다는 느낌이 들게 한다. 다른 사람들이 우리에게 무엇이 옳은지 말했기 때문에 우리는 무엇이 옳은지 안다.

따라서 신을 경험하기 위해 자기만의 길을 가는 것은 하나의 모험이다. 자기만의 길을 간다는 것은 최소한 처음에는 불확실성을 안고 가야 하기 때문이다. 의지할 것이 이제 아무것도 없다. 의심 없이 향할 수 있는 목표점도 없다. 더 이상 옳은 편과 옳은 집단에서 내가 제대로 가고 있음을 계속 확인시켜주지도 않는다. 하지만 이런 불확실성이 신비주의 길에서는 중요한 요소이다. 이 길에는 우리만의 경험이 전통 신앙이나 교리를 따르는 것보다 더 중요하다.

자유로운 눈이 되어야 본질적인 것을 알아차릴 수 있다.

　나의 친구이자 스승인 세안 오라이어Seán ÓLaoire는 원래 아일랜드의 사제로 오랫동안 아프리카에서 살았고 지금은 캘리포니아에서 한 교회를 이끌고 있는데, 자유를 향한 신비주의의 길을 아주 인상적인 비유를 들어 설명한 바 있다. 당시 우리가 무엇을 하던 중이었는지는 더 이상 기억나지 않는다. 독일에서 이런저런 세미나를 듣던 중이었을 수도 있고, 아일랜드 그의 고향 근처 바닷가를 산책 중이었을 수도 있다. 그래도 그가 그날 밤 내게 했던 말만큼은 결코 잊을 수가 없다. 그는 나에게 몸을 기울이며 무슨 모반을 꾀하는 사람처럼 조그만 목소리로 속삭였다. "이 길을 정말 진지하게 가고 싶다면 자네는 영적인 연쇄 살인자가 돼야 해." 그러고는 전형적인 아일랜드 이야기꾼처럼 잠시 아무 말도 하지 않더니 다시 말을 이었다. "자네는 먼저 자네의 에고를 죽여야 해. 그 다음 자네 아버지를 죽이고, 그 다음 자네 구루를 죽이고, 마지막으로 자네의 신을 죽여야 하는 거지!" 그렇게 말하고 그는 구부렸던 허리를 펴더니 뭔가 만족스러울 때 짓는, 그쪽 지방 사람들의 내력임에 분명한 사기꾼 해적 같은 미소를 지어보였다.
　조금 극단적으로 들릴 수도 있고 여린 사람들은 받아들이기 힘들 수도 있겠지만, 신비주의의 길이 어떤지 설명하는 간결하면서도 상당히 명확한 설명이 아닐 수 없다.

우리 신비주의자들은 먼저 에고를 강화하는 모든 생각에 작별을 고한다. 한껏 부풀어 오른 그 모든 '나', 당연한 듯이 걸친 우리의 역할, 가면, 금빛 명찰, 헛된 자긍심, 교만, 자신이 다른 사람보다 낫다는 생각, 예금액과 자신을 동일시하기, 잘난 외모, 사회적 지위 등등…… 이 모든 것은 신비주의 길에 아무런 의미가 없다. 이 길에서 우리는 다른 모든 사람처럼, 더 큰 세상으로 첫발을 내딛는 호기심 가득한 초심자일 뿐이다. 그 어떤 꼬리표도 명칭도 우리의 전부를 보여주지는 못한다. 그러므로 그런 것들은 그냥 무시해도 괜찮다. 우리는 프란치스 코처럼 우리 옷과 치장을 모두 내려놓는다.

아버지에게서 벗어나라는 말은 전통에서 벗어나라는 뜻이다. 특히 자신이 나고 자란 전통이 제일 우월한 전통이라고 생각한다면 말이다. 우리 신비주의자는 전통의 탯줄을 끊고 그 품속에서 벗어나는 것으로 안전을 포기한 후, 우리만의 감각과 우리만의 느낌과 우리만의 생각으로 세상을 발견해 나아간다.

우리 입에 음식을 넣어줄 사람은 없다. 우리 스스로 영적으로 생존해 나아가야 한다. 신비주의에서 연쇄 살인자가 되어 아버지를 죽이라는 말은 안정과 보호 속에서 세상과 마주보는 것이 아니라 스스로 모든 책임을 지고 세상에 참여하라는 것이다. 부자 아버지를 둔 프란치스코는 자신이 자유롭다는 망상 속에서 호화롭게 살 수도 있었다. 하지만 그런 삶도 결국에는 아버지에 의존하는, 자유롭지 못한 삶이었을 것이다. 자식의 안정적인 생활을 그 나름의 이기적인 이유로 늘 보장해 주던 아버지의 관점과 생각이 자신의 그것보다 늘 더 중요했을 테니 말이다.

이른바 안정이라는 것에는 늘 조건이 따라온다. 착하게 굴면 먹을 것을 얻는다. 그리고 대열에서 벗어나면 제재가 따른다. 안타깝게도 세상은 대개 그렇다. 가족도 그렇고 모든 종류의 영적 사회도 그렇다. 이런 구조에서 벗어나려 할 때 기댈 곳이 없다는 느낌이 들 수 있다. 힘이 들 때 특히 더 그렇지만, 사실은 그냥 편안했던 방석이 하나 없어진 것뿐이다. 그래서 이제 난생처음으로 바닥과 직접 접촉하게 된 것뿐이다.

스승을 죽이는 세 번째 살인도 비슷한 과정을 거친다.(이때쯤이면 '살인'에 익숙해져 좀 더 멋지게 검을 휘두를 수 있을 것이다……) 이제 우리는 한때 우리가 모셨고 우리를 이끌어주리라 믿었던 구루에게서 벗어나려 한다. 그에게서 배운 것이 많더라도 언젠가는 그를 떠나서 이 가늠하기 어려운 영적인 길을 혼자 계속 걸어가야 한다. 나에게 무엇이 좋은지 내 스승이 내 일생 내내 알 수는 없다.(그렇게 주장하는 스승이 있다면 나는 더욱더 의심이 든다.) 배움의 과정은 끝이 없다지만, 스스로 이것저것 시도해 보고 그동안 배운 것이 실제로도(일상에서) 효력이 있고, 그래서 또 다른 것을 배우고 싶은 생각이 드는지 살펴봐야 할 때가 반드시 온다. 그러므로 스승과 제자의 관계가 건강하다면 언젠가는 자연스럽게 서로 다른 길을 가게 된다. 스승은 제자에게 한두 구간만 보여줄 뿐 결코 전체 지도를 보여줄 수 없으며, 제자를 위해 스스로 그 길을 가줄 수는 더더욱 없다. 같은 말을 반복하는 것 같지만, 분명한 것은 오직 자기 자신만의 길이 진정한 길을 만들어주고 그 길만이 신비주의의 문을 열 수 있게 한다는 것이다.

3~6세기에 사막으로 들어갔던 그들은 그들만의 길이 어떻게 만들어질지 분명히 보고 싶었다. 당시 기독교는 이미 진정한 혁명 운동에서 주류 종교로 가는 길에 있었고,[38] 사막의 교부와 교모 들은 초기 예수 운동의 급진성이 그들과 그들의 믿음 및 삶에 어떤 영향을 미칠지 온몸으로 경험하고 싶었다.

제자는 언젠가는 스승을 떠나 자신만의 길을 가야 하고 자신만의 내면의 사막과 내면의 정글을 탐험해야 한다. 다시 말해 영화 〈쿵후〉의 주인공이 될 수 있는데 영원히 가라데 키드로 남을 자 누구인가?

그리고 언젠가는 또 때가 온다. 에고, 아버지, 구루로부터 어느 정도 벗어났다면 이제 가장 큰 사냥감이 눈에 들어올 것이다. 바로 영적 세력에 있어서 매머드급 거물이라 할 수 있는 신 말이다. 앞에서 마이스터 에크하르트가 진정한 신비에 눈을 뜨기 위해 신에 대한 관념에서 벗어나고자 했다는 이야기를 했다. 구름 위에 사는 근엄한 분 같은, 전통적인 이미지들에서 벗어날 때 말로는 다 설명할 수 없는 근원(신)이 그 모습을 직접 드러낼 것이다.

예컨대 프란치스코는 로마네스크 양식의 신의 이미지를 보고 자랐다. 그 가부장적인 신은 인간과 동떨어지고 감각적으로 경험할 수 있는 삶과 동떨어진 채 모든 것 위에 군림하는 세상의 지배자였다. 하지만 나중에 나병 환자들과 마주하면서 그는 사람들과 가까이 있고, 사람들의 근심과 고난을 나누며, 열린 귀와 마음을 지닌 완전히 다른 신을 경험한다. 신이 갑자기 세상 속으로, 프란치스코의 삶 속으로 들어온 것이다. 이 새로운 느낌과 함께 부자 상인의 응석받이 아들이 가난한 자들의 친구가 되어 "하느님 나라는 바로 너희 가운데 있다"[39]는 예수의 말을 오롯이 자신만의 방식으로 사는 새로운 길이 열렸다.

이런 영적인 연쇄 살인자의 길은 그러므로 안정에서 불안정으로, 또 일반적으로 받아들여지고 교리나 경전, 관습으로 관리될 수 있는 종교에서 스스로 경험하는 영성으로 나아가는 길이다. 그리고 기존의 모든 규칙이 갑자기 새로 쓰여지거나 심지어 폐기되므로 때로는 불안할 수밖에 없는 길이다. 어제는 무엇보다 분명했던 것이 오늘은 안개 속에 숨어 있다. 어제 안다고 생각했던 것이 오늘은 짐작, 의문, 의심 속에 있을 뿐이다. 하지만 바로 그만큼 어제는 전혀 특별하지 않던 것이 오늘은 심금을 건드리기도 한다.

모든 불필요한 치장을 떨치고 프란치스코처럼 완전히 벌거벗은 채 아무런 보호막 없이 신비 앞에 설 때, 그때야말로 신비가 우리를 진정으로 사로잡을 수 있다. 우리의 에고, 아버지, 스승이 만들어준 보호벽이 무너질 때 비로소 삶이 우리 안에 스며든다. 신에 대한 우리의 관념, 개념, 생각이 사라지고, 존재의 비밀이 윙크하면서 우리의 시야 가장자리로부터 조금씩 중심으로 다가오며, 그만큼 우리는 점점 더 깊숙이 그 비밀의 일부가 된다.

발아래 땅이 흔들리는 것은 분명 유쾌한 경험은 아니지만, 날고 싶은 자에게는 다른 선택권이 없다. 언젠가는 날개를 펴고 바람이 우리를 데려가기를 희망할 수밖에 없다.(알다시피 이 바람은 늘 자기가 불고 싶은 대로 분다.)⁴⁰ 목적지는 절대 알 수 없어도 여행 그 자체만으로 축복이 될 것이다!

짐은 가볍게

이 여행은 이미 말했듯이 직접 가봐야 한다. 현관문을 열고 떠나야 한다. 그리고 짐이 적을수록 발걸음도 가벼울 것이다. 지구 반대편까지 무거운 캐리어를 끌고 다니거나 트래킹을 하면서 계속 자신의 배낭을 저주해 본 적이 있는 사람이라면 무슨 말인지 알 것이다. 무겁고 땀나는 것을 덜 갖고 다닐수록 여행길의 아름다움이 눈에 더 잘 들어온다. 주변을 더 자주 둘러보며 새로운 것을 더 많이 발견하고 놀란다. 다른 여행자들도 눈여겨볼 수 있고, 풍경도 즐길 수 있으며, 고요한 가운데 심호흡도 할 수 있다.

영적 여행도 마찬가지이다. 확신, 이론, 관념, 개념 들로 인해 머리가 덜 무거울수록 실제로 일어나고 있는 일, 우리 앞에 펼쳐지는 일을 더 자유롭게 볼 수 있다. 자신이 생각하는 자아상과 동일시되지 않을수록 우리는 변화의 기회들을 더 잘 알아차릴 수 있다. 아울러 세상과 삶에 대해 이미 안다고 생각하는 것에서 벗어날 때 우리는 지금 이 순간에 펼쳐진 것 속으로 뛰어들 수 있다. 약간의 행운이 따라준다면 아직까지 한 번도 존재한 적이 없는 것을 보고 알게 되는 유일무이한 기적을 맛볼 수도 있다. 지금 존재하는 것이 지금의 당신에게 흘러 들어가는 것이므로, 그것은 아직까지 한 번도 존재한 적이 없으며, 그 일은 이전에 한 번도 일어난 적이 없다.

이러한 이유로 신비주의는 종종 겸손이나 자기를 버리는 것에 대해 말하지만, 이것은 분명 현대 구도자들의 흥미를 돋울 말은 아니다. 하지만 이것이 의미하는 바는 그저 프란치스코처럼 신비 앞에서 벌거숭이가 되라는 것이다. 그것은 이 순간에 순수하게 존재하라는, 그리고 이름, 지위, 생각, 잘난 척함 뒤에 숨지 말고 열린 마음으로 모든 순간(그리고 모든 다른 존재)이 고유한 가치가 있다고 전제하라는 말이다. 우리가 이 광대함 속에서 살 때 우리는 프란치스코의 다음 말을 이해할 수 있을 것이다.

"다른 이들이 더 나은 기독교인이 되기를 바라지 말라. 그럼으로써 너희는 그들에 대한 너희의 사랑을 보여줄 수 있다."[41]

겸손이란 자신만의 길을 가되 그 길이 꼭 다른 사람에게도 옳은 길이라고 생각하지 않는다는 뜻이기도 하다. 그러므로 위의 인용에서 '말라'라고 한 것이 매우 중요한데, 바로 이 '말라'라는 말 때문에, 리처드 로어Richard Rohr(프란치스코 수도회 신부—옮긴이)가 프란치스코에 관한 훌륭한 책[42]에서도 썼듯이, 이 말이 오랫동안 진짜 프란치스코의 말이 아닌 것으로 여겨지기

도 했다.(전도 중심의 기존 기독교인들이 프란치스코의 이 말을 오랫동안 받아

들이지 못했음을 가리킨다.—옮긴이)

자신이 세상에서 제일 똑똑하고 박사 학위나 직접 쓴 책
의 목록이 그것을 증명한다고 확신한다면, 아이들, 노인들, 우
리말을 잘하지 못하는 외국인, 사회의 소외층 혹은 인생에 실
패한 것 같은 사람들의 말을 경청하기란 매우 어렵다. 인간이
"모든 창조물의 왕"이라 생각한다면 우리 인간이 더 중요한
존재라는 뜻이 되고, 그만큼 우리가 필요하다고 생각하는 자
원을 더 많이 취하게 되므로, 다른 존재들에게 그들의 공간을
허용하기가 어려울 것이다. 우리 스스로 우리의 생각에 의문
을 제기하지 않는다면, 다른 존재들이 그렇게 하도록 허용하
기가 어려울 것이다. 순류 스즈키Shunryu Suzuki 선사는 이렇게
말했다.

"초심자에게는 많은 것이 가능하고, 전문가에게는 가능한 것
이 별로 없다."[43]

안타깝게도 우리는 그냥 어느 날 갑자기 "그래, 이제부터 나
에 대한 모든 이미지와 내가 가진 근거 없는 확신을 전부 놓아
버리겠어!"라고 결심하게 되지는 않는다. 이러한 것들은 우리
정신에 너무 강하게 각인되어 있고 틀에 박힌 자국을 깊이 남

기므로 우리는 늘 다시 그런 이미지와 확신에 빠질 수밖에 없다. 이 놓아줌은 우리가 우리 자신에 대해 생각하는 것에 덜 집착하고자 하는 우리 여정의 일부이자 연습이다.

사람은 누구나 자기에 대한 이미지를 갖고 있다. 긍정적인 이미지일 수도 있고 부정적인 이미지일 수도 있다. 자신이 세상에서 제일 잘났다고 생각하는 사람도 있고, 자신이 아무짝에도 쓸모없다고 생각하는 사람도 있다. 객관적으로 봤을 때 분명 둘 다 사실이 아니다. 하지만 누가 자기 자신에게 객관적일 수 있겠는가?

여기에서 간단한 명상이 도움이 될 듯하여 소개해 보려 한다. 이 명상은 이 책에서 내가 소개할 여러 다른 명상들을 위한 준비 운동 같은 것이다. 나는 당신이 여러 명상을 해보면서 명상을 정기적으로 할 수 있게 되기를 바라지만, 이 첫 번째 명상은 매일 하는 연습이 아니라 특정 기간만 하는 용도로 좋은 명상이다. 예를 들어 일주일 정도 매일 생각날 때마다 해보고, 명상시 그리고 일상에 어떤 일이 벌어지는지 관찰해 보면 좋을 것이다.

이 연습은 기본적으로 자신에 대한 이미지를 잠시 내려놓는 연습이다. 혹은 14세기 어느 신비주의 문헌에서 말하듯, 잠시 '망각의 구름' 아래 두는 연습이라고 할 수 있다.[44]

우리의 자아상은 보통 "나는 ~이다"(I am ~)이라는 문장으로 드러난다. 예컨대 "나는 오토바이를 몬다. 나는 생식을 하는 사람이다. 나는 함부르크 축구팀 장크트 파울리 팬이다. 나는 엄마이다. 나는 영적이다" 등등. 그리고 당연한 말이지만 이런 말 중 어떤 것도 우리 존재의 전제를 보여주지는 않는다. 물론 정말 그런 것처럼 행동할 때도 있지만 말이다. 이 명상은 "나는 ~이다"라는 언명이 사실은 그 한 번만 맞는 것이지 그 이상도 그 이하도 아님을 보도록 하는 연습이다. 그리고 그 방법은 "나는 존재한다"라고만 말하는 것이다. 왜냐하면 그것만이 정말 확실한 것이기 때문이다.

당신은 존재한다. 당신은 이 순간 존재한다. 그리고 이 단순한 존재 속에(초심자에게 그렇듯) 아주 많은 가능성이 있다. 당신은 존재한다. 그리고 모든 것이 일어날 수 있다. 당신은 존재한다. 그리고 그것이 무엇인지 경험한다.

그럼 한번 해보기 바란다.

존재 명상

의자나 명상 방석 혹은 명상 의자 등 편한 곳에 앉는다. 등을 자연스럽게 편다. 그러면 호흡도 자연스럽게 되고, 다스 베이더(영화 〈스타워즈〉에 나오는 악당 캐릭터—옮긴이)처럼 숨 쉬지 않아도 될 것이다. 혹은 다스 베이더가 된 것 같은 고약한 느낌이 들지도 않을 것이다. 이제 눈을 지그시 감고 호흡에 주의를 집중한다. 숨을 조절하지 않는다. 공기가 자연스럽게 들어오고 나가는 것을 단지 느끼기만 한다.

가능하면 몸의 긴장을 의식적으로 풀어준다. 발, 다리, 엉덩이, 등, 어깨의 긴장을 푼다. 배의 힘을 빼서 부드럽게 한다.(식스팩이 있어서 자랑하고 싶어 못 참겠더라도 힘을 뺀다!) 가슴, 팔, 손, 목, 얼굴, 이마의 긴장을 푼다.

이제 정신을 집중하고 호흡에 맞춰 머릿속으로 말한다. 숨을 들이쉴 때 머릿속으로 "나는"이라고 말하고, 숨을 내쉴 때 "존재한다"라고 말한다. 들이쉴 때 "나는", 내쉴 때 "존재한다"

라고 말한다. 말하자면 이 두 단어가 호흡 위를 떠다니는 느낌이다. 그렇다고 너무 기계적으로 호흡하고 말할 필요는 없다. 한동안 이 연습을 계속한다.

그 두 단어가 점점 작아지다가 어느 순간 사라지는 순간이 올 것이다. 잡념이 들기 때문이다. 주말 장보기, 아이들 숙제 봐주기, 조금 전에 있었던 기분 나쁜 일 등등 여러 가지 생각이 들 것이다. 그럴 때는 다시 가볍게 이 두 단어 "나는 존재한다"로 돌아온다. 두 단어 속으로 빠져 들어간다. 이 두 단어로 당신 자신의 지금 경험을 설명하기에 충분하다고 느낀다.

나는 존재한다, 그저 여기에 있다. 이곳, 이 순간에 있다. 나는 존재한다, 그 이상도 그 이하도 아니다. 나는 존재한다, 그리고 이 순간에 존재하는 모든 것으로 가득 차 있다.

명상 시간은 스스로 정한다. 규칙은 이것이 전부이다. 이제부터는 당신이 알아서 경험할 것이다.

하다 보면 대개 마음이 고요해지고 열리는 느낌을 받을 것이다. 하지만 신경이 오히려 더 예민해져서 폭신한 방석마저 자신을 놀리는 것 같아 몇 대 때려주고 싶어질 수도 있다. 자신에게 그리고 그 불쌍한 방석에게도 인내심을 갖자. 마음이

유난히 산만해서 오랫동안 앉아 있기 힘든 날도 있다.(그런 날은 명상이 오히려 더 도움이 될 테지만.) 그렇다고 문제될 것 없다! 그냥 다른 날 다른 시간에 다시 해보라. 다만 명상에는 완수해야 할 과제가 없고 '그 누군가'가 되어야 할 필요도 없음을 잘 알기 바란다. "나는 존재한다"에서 끝나지 않고 "나는 ~이다"라고 불필요한 단어들을 더 추가해야 하는 그 누군가 말이다. 이 명상을 하는 동안에는 단지 존재 자체로, 단지 바로 여기에 앉아 있는 것이 중요하다. 그뿐이다.

당신은 정말이지 당신 자신일 뿐이다.

당신만의 길에 선 당신 자신. 예수, 붓다, 랍비 수스야, 프란치스코, 데이브 게한, 세안 오라이어, 사막의 할아버지들 다 중요하지 않다. 길을 가는 사람은 당신이다. 그 길 위에서 무엇을 만나게 될지 보자. 그리고 미지의 더 큰 세상으로 대담하게 나아가 당신에게 어떤 변화가 찾아올지 보자.

그들이 다 틀렸다면?
긍정적 의심의 힘

　너무 이르고 너무 어둡고 무엇보다 너무 추웠다. 손은 자동차 핸들을 굳게 잡고 있었지만 내 머릿속은 왜 아이들 학교는 겨울에도 아침 여덟시에 등교해야 하는지 모르겠다며 자꾸 투덜댔다. 포유류 중에서 인간만이 겨울에도 다른 계절과 똑같은 양의 활동을 목표로 삼고 있는데, 나에겐 아무리 생각해도 이해할 수 없는 수수께끼이다. 아이들도 잠에서 덜 깼는지 꿈이라도 꾸는 듯한 표정으로 창 밖의 불빛과 눈과 얼음 들을 보고 있다. '지구가 돌고 있으므로 높이뛰기를 잘하는 토끼가 한 번 뛰었다 내려오면 그 자리는 뛸 때와는 다른 자리가 되는 걸까?' 따위를 궁금해 하고 있는지도 모른다. 어쨌든 나는 지금의 애들 나이 때 그런 생각을 했더랬다.

　농담이 아니라 어쩐지 오늘 아이들은 유난히 조용하다. 작은딸은 다른 차들의 불빛을 홀린 듯 바라보고 있고, 큰딸은 갑자기 생뚱맞게 이렇게 묻는다.

"아빠……정말 이상한 게 뭔지 알아요?"

"아니, 모르겠는데?"

"그걸 아무도 모른다는 거예요, 죽은 다음에 어떻게 되는지를요."

흠! 드디어 올 것이 왔다. 지금까지는 이런 종류의 질문을 받으면 늘 "그러니까 고모할머니는 이제 하늘나라에 계신단다" 같은 흔하디흔한 대답을 해주면 되었다. 정말 그러고 싶지는 않았지만 다른 뾰족한 수가 있겠는가? 다섯 살배기에게 "고모할머니의 뇌가 작동을 멈추었고, 그래서 의식도 사라졌고, 그래서 이제 그 뇌는 벌레들의 먹이가 되었단다"라고 말해줄 수는 없잖은가?! 차라리 하늘나라가 훨씬 낫다. 그런데 이제 딸은 훌쩍 커버렸고, 어른들은 할 말이 없으면 괜히 말이 많아진다는 것과 '하늘나라' 운운은 굴뚝 타고 내려오는 산타클로스 이야기만큼이나 그냥 하는 말이라는 걸 이미 다 간파해 버린 상태였다.

따라서 나는 딸에게 딸이 아는 다양한 믿음을 가진 사람들을 상기시켰다. 딸은 이미 기독교 수도사, 티베트의 라마, 샤먼, 북을 치는 자연 종교 신봉자들을 두루두루 본 바 있었다.(집에서 영적인 책을 쓰는 작가를 아버지로 두다 보니 딸은 이런 사람들과 마주칠 수밖에 없다.) 그 다음 나는 그들 중 이런 사람은 이렇게 믿고 저런 사람은 저렇게 믿고 있다고 설명했다. 어떤 사람들은 죽으면 영혼이 신과 하나가 되므로 사실은 죽지 않는다고 믿고, 어떤 사람들은 윤회를 믿고 등등.

그러고 나서 백미러로 흘끗 보니 딸은 고개를 끄덕이는가 싶더니 "흠" 하고 뜻 모를 소리를 냈다. 그러다 어떻게 해야 설명을 더 잘할 수 있을까 고심하는 내 쪽으로 갑자기 몸을 기울이더니 어른처럼 이맛살을 잔뜩 찌푸리며 의심 가득한 목소리로 이렇게 물었다. "하지만 아빠, 그 사람들이 다 틀렸다면 어떻게 해요?"

'아! 이 아이는 얼마나 똑똑한가?' 아버지인 나는 자랑스러움으로 가슴이 벅차오르고 아무리 끔뻑끔뻑해도 마르지 않는 감동의 눈물이 고인다.(나 자신을 위한 메모: 믿을 수 없이 귀여운 내 아이들에 대한 나의 이런 울컥하는 반응 조사해 볼 것!) 나는 운전하는 외중에도 딸에게 그렇게 의심하고 따져보는 자세가 매우 훌륭하다고 폭풍 칭찬을 해주었다. 물론 그런 자세 때문에 딸이 앞으로 여기저기서 혼날 가능성이 농후하지만 일단 그건 나중 문제니까.

정말 그 사람들이 다 틀렸다면 어떨까? 세상에 대한 모든 논리, 대단한 사상들, 모든 관념이 사실은 실제 세상과 그다지 상관이 없다면? 정말로 중요한 이 질문을 우리 자신에게도 던져보면 어떨까?

선불교의 지혜로운 광인狂人 선사 사와키 코도澤木興道는 이렇게 핵심을 찌르는 말을 했다.

"불교가 진짜로 말하고 있는 큰 비밀은 무엇인가? 바로 행복한 바보가 되는 기술이다. 그것은 당신 안에서 그리고 당신이 세상을 보는 시각 안에서 자유를 찾으라는 뜻이다."[45]

이것이 바로 그날 내 딸도 직관적으로 알아차린 출발점이다. 우리는 모두 바로 이 출발점에 서 있다. 삶이 우리에게 질문할 것이다. "어떻게 생각해? 뭐라고 생각해?" 우리를 대신해 삶의 큰 질문들에 빠져줄 사람은 없다. 그 답을 찾아냈다고 진심으로 믿고 있는 사람도 마찬가지이다. 답이란 것들은 대개 관념의 소산이라 더 많은 질문을 부른다. 이른바 삶과 죽음에 대한 이론들은 대부분 또 다른 혼란을 부르는 논리 혹은 원리를 바탕으로 하고 있기 때문이다. 그러므로 행복한 바보는 기꺼이 편안한 것들로 눈을 돌리고 사실상 다음과 같은 릴케 방식의 무지를 즐긴다.

"질문을 품고 사십시오. 그러면 언젠가 그 질문의 답 속에 살고 있는 자신과 만나게 될 것입니다."[46]

어느덧 학교 앞에 도착했고, 차에서 내리며 커다란 책가방을 다시 메는 딸에게 나는 머리에 작별 키스를 해주었다.(그리고 아주 잠깐 딸이 그것을 창피해한다는 느낌을 받았다. 사춘기라는 이름의 먹구름 한

덩어리가 이미 저만치서 보이기 시작한다.)

"내 딸, 계속 그렇게만 하렴! 그렇게 질문하는 것이 다른 사람이 하는 말을 그대로 따라하는 것보다 낫단다."

나는 딸에게 학교에서 좋은 시간을 보내라고 말해주었다. 그리고 머릿속으로 뒤이어 '선생님들도 너랑 좋은 시간을 보낼 수 있다면 좋을 텐데……'라고 생각했다.

성서와 고착된 구조들

우리는 지금 길잡이만큼은 정말 부족하지 않은 세상에서 살고 있다. 서점이나 도서관을 가보면 일주일 만에 깨달음을 얻는 법, 일주일 만에 25킬로그램을 빼는 법, 10년은 젊어 보이는 법, 부업으로 4만 유로 버는 법을 알려주는 책이 가득하다. 우리에게 어떻게 해야 '제대로' 살 수 있는지, 무엇을 먹어야 하고 무슨 생각을 해야 하고 무엇을 믿어야 하는지 등등을 말해주는 책들이 정말이지 넘쳐난다. 그리고 전통 종교, 밀교 가릴 것 없이 죽음 후에 무슨 일이 일어나는지 장담하는 책도 물론 많다. 그리고 이른바 '성서'라는 매우 흥미로운 책도 있다. 그 서사 스타일로 인해 조지 R.R. 마틴George Raymond

Richard Martin[47]의 《왕좌의 게임》 같은 책쯤은 학생들의 작문거리로 만들어버려서가 아니라, '성서'라는 이름 앞에 붙은 '성스러운'이라는 형용사가 그 내용에 어떤 반박도 허용되지 않음을 암시하기 때문에 흥미진진하다고 하는 것이다! 참으로 존경할 만하다. 그 정도의 위상이라면 목표로 삼아볼 만하다.

오해는 하지 말기 바란다. '성서'를 모욕할 생각은 결단코 없다. 성서는 인간 정신의 역사가 남긴 보물이므로 분명 소중히 다뤄야 한다. 성서에는 실제로 지혜로운 내용이 많다. 하지만 안타깝게도 약간의 난센스도 있다. 그런 내용을 양심 없는 사람들이 악용하거나 임의로 편집해 신성불가침한 것으로 만들곤 한다. 그래야 권력을 마음껏 휘두르고 의심스러운 행위들을 정당화할 수 있기 때문이다. 세안 오라이어도 이렇게 말한 바 있다.

> "지구상의 성서의 전통이 부른 것보다 더 파괴적인 결과를 부른 무기는 인류 역사상 아직 발견된 적도, 이용된 적도, 활용된 적도 없다."[48]

사제인 사람이 이런 말을 했다. 세안 오라이어에게 성서는 가장 중요한(그리고 사랑해 마지않는) 이른바 '작업 도구'이다. 하지만 세안 오라이어는 성서를 모든 사람이 꼭 지켜야 하는, 신이 아주 개인적으로 직접 내려준 행동 방침이라고 보지는 않는다. 그에게 성서는 경험의 보고서의 모음이고, 상징적인 이야기들의 모음이며, 세상에서 자신의 길을 찾다가 신성으로 이르는 개인적 문을 발견해 낸 개별 사람들의 이야기이자 해석이다. 성서를 문자 그대로 해석하고 그 내용에 대한 비평이 부족한 것이 세상에 어떤 문제들을 불러왔는지 본다면 세안 오라이어 방식의 이런 독법讀法을 거듭 추천할 수밖에 없다.

그러므로 우리는 이제 '성서'에 대해서도 질문해 보자. 문장 자체의 진실성만이 아니라 이 시대 우리에게도 타당한 내용인지에 대해 늘 의심해 보자. 당연히 이것은 다른 책들에 대해서도 마찬가지이다. 이는 물론 지금 당신 손에 들려 있는 이 책에 대해서도 마찬가지이다.

그들이 다 틀렸으면 어떡해요?

내 딸의 이 질문은 간단하고 효과적이고 훌륭하기가 거의 만트라 급이다. 이 질문에는 냉소주의로 변하기 쉬운 회의를 위한 회의가 숨어 있지 않다. 그보다는 의미 있는 방식으로 우리 자신의 경험과 생각하는 능력으로 눈을 돌리게 하는, 다음과 같은 다른 질문들의 전체 목록이 숨어 있다.

"이것은 모든 시대 모든 조건에 정말 합당한가? 이것은 오래된 믿음일 뿐 나의 현실과는 별 상관이 없지 않을까? 모든 사람이 이 말을 지키면 실제로 도움이 되고 유익할까? 인간의 경험이라는 이 영역에 관해 과연 단정적으로 진술할 수 있을까? 이것이 어떠한 불의를 정당화하거나 정말 시급하게 재평가해야 하는 낡은 구조를 고착화하는 건 아닐까? 이런 문제는 사실 일반화하기에는 너무 개인적인 문제가 아닐까? 그런 판단을 내리기에 우리의 지식이 과연 충분한가? 여기에서 혹시 생각을 지식과 혼동하고 있는 건 아닐까? 사회 구조나 단순한 편의 때문에 우리는 이런 방식으로 생각하는 게 아닐까?"

때로는 다른 사람이 말하고 생각하는 것에서 벗어나 사람들이 피하고 싶어 하는 곳으로 갈 필요도 있다. 시인 로버트 프로스트Robert Frost는 이렇게 말했다.

"숲속에 두 갈래 길이 있었다. 나는 사람들이 적게 간 길을 택했다. 그리고 그것이 내 모든 것을 바꾸어놓았다."[49]

감사하게도 세상에는 다르게 행동하고 다르게 생각하는 사람, 비주류의 길을 가는 사람들이 있다. 모든 전통의 신비주의자들도 분명 그런 사람들이었고 지금도 마찬가지다. 이들은 절, 사원 혹은 교회의 설법보다는 자신만의 경험에 더 의

존한다.

이들은 교리를 다이어트 조언을 받듯이 받아들여야 한다는 것을 잘 알고 있다. 어떤 사람에게는 양배추 수프나 삶은 브로콜리가 좋고, 어떤 사람에게는 저탄고지(저탄수화물 고지방—옮긴이), 앳킨스Atkins(고단백질 식품만 먹고 고탄수화물 식품은 피하는 식단—옮긴이), 팔레오Paleo(구석기인처럼 가공하지 않은 자연 식품만을 먹는 식단—옮긴이) 혹은 엄격한 채식이 좋을 수 있다. 달걀이 콜레스테롤 수치를 높여서 정말 위험하다는 주장도 있고, 다른 연구에서는 달걀이 인간이 먹을 수 있는 가장 건강한 음식이며 콜레스테롤에 관한 이야기는 큰 오해라고 하기도 한다. 또 혈당 수치만 잘 보면 된다는 사람이 있는가 하면, 써머믹스(복합 만능 주방기기—옮긴이) 혹은 나선형 야채 절단기가 만능 해결사라고 하는 사람도 있다. 조금만 말해도 이 정도이다.

이 모든 의견들을 정말 제대로 판단하려면(판단하지 않으면 그저 생각에 그치므로) 일단 식탁에 다 차려 먹어보고 어떤 게 몸에 좋고 어떤 게 좋지 않은지, 어떤 것을 먹으면 기분이 좋고 어떤 것은 그렇지 않은지 봐야 한다. 우리 몸부터 서로가 이미 그렇게 다르다면(생물학적으로 봤을 때는 모두 비슷해 보이지만) 우리 정신은 더 말할 것도 없다. 게다가 식이요법에 관해서라면 다양한 연구 결과라도 있지만(물론 이런 연구도 누가 연구비를 대느냐와 그 사람이 그 연구로 무엇을 증명하고 싶어 하느냐에 따라 결과가 달라지기는 한다), **믿음과**

종교의 영역, 인간과 신의 관계에 관한 영역에는 객관적인 기준이란 게 거의 없다. 믿음은 매우 개인적인 영역이므로 사실 다른 사람들이 믿으라고 한 것을 믿으며 만족하는 사람이 있다면 오히려 그게 더 놀라울 것 같다. 그런 의미에서 베네딕토회 수도사이자, 내게는 우리 시대의 가장 위대한 신비주의자 중 한 사람인 데이비드 스타인들-라스트는 꽤 파격적인 말을 했다.

"믿음은 경험의 문제입니다. 그렇지 않다면 믿음이라고 할 수 없습니다. 간접 믿음은 진정한 믿음이 아닙니다."[50]

그러므로 우리는 이제 내 딸이 한 질문을 우리 자신에게도 해야 할 것 같다.(혹시나 해서 하는 말인데, 그렇다고 내 딸이 이와 관련해서 강연을 할 정도는 아니니 참고하시기 바란다.)

만일 그들이 모두 틀렸다면? 그렇다면 나는 어떻게 보나? 살면서 내게 주입한 믿음들을 모두 버리면 어떻게 진실을 경험할 수 있을까? 많은 사람이 신이라고 부르는, 존재의 근원을 어떻게 하면 체험할 수 있을까? 마음을 고요히 하고 세상에 귀를 기울이면 무엇을 인지하게 될까?

이 주제에 대해 크리스티안 모르겐슈테른Christian Morgenstern이 쓴 아름다운 시가 있다.

"다른 사람이 무엇을 하는지 보지 마라.

다른 사람은 너무 많으므로

절대 끝나지 않는

게임에 빠질 것이다.

그냥 신의 길을 가라.

다른 안내자는 불허하라.

그럼 곧장 옳은 길로 갈 것이다.

그리고 오직 홀로 갈 것이다."[51]

모르겐슈테른이 말하는 이 신의 길은 우리 영혼의 창공에 우리만을 위해 떠 있는 북극성을 따라가는 가장 깊은 내면의 길이다. 우리는 자신의 신념을 우리에게 강요하는 사람이나 우리를 다시 '궤도'로 되돌리려는 집단의 압박이 필요 없다. '성서'의 이 구절이나 저 구절이 한 가지 방식으로만 해석될 수 있다고(해석이라는 것이 허락이라도 된다면 말이다) 설명하는 사람도 필요 없다. 우리는 자신과 자신의 경험에 의지하면 된다. 그럼 안겔루스 질레지우스Angelus Silesius의 다음 말에도 동의하게 될 것이다.

"성서는 문서이다. 그뿐이다. 내가 위안받을 것은 실재이며, 내 안의 신이 영원을 말해준다."[52]

누구나 자신만의 계시를 받을 수 있다

나는 모두가 똑같이 따라갈 수 있는 깊은 비밀의 길이 딱 하나만 있다고 믿지 않는다. 멀리서 보면 다 그 사람이 그 사람 같지만 그들에게 다가가거나 그들이 가까이 다가오면 그들 각자만의 독특함이 보인다. 영적인 길도 마찬가지이다. 각자의 경험, 체험, 상처, 희망과 필요에 따라, 우리 영혼이 만났던 행복과 아름다움, 아픔과 슬픔의 순간에 따라, 또한 우리를 생생하게 살아있게 만들어준 순간에 따라 각자가 가는 영적인 길도 다르게 만들어진다.

남들이 가르쳐준 신조나 우리가 직접 붓질 한 번 한 적 없는 이미지가 아니라, 바로 각자만의 생생한 살아있음이 우리를 우리로 만들고 신성과의 관계를 결정하는 것이다.

"너희 안과 밖에 살고

모든 손과 함께 일하고

모든 발과 함께 걷고 모두에게 있는

그를 경배하라!

그 외의 다른 이미지들은 부수어라!

가장 높은 곳과 가장 낮은 곳에 있는 존재,

죄인이자 동시에 성자이며, 신이자 동시에 벌레인

그를 경배하라!

볼 수 있고 알아차릴 수 있고

실재하고 편재하는 그를 경배하라!

그 외의 다른 이미지들은 부수어라!"[53]

스와미 비베카난다가 말하는 이 '다른 이미지들'을 부술 때, 주어진 것과 전통, 인습에 대한 건강한 의심으로 편견 없이 삶을 경험할 때, 우리는 다른 모든 위대한 신비주의자들이 그랬던 것처럼 신비 앞에 발가벗고 설 수 있으며, 우리를 바로 지금의 것으로 가득 채워지게 할 수 있다. 이것이 우리의 개인적인 계시이며, 세상의 베일이 걷혀 그 깊이를 볼 수 있도록 허락된 순간이다. 신은 그 옛날 성서 시대에만 자신을 드러낸 것이 아니다. 신이 모세와 선지자들과 예수에게만 말하고는 더이상 누구와도 관계하지 않으려고 어느 외딴 섬에 별장을 장만한 것도 아니다. 데이비드 스타인들-라스트가 강조한 것처럼, 신은 오늘도 여전히 우리에게 말을 하고 있다.

"계시는 원래 내면에서 나온다. 그러므로 오늘날에도 여전히
우리 자신의 내면에서 계시의 근원을 발견할 수 있다."[54]

신을 안다고 주장하는 많은 목소리를 의심하는 것이야말
로 우리 자신의 인식을 더 신뢰하고 세상과 개인적으로 사랑
의 관계를 맺게 해 우리를 자유롭게 할 것이다. 이 관계를 시
작하고, 깊이를 더하고, 그것을 통해 점점 더 충만한 삶을 살도
록 이끄는 나를 위한 명상법을 하나 찾아냈다. 이 명상은 모든
것을 분석하고 정의내리고 싶은 마음에서 나를 해방시켜 삶을
신비 그 자체로 즐길 수 있게 한다. 이것을 라이너 마리아 릴
케보다 더 잘 표현한 사람은 없다.

"당신은 삶을 이해하지 않아야 한다. 그때 삶이 축제가 될 것
이다."[55]

우리가 이해했다고 생각하는 모든 것이 비워질 때, 우리 안
에 신성이 자기 자신을 드러낼 수 있는 공간이 생긴다. 다음의
연습은 이 비우기에 접근하는 데에 도움이 될 수 있다.

건강한 의심 명상

이 명상의 이름은 스콜라 철학자 토마스 아퀴나스에게서 빌려왔다. 그가 썼던 라틴어 '프리우스 비타 쿠암 독트리나Prius vita quam doctrina'[56]는 오늘날 우리가 '건강한 의심'이라고 표현할 만한 정신적 상태를 요약한 문장으로, 번역하면 "삶이 교리(가르침)보다 앞선다" 정도가 된다. 전통적인 가르침들이 이것저것을 주장하더라도 그것들을 우리의 삶에서 검토하고(이 책의 서두에 인용한 사도 바울로의 "모든 것을 시험해 보고 좋은 것을 꼭 붙들라"는 말도 보기 바란다), 그 주장들이 우리 자신에게 합당한지(유익한지) 아니면 부적절한지(유익하지 않은지) 결정하는 것은 우리가 해야 할 일이기 때문이다.

이 연습을 위해 잠시 조용한 곳으로 가 혼자 생각하는 시간을 갖기 바란다.

믿음과 종교와 관련해, 당신이 속한 문화나 당신이 받은 교육을 통해 자신도 모르게 갖게 된 신념을 적어본다. 다음은 그

몇 가지 예이다.

- 신은 전능한 존재이다.
- 신은 남자이다.
- 착한 사람은 천당에 간다.
- 섹스는 죄이다.
- 예수는 나의 죄를 씻어주기 위해 죽었다.
- 간절히 기도하면 소망은 이루어진다.

자신을 솔직히 들여다보고 사람들이 당신에게 끊임없이 주입했던 신념들을 다 적어본다.

이제 그 문장들 중에 당신이 살면서 확인할 수 있었던 것이 있는지 생각해 본다. 그 문장들 중에 살면서 맞다고 느꼈던 것이 있는가? 그렇지 않다면 최대한 굵은 빨간 펜으로 그 문장들을 다 지운다!

당신의 삶과 경험들, 세상의 다른 존재들과의 관계를 볼 때 어떤 주장들이 반박을 부르는가? 그리고 기왕에 시작했으니, "동물은 영혼이 없다"와 같은 로마 가톨릭의 말도 안 되는 소리뿐만 아니라, 이보다 훨씬 자유로운 이른바 틈새 영성 분야에서 나온 인기 있는 신념들도 살펴보자.

- 우연은 없다.

- 세상에 무엇을 주든 늘 돌려받게 되어 있다.

- 나쁜 카르마를 쌓으면 다음 생에 나쁘게 태어난다.

- 천사들이 항상 우리와 함께한다.

- 디르크 그로서는 책을 재미있게 쓴다.

- 마음 챙김만으로 충분하다.

- 끌어당김의 법칙은 언제나 옳다.

- 오프라 윈프리는 신이다.

- 임사 체험은 죽음 후 삶이 있다는 증거이다.

이와 관련해서 당신이 믿거나 믿고 있다고 생각하는 것들을 다 써보라. 그리고 어디서 그런 신념들을 갖게 되었는지 써보는 것도 좋다. 그 다음 내 딸처럼 "만약 그들이 다 틀렸다면?"이라고 자문해 보기 바란다.

그리고 마지막까지 남아 있는 문장을 보자. 실제로 유용한 가설들은 무엇인가? 앞으로도 계속 함께 갈 수 있는 것들은 무엇인가?

5분이나 명상했는데 아직 깨닫지 못했다
인내 그리고 아름다운 단어 '초연함'

나는 살면서 불행을 자초한 적이 많았는데 그 최악은 명상을 시작한 것이었다⋯⋯

사실 시작은 아주 좋았다. 쾌적한 여름날 저녁 그리스의 어느 섬에서 나는 처음으로 명상을 했는데, 그 경험이 너무나 고무적이어서 앨버트 호프먼Albert Hofmann(환각성 약물 LSD를 합성, 직접 섭취한 최초의 사람으로 알려진 스위스의 화학자)도 경악하며 시기했을지 모른다. 잔잔한 파도가 모래사장 위로 부서지고 공기에서는 짠 냄새가 나며 주변에는 야생화들이 흐드러진 가운데 나는 얼마 안 있어 끝없는 심연 속으로 빠져 들어갔다. 나는 온 세상을 들이마셨고 두피에서 시작된 찌릿찌릿함이 온몸으로 퍼져나가면서 시간과 공간을 잊게 했다. 문신한 남자가 휴가 중에 갑자기 붓다라도 된 양 온 우주를 떠다녔던 것이다. 같이 명상하던 다른 사람들은 20분 후 바닷가를 떠났지만, 나는 바보같이 헤벌쭉 웃으며 몇 시간이고 꼼짝 않고 앉아 별들과 돌들, 거대한 대양 속을 유영하는 황금 정어리와 하나가 된 듯했다. 그리고 이제 곧 깨닫는 일만 남았다고 생각했다. '우와, 정말 빠르군!'

다음날, 명상 시간까지 기다리려니 마음이 여간 조급한 게 아니었다. 이제 제대로 속도 한번 내보자 생각했다. 하지만 그날은 뭔가 대단히 잘못된 게 분명했다. 도대체가 아무 일도 일어나지 않았다. 대양이 느껴지지도, 찌릿찌릿한 느낌이 들지도, 방대한 우주 속을 떠다니지도 않았다. 그저 끔찍하게도 지루했고, 엉덩이는 아파 죽겠고, 정말이지 실망스럽고 좌절감이 느껴졌다. 나는 절대 그런 걸 바란 게 아니었다!

그때부터 나는 그 첫날의 경험을 갈구하기 시작했다. 그것도 몇 년 동안이나. 관련 책들을 읽으며 다양한 명상법, 앉는 자세, 호흡법을 시도했고, 각종 세미나에 다녔으며, 뭔가 더 길게, 더 높이, 더 빨리, 더 멀리 명상했다. 선명히 기억하고 있는 명상 첫날의 그 느낌을 찾아서. 그날 뭔가 어떤 기술이 통했던 게 분명했고, 그 기술을 알아내야 했다! 자판기에 동전을 넣으면 곧 깨달음이 나올 것처럼!

오랜 시간이 지나서야 나는 명상이 행복 자판기도, 마약 대용품도 아닌, 평생 가야 하는 수행의 길임을 알게 되었다. 무엇보다 명상은 자신과 대면해야 하는 길이지 다른 어떤 특별한 경험을 바라고 갈 수 있는 길이 아니었다.

뭐든 빨리빨리가 미덕인 세상에서 '평생 가야 하는 수행의 길'이라니 김이 좀 빠진다는 것 나도 인정한다. 어쨌든 요즘은 이메일을 보내는 데 5초 이상이 걸리면 이미 자제력을 잃는다. 예전에는 편지를 손수 작성해서 우체통까지 갖고 가 넣은 다음 우체국 직원들이 내일이나 모래, 아니면 언제가 되든 분명 전달해 줄 거라 굳게 믿고 기다렸는데 말이다. 언젠가 드론 배송이 된다면, 예컨대 바나나를 신선하게 보관해 주는 바나나 모양 그릇 같은 아주 중요한 물건을 받기 위해 내일까지 기다려야 하는 천인공노할 상황에 우리의 에고를 드러내지 않아도 될 테니 모두 굉장히 좋아할 것 같다. 우리가 사는 세상이 이렇다. 때때로 웃어넘길 수도 있지만, 때론 그냥 울고 싶을 때도 있다.

어쨌든 다시 명상 이야기로 돌아와서, 명상은 분명 인내를 요구하고 또 인내를 가르친다. 그런데 도대체 명상은 어떻게 해야 하는 것인가? 그리고 왜 영적 전통들은 모두 명상이 중요하다고 하는가? 사막의 교부들도, 요하네스 카시아누스도, 가톨릭 수사들, 수피들, 불교도들, 도가 수행자들, (나사렛의 예수로 더 잘 알려진 예슈아 벤 요세프Yeshua ben Yosef를 포함한) 유대교 랍비들도 다 명상했고, 지금도 이 정신 교육은 세계적으로 이루어지고 있다. 가만히 앉아서 아무것도 하지 않기, 피곤한 거북이처럼 물러나 있기…… 이것을 어쩐지 나를 포함해 많은 사람이 좋아하는 것 같다. 그렇다면 명상은 가장 순수한 형태의 현실 도피주의일까? 정말 우리는 아무도 우리를 괴롭힐 수 없도록 거북이 등딱지 속으로 들어가 먹기 좋게 썰린 상추와 포도가 비처럼 내리기를 기다리는 걸까? 하지만 이것은 기꺼이 바깥세상을 탐구하는 사교적인 거북이들에게는 매우 부당한 생각일 뿐더러 명상과 관련해서도 근본적으로 잘못된 것이다.

명상은 흔히 생각하는 것처럼 세상으로부터의 도피가 아니라 오히려 세상을 향한 분명한 방향 전환이다. 물론 나는 나만의 경험에 근거해서 말할 수밖에 없고(당신은 이 책이 하는 말을 당신의 경험으로 당신을 위해 검토할 수 있다), 명상을 현실을 외면하기 위한 도피의 도구로 바라보는 사람도 분명 있을 것이다. 하지만 그것은 명상이 아니고 명상이어서도 안 된다. 비록 인도의 몇몇 의심쩍은 아쉬람에서는 너무 '깨달은' 나머지 무아지경에 빠진 듯 허공을 응시하기만 하고 아무것도 하지 않아서 사람들이 먹이고 입혀야 하는 사람들이 있기는 하지만 말이다. 내게는 이것은 명상과는 아무 관련이 없으며, 오히려 자발적인 대뇌의 제거와 관련이 있어 보인다. 이런 비극적인 혼동은 정말 안타까울 따름이다!

명상은 단순히 바로 여기, 이 현실에 점점 더 자주 돌아오도록 도와주는 하나의 연습이다. 당신은 이미 충분히 현실에 있고 게다가 그 현실에 슬슬 질리려 한다고 말할지도 모르겠다. 좋은 항변이다. 내가 입에 올리긴 했지만 말이다. 그런데 사실 우리는 현실이 아니라 우리가 가진 이론과 개념에서 나오는 환상 속에 살고 있다. 색안경을 끼고 있어서 모든 것을 그 색안경의 색깔대로 인식하고 있으며, 그 색깔이 장밋빛이라서 좋은 것만 볼 수도 있고 어두운 회색이라 좋은 것조차 위협적이고 암울한 것으로 볼 수도 있다. 물론 이 안경은 여러 다른 효과를 내는 아주 다양한 색상이 있다. 어쨌든 이 안경보다 더 잘 팔리는 히트 상품은 거의 없다.(흑백 모델이 특히 인기가 많으며, 전 세계의 포퓰리스트들이 이 모델을 선호한다.) 우리는 색안경이 필요하다고 생각하며 밤낮으로 안경을 써야 하고 안경을 통해 모든 것, 모든 사람을 봐야 한다고 여긴다.

그런데 갑자기 명상 애호가가 나타나서 안경을 그냥 벗을 수도 있다고 말한다. 우리는 그가 제정신이 아니라고 말하면서도 혼자 몰래 벗어본다. 그리고 우리가 선호했던 혹은 익숙했던 그 색 외에 다른 색도 아주 많음을 알게 된다. 우리는 갑자기 모든 것을 있는 그대로 보고 세상이 사실은 얼마나 다채로운지 발견한다. 그리고 관념이란 사실 현실적 근거가 없는 상상임을 깨닫는다. 이것이 바로 명상이 하는 일이다. 명상은 우리 관념과 상상의 안경을 벗게 하고, 모든 종류의 고정 관념에서 벗어나 진정으로 고요하고 자유롭게 이 순간 펼쳐진 실재에 잠기게 한다. 명상은 미리 정해진 길에서 나와 발견의 여정으로 우리를 이끈다. 우리가 가진 관념 너머를 보게 하고, 기존의 시각을 변화시키고, 우리가 그토록 좋아하고 소중히 여겼던 색안경을 벗게 한다.

물론 기존의 모든 방법론(관념들)을 체계적으로 회의하고 부조리한 것으로 치부하기 위해 또 다른 방법론(명상)으로 눈을 돌린다는 것이 어떻게 보면 그 자체로 정신적 유희일 뿐이라고 말할 수도 있다. 하지만 과연 다른 방법이 있을까? 내 경험상 자유는 고요 속에서만 펼쳐진다. 지두 크리슈나무르티Jiddu Krishnamurti는 이렇게 말했다.

"비어 있는 곳에서만 무언가 새로운 일이 일어날 수 있다."[57]

명상은 긍정적인 의미의 비움에 도움이 된다. 우리는 명상을 통해 기존의 모든 생각들, 기존의 말해진 것들, 되풀이된 모든 논의들, 의심의 여지없이 옳다고 여겨지는 것들, 축적된 모든 고루한 것들을 그냥 내던지고, 그것이 무엇이든 지금 일어나는 일을 다만 지각하는 데에 우리의 마음을 활짝 연다.

명상하다가 난생처음 순간을 있는 그대로 정직하게 보게 될 수도 있다. 난생처음 머릿속이 정말 고요해져 드디어 가만히 세상의 소리를 듣게 될 수도 있다. 이때 우리는 그 아름다운 모순을 체감할 것이다. '신비주의'를 뜻하는 'Mystik'의 어원 'myein'(눈을 감다)이 사실은 '눈을 뜨고' 여행하는 것이듯, 언뜻 보기에 내면으로만 들어가는 것 같은 명상도 사실은 세상을 향해 진정으로 나아가는 것임을 말이다. 여기서도 이 책 서두의 '들어가는 말'에서 언급했던 라틴어 개념, 대립의 일치가 감지된다. 서로 모순되어 보이는 것들이 동시에 일어나는 곳, 일반적인 논리로는 정말 이해할 수 없는 일, 모든 이원성을 거부하므로 흑백 논리적 사고가 불가능한 곳, 그 위대한 동시성이 말이다.

신비주의와 침묵

신비주의에서 신의 이미지는 비인격적이므로 명상은 내면에 침잠함으로써 세상의 근원인 미지의 것에 접근하는 것을 의미하기도 한다. 이런 일은 하늘에 계신 사랑 가득한 신이든 구름 위의 복수심에 불타는 근엄한 분이든, 영원히 온유한 예수든, 우리의 죄를 사하기 위해 죽었다는 신의 아들이든, 이 모든 낡은 이미지를 버릴 때 일어난다. 우리는 도道를 뒤로하고 불성도 잊어버리고 여호와도 쉽게 두고 크리슈나도 통속적인 포스터 속 숭배자들과 놀게 둔다. 이슬람교라면 알라의 99개 이름일랑은 잊어버리고, 아무도 모르고 앞으로도 아무도 모를 수백 개의 이름, 모든 단어를 뛰어넘는 그 이름 속으로 침잠해 들어간다.

17세기 슐레지엔에서 안겔루스 질레지우스('슐레지엔 천사'라는 뜻)라는 이름으로 유명해진 신비주의자 요하네스 셰플러 Johannes Scheffler는 논증적 사고 너머로의 이런 몰두를 수많은 2행시에 담아내곤 했다.

"신 속으로 그리고 신의 심연 속으로 들어가고 싶다면
신에 대해서도, 자신에 대해서도 생각하지 말아야 한다."[58]

이런 상태를 셰플러는 명상이 아니라 침묵의 기도라고 했다.

"신은 모든 것을 넘어서므로 신에 대해 아무 말도 할 수 없다.
그러므로 침묵으로 기도하는 편이 낫다."[59]

이 경험의 영역을 말로 설명할 수 없다면 침묵보다 좋은 게 무엇이랴? 그런 의미에서 "모르면 그냥 입 다물어!"라고 말하던 코미디언 디터 누어Dieter Nuhr도 어쩌면 변장한 신비주의자

일지도 모른다. 그리고 (나를 포함해) 정말 제대로 아는 사람이 없으며 모두 단지 근사치 설명만 하고 있다면 침묵은 차라리 혁명적이다. 다시 말해 정의 내리고 분석하고자 하는 마음 없이 침묵하며 단지 그곳에 앉아 단지 세상의 일부로 존재하는 것은 일종의 혁명 행위이다. 신학자, 사제, 랍비, 이만 들이 분명한 구조와 규칙 속으로 '신'을 쪼개 넣고 있다면, 신비주의자는 그런 행위를 부당하고 부질없고 주제넘은 것으로 본다. 신비주의자는 모든 것에서 볼 수 있는 신의 현존을 기뻐할 뿐이다. 신성이 스며들어 있는 세상, 그 아름다움, 그 놀라움, 그 현재에 기뻐한다.

"이제 자신과 함께 조용히 앉을 때이다.
자신과 얼굴을 맞대고 삶의 신성을 노래할 때이다.
이 고요하면서도 흘러넘치는 여유 속에서."[60]

타고르의 이 시구처럼 삶의 신성을 노래하는 것은 이미 명상을 일상으로 이끄는 단계 혹은 일상을 명상으로 가져오는 단계이다. 일상은 명상이 우리에게 불러일으킨 내면의 고요 속에서 펼쳐지고, 그곳에서 일상의 경이로움을 드러낸다.

이 말은 명상 후 저린 다리를 펴고 납작해진 엉덩이를 들어 올린다고 해서 거기서 명상이 끝이 아니라는 뜻이다. 사실 바로 그 순간 명상의 더 중요한 부분이 시작된다! 명상을 일상으로 가져올 때, 즉 보통의 삶 속에서도 그 고요와 선입견 없는 인식을 실천할 때 비로소 우리는 삶의 신성을 노래하는 것이다.

15~20분 가만히 앉아 있는 건 누구나 할 수 있다. 하지만 명상의 가장 큰 기능은 그 시간을 시작으로 조금씩 변화를 허락하는 것, 그래서 세상을 다르게 보게 하는 것이다.

명상은 온전히 '여기'에 있게 한다. 천사를 꿈꾸는 것이 아니라 이웃과 대화를 나누게 한다. 명상은 세상의 리듬에 우리의 심장 박동 소리를 맞추게 한다.('여기'라 함은 사회적 산물이 아니라 자연 세상의 환경을 말한다.) 우리는 세상에 활발하게 참여한다. 명상이 우리 눈을 뜨게 해 세상 속에 숨어 있던 신성을 보게 하기 때문이다. 방석에 앉아 우리는 새롭게 보는 법을 연습한다. 그리고 형식적인 명상을 세상에 대한 명상이 되게 한다. 우리는 일어나는 일을 다르게, 더 깨어서, 더 의식적으로, 더 공감하며 보게 된다. 이 시선에서 새로운 형태의 자발적인 행동도 나오게 되는데, 이는 내가 가장 좋아하는 붓다의 형상인 자비의 붓다, 즉 첸레지그Chenrezig(티베트 관세음보살)를 예로 들면 가장 잘 설명할 수 있을 것 같다. 첸레지그 상은 매우 아름다운데 대개 명상 자세로 앉아 있고 날개를 활짝 펼친 공작처럼 천 개의 팔을 하고 있다.[61] 각 손바닥에는 주의 깊게 관찰하는 눈이 있다. 누가 고통받고 있음을 보면 첸레지그의 손이 그 즉시 도와준다. 보고 인식하면 그 즉시 행동한다. 첸레지그는 길에서 누가 발을 헛디뎌 꽈당 넘어지는 모습을 볼 때 멀찍이 돌아가며 "오! 다음번 공감 세미나까지 마치고 나면 분명 이런 사람들을 도와줄 수 있을 정도까진 되겠지"라고 말하지 않는다. 그냥 보자마자 바로 도와준다. 눈과 손이 하나이니까. 이 얼마나 아름다운 상징인가!

그렇게 명상은 우리 마음을 열어주고 자발적으로 에너지를 내보내며, 궁극적인 것, 즉 사랑에 더 깊이 침잠하게 한다. 명상으로 우리 내면이 점점 더 커지면, 그만큼 새로운 경험을 위한 공간도 커진다. 삶의 모든 아름다움에, 모든 다양한 사람들과 다른 존재들에, 모든 모순들에, 모든 부조리에, 일상의 순간들이 보여주는 그 모든 커다란 비밀들에, 타인의 웃음과 눈물에 마음을 열 것이다. 그리고 소파를 물어뜯는 반려견 안에서 반짝이는 신성을 발견하게 될 것이고, 세상이 부드럽고도 놀라운 방식으로 우리를 쓰다듬는 모든 순간에 눈을 뜰 것이다.

이것이 신비주의적인 시각이다. 명상으로 이 시각은 점점 더 깊어질 것이며, 우리를 점점 더 충만하게 채워줄 것이다. 그런 의미에서 명상은 더 사랑하기 위한 준비라고 할 수 있다.

이름이 없으면 싸움도 없다

　바로 이런 정신적 열림이 어떤 전통이건 모든 신비주의자가 서로를 이해할 수 있는 이유이다. 불교 스님과 베네딕토회 수도사는 각각 네팔과 독일에서 왔어도 서로의 눈을 보며 서로를 이해한다. 종교 간 갈등이 지금도 명백하고 종종 그 끔찍한 결과들을 뉴스로 전해 들으며 경악하게 된다고 해도, 믿음에 대한 서로 다른 관점들이 사라지며 말로만 평화를 떠들어 대는 게 아니라 진짜 평화를 실천하는 이런 신비주의 영역도 분명 존재한다.

　신비주의자들은 우리 마음속 공간에는 이름이 없음을 잘 알고 있다. 그 속으로 향하는 길은 서로 다를 수 있고 서로 다른 문화의 영향을 강하게 받지만, 그 공간으로 연결되는 문에 다다라 그 문을 지나게 되면 서로 다른 길들은 힘을 잃게 되고 더 이상 중요하지 않게 된다. 그 공간에서 경험하게 되는 것들은 본질적으로 설명할 수 없고 경계도 없다.

　서로 다른 믿음 체계 안에서 발전한 서로 다른 방법들은 그 문까지만 가게 해준다. 그리고 명상을 하는 사람이라면 누구나 분명코 자기만의 아주 개인적인 문을 통해 그 공간 속으로 들어갈 것이다. 그러나 그 공간 자체는 하나이며, 나눌 수도 없고, 토론할 여지도 없다.("토론하면 안 된다"는 의미가 아니라 "토론을 할 수가 없다"는 뜻이다.)

그 공간 안에서 불교 선사와 동시대 기독교도가 만난다. 그리고 이슬람 수피가 토착 종교의 어느 초자연주의자와 함께 침묵한다.

왜 말을 해야 하는가? 왜 싸워야 하는가?

전통들 각각이 강조하는 부분이 서로 다를 수 있다. 신에 대해 말하는 사람이 있는가 하면 도를 말하는 사람도 있고, 진정한 자신을 찾으려는 사람이 있는가 하면 신에게서 영감을 받고자 하는 사람도 있으며, 신의 왕국을 소망하는 사람이 있는가 하면 열반을 추구하는 사람도 있다. 하지만 그렇게 추구하던 것을 찾으면 그 즉시 그들에게는 근본적인 공통점이 하나 생긴다. 홀가분한 깨달음의 순간 그들이 발견한 것이 이전에 서로 다른 개념으로 표현해 온 모든 기대들을 훨씬 뛰어넘는다는 게 분명해지는 것이다.

그 문 안으로 들어갈 때 우리는 더 이상 무엇을 알게 될 것을 기대하지 않는다. 더 이상 예수 혹은 노자로부터 사회보장번호를 받아야 한다는 생각도 혹은 이른바 성서의 말씀을 증명해야 한다는 생각도 들지 않는다. 그 대신 모든 존재와 연결된, 우리 존재의 가장 깊은 차원으로 들어간다. 그곳에서 우리는 우리의 신성뿐 아니라 우리의 인간적인 불완전성, 인간성을 발견한다. 그리고 우리의 연약함, 강함, 부드러움, 내면의 광야, 우리의 가장 깊은 진실을 발견한다. 우리는 고동치는 심장을 발견하고 우리 존재의 살아있는 신비를 만난다.

명상하는 자를 완전히 충만하게 하는 그 투명하고도 열린 공간은 곧 순수한 현존, 현재성이다. 여기서는 더 이상 그 순간에 대해 말할 필요도 없다. 지금과 여기 외에는 아무것도 없기 때문이다.

이것은 명상하는 자라면 종교적 성향에 관계없이 경험할 수 있다. 어떤 개념 정의도 더 이상 필요 없다. 우리 정신은 말 그대로, 생명의 무한한 잠재성이 담긴 무無(Nichts) 속으로 들어간다. 우리 우주가 수백만 가지 현상과 함께 무에서 나온 것처럼 우리도 새로운 눈을 가지고 무의 경험으로부터 나온다. 우리는 스스로 산파가 되어 우리 정신의 근원적 투명함을 세상에 나오게 하고, 동시에 우리를 명칭과 정의에서 자유롭게 하며, 있는 그대로의 진실에 우리 자신을 연다. 개념이 벗겨져 나가고 차이가 사라진다. 초심자의 놀라운 관조적 의식이 이른바 종교 교리상의 확신을 대체한다. 천국과 지옥, 신자와 불신자, 가치 있는 자와 가치 없는 자는 그 이름 없는 고요의 공간 밖에서만 존재한다. 이 공간에서는 아무도 정죄받지 않고 아무도 성인으로 추앙받지 않는다. 황금 하프도 피로 물든 삼지

창과 똑같이 기다릴 수 있다.

이 공간에서는 '기독교적인, 이슬람교적인, 불교적인, 도교적인, 힌두교적인, 유대교적인, 자연 종교적인'과 같은 형용사가 없는 순수한 존재만이 중요하므로 평화가 가능하다. 우리 에고에 어떤 꼬리표를 붙여주지 않아도 되니 에고를 잃어버릴 일도 방어할 일도 없다. 명상으로 우리는 다른 사람들을 종교적 세계관에 따라 분류할 필요 없이 우리 자신과 똑같은 인간적인 존재로 인식하고 그와 연결되는 다리를 만든다. 우리는 그들이 우리와 같은 삶의 신비로 가득 차 있다는 것과 그 신비는 어떤 명칭에서도 벗어나 있다는 것을 안다.

하즈라트 이나야트 칸Hazrat Inayat Khan은 이런 세심하고 친절한 관용에 대해 이렇게 적절히 표현한 바 있다.

"모든 인간을 신이 거주하는 왕국으로 대하는 것이 모든 종교가 실천해야 할 일이다."[62]

삶을 진정 살아있게 만드는 것은 우리의 일상적인 눈으로는 잘 보이지 않는다. 명상은 바로 이 보이지 않는 것을 경험하게 만든다. 그리고 그 경험이 우리를 침묵하게 하고 미소 지으며 한 발자국 물러서게 한다. 이때 우리는 세상과 우리 동료 인간들을 새롭고 왜곡되지 않은 정신으로 볼 수 있다. 그 정신

속에서 매 순간이 새롭고, 매 순간이 영원하며, 그리고 그 순간 안에서는 평화만이 유일한 선택이다.

이 의식 속에서 신성이 우리에게 아주 가까이 다가오고 우리에게 아주 깊이 파고들어, 우리는 모든 것이 우리와 어떻게 연결되어 있는지 느낀다. 우리는 우리를 신성과 동일하다고 느끼며 살아있는 모든 존재들과도 동일하다고 느낀다. 그것은 마치 명상을 하며 안겔루스 질레지우스 시대의 시인, 다니엘 폰 체프코Daniel von Czepko가 권한 바를 따르는 것과 같다. "그대여, 신을 입어라. 신은 당신을 입고 싶다. 그렇게 신도 당신도 서로에게서 떨어지지 않을 것이다."[63]

여기에 나는 다른 존재들도 더 이상 우리와 다르지 않게 될 것이라는 말을 덧붙이고 싶다. 적어도 가장 내면에 있는 존재에 관해서는 말이다.

그러므로 우리는 명상하는 정신이란, 방석에 앉아 조용히 호흡하며 옆 사람을 위해 장 속의 가스가 나오지 않도록 괄약근을 조절하는 능력에 그치지 않는다는 걸 알 수 있다. 우리는 명상을 통해 우리 자신, 세상, 그리고 세상 속 신성과 연결되는 '신비적 합일unio mystica' 속으로 들어갈 수 있다.

고요를 부르는 단어 하나

여기서 나는 내가 많은 도움을 받았고 내 학생들이나 세미나 참석자들로부터 좋았다는 피드백을 많이 받은 명상법 혹은 명상 기술을 하나 소개하려 한다. 원래 사막의 교부들과 요하네스 카시아누스가 썼던 기술로 명상 중에 어쩔 수 없이 일어나는, 완전한 몰입을 방해하는 생각들에 부드러운 자극을 주는 효과가 있다. 생각을 억압하거나 억지로 극복하는 것이 아니라 가볍게 지나가게 하는 자극이다. 다름 아니라 기도용 단어를 하나 이용하는 것인데, 명상하며 머릿속으로 이 단어를 말하는 것이다. 숨을 내쉴 때 말하면 가장 좋다. 하지만 명상하는 내내 만트라처럼 계속 읊는 것이 아니라 몇 분 정도 속으로 말하다 점점 그 소리를 줄여나간다.(정확히 말하면 그 소리가 스스로 조금씩 사라질 것이다.) 그러다 또 잡생각이 든다 싶으면 다시 숨을 내쉬며 몇 번 이 단어를 머릿속으로 말하면서 다시 천천히 내면의 고요 상태로 돌아간다.

내가 추천하고 싶은 기도 단어는 '압분Abwún(Abwoon)'으로 'ㅜ' 부분을 조금 강조하며 길게 발음한다. 이 단어는 소리가 아주 아름답고 부드러우며, 날숨과 자연스럽게 연결된다. 그 의미는 우리 시대에도 여전히 크고 흥미롭다. 압분은 고대 아람 어 단어로, 신약 성서의 그리스 원문의 주기도문 첫 부분을 예수가 실제로 사용한 아람 어로 다시 번역한 단어이다. 역사적으로 다소 의심스럽기는 하지만, 예수가 이 기도를 했다고 가정한다면, '압분 드바쉬마야Abwún d'baschmája'(하늘에 계신 우리 아버지)라는 말로 시작했을 것이다. '압분'이 흥미로운 것은 (생물학적 의미와 영적인 의미를 동시에 갖는) 아버지를 의미하는 동시에 (마찬가지로 생물학적 의미와 영적인 의미를 동시에 갖는) 어머니, 우주, 근원, 삶, 숨을 뜻하기도 한다는 점 때문이다.[64] 따라서 아람 어는 동일한 용어 하나에 다양한 의미가 있는 방언과 대략 비슷하다고 생각할 수 있다. 예를 들어 독일 베스트팔렌 지방 방언에서는 너무 작아서 손으로 잡기도 힘든, 무언가에 붙어 있는 물건을 말할 때 표준어에는 없는 '피뇌클Pinnöckel(Pinnörkel)'이라는 말을 쓴다. 전형적인 예로 지퍼를 올렸다 내렸다 할 때 잡고 당기는 부분을 피뇌클이라고 부른다.(표준 독일어로는 지퍼의 이 부분을 시버그리프Schiebergriff라고 한다. 한국에서는 영어 표현인 풀탭pulltab을 그대로 쓴다. —옮긴이) 하지만 볼펜에서 누르는 부분이나 옛날 핸드폰에서 볼 수 있는 뭉툭하게 튀어나온 안테나 부분도 피뇌클이라고 한다. 이쯤이면 무슨 말인지 아셨으리라.

압분도 그런 단어이다. 압분은 현실에서 분명히 파악할 수 없는 수많은 것들을 위한 용어이다. 우리의 근원, 길, 목적지,

우리 존재의 기반, 우리 모두가 나온 그 하나, 이 삶 자체, 존재의 기본 원칙으로서의 신, 남성성과 여성성의 신성한 결합, 우주의 시작······ 이 모든 것이 압분이다.

그리고 명상하면서 호흡할 때마다 신뢰를 가지고 이 압분 속으로 들어간다. 그렇게 압분 속으로, 그 신비함 속으로, 세상의 더 깊은 곳으로, 우리 안의 깊은 곳으로 내려간다. 역할도 가면도 개념도 이론도 아무 역할을 하지 않는 인간 존재 속으로 깊이 내려간다. 존재하는 모든 것들과 함께 단지 존재할 수 있는 곳으로 깊이 잠긴다.

이 명상은 규칙적으로 하면 좋다. 물론 당신이 원한다면 말이다. 당신은 아직 고요한 아침 시간에 15분 정도 여유롭게 압분 명상으로 세상에 좀 더 다가가고 싶을지도 모르겠다. 당신이 하루를 마무리하고 천천히 휴식을 취하는 편이라면 저녁이 더 좋을 수도 있다. 언제든 당신에게 맞는 때에 시도해 보고, 매일 비슷한 때에 15~30분 정도 명상하기를 바란다.

압분 명상

등을 편안하게 펴고 앉는다. 명상 방석이나 명상 의자 혹은 편안한 보통 의자를 이용한다. 눈을 가볍게 감고 심호흡을 몇 번 해서 몸과 마음의 긴장을 푼다. 숨을 들이쉬고 내쉴 때 시원하게 숨소리를 내도 좋다. 이제 평소처럼 호흡한다. 빠른 호흡, 느린 호흡, 깊은 호흡, 얕은 호흡 다 좋다. 호흡을 따라가며 부드럽게 알아차리기만 한다.

고요 속으로 조율해 들어간다. 내면의 고요와 함께 그 고요 속에 신성이 자리할 공간을 만든다.

이제 숨을 내쉴 때마다 마음속으로 "압분"이라 말하고 그 소리를 느껴본다. 날숨이 그 소리를 만드는 것 같은 느낌이다. 숨을 들이쉰다. 숨을 내쉰다. "압분", 숨을 들이쉰다. 숨을 내쉰다. "압분"…… 계속 그렇게 한다.

내면이 침착하고 고요해지고 열리는 것 같으면 마음속으로 낮은 목소리로 "압분" 하고 말하다가 완전히 멈춘다.(소리 자체가 스스로 사라지기도 한다.) 생각, 감정, 혹은 다리와 등이 쑤시는 등 육체적인 증상이 나타나면 마른하늘에 잠시 나타났다 금방 사라지는 구름이라 생각하고 마음속으로 다시 "압분" 하고 되뇐다.

단지 존재한다. 자신을 평가하는 일은 어떤 식이든 하지 않는다.

단지 한 인간으로서 거기에 존재한다. 무언가를 성취하지 않아도 그 자체로 가치 있고 사랑스러운 인간으로 존재한다.

당신은 소중하고 사랑스러운, 있는 그대로의 당신 자체로, 깊이를 가늠할 수 없는 압분 속으로 들어가, 압분의 일부가 되고, 압분을 호흡하고, 압분을 살 수 있다.

그냥 그렇게.

기독교 신비주의의 훌륭한 설명에 따르면 연습할수록 적극적 수동성으로서의 명상을 통해 순수한 수동성, 즉 모든 것이 그대로 일어나게 두는 것으로서의 관상 상태에 저절로 들게 되는 날도 있을 것이다.

하지만 내면이 소란스러워 명상이 쉽지 않은 날도 있을 것이다. 옆집에서 화장실 타일 벽을 부수는 날, 혹은 당신이 치과 치료비를 걱정해야 하는 날도 있을 테니 말이다. 그럴 때는 단지 인내심을 갖는다. 아무도 당신에게 뭔가를 기대하지 않는다. 명상이 올림픽 종목으로 인정되려면 아마 몇십 년은 더 걸릴 것이다.

명상에 대한 '나만의 기대'의 함정에 빠져 나도 오랫동안 허우적댄 경험이 있으므로, 내 세미나 참석자들이 2주 후에 메일로 "솔직히 전혀 발전이 없습니다!"라고 써 보낼 때면 나는 더할 수 없이 공감할 수밖에 없다.

그럴 때면 나는 캔터베리 대주교를 지낸 로완 윌리엄스 Rowan Williams 이야기를 들려주고 싶어진다. 내가 한동안 활발히 활동했던 기독교 신비주의 명상협회가 있는데 이 협회에 친숙함을 느낀 로완 윌리엄스는 당시 우리가 주로 하던 명상을 같이하곤 했다. 하여튼 신문이었는지 라디오였는지 TV였는지 잘 기억나진 않지만 어느 인터뷰에서, 매일 얼마나 기도하느냐는 질문을 받은 윌리엄스가 아주 짧게 "1분 동안요"라고 대답했다. 질문자는 할 말을 잃고 말았다. 존경받는 캔터베리의 대주교라면 어느 외풍 거센 예배당에서 수많은 어린 양들의 영혼 구제를 위해 무릎 꿇고 하루 최소 여덟 시간은 기도할 것 같기 때문이다. 질문자가 당황해 어쩔 줄 모르자 윌리엄스가 좀 더 설명해 주었다. "하지만 대개 그 1분의 기도에 도달하기 위해 최소 29분의 시간이 필요합니다."

로완 윌리엄스는 자신에 대한 연민도 잊지 않는 따뜻하고 현명한 사람이다. 명상이 괴로울 때도 많다. 자꾸 딴생각이 들고, 이럴 거면 도대체 왜 명상하나 싶다. 하지만 그렇게 딴생각을 하는 자신을 볼 정도로 잘 알아차리게 되었음을 안다면 자신에게 조금은 관대해질 수 있을 것이다. 그러다 보면 잠깐이나마 마음의 고요가 찾아온다. 그러므로 명상하는 시간은, 언제 알람이 울려 이 고통이 사라지나 생각하는 시간을 포함, 모든 시간이 의미 있고 모든 시간이 치유이다.

이쯤에서 누구라도 듣고 싶지 않을 그 말로 다시 돌아가야겠다. 명상은 일생에 걸쳐 계속해야 하는 수련이라는! 매일, 매주, 매달, 매년, 만족스럽든 끔찍할 정도로 지루하든 그냥 계속 명상하며 조금씩 나아간다면, 언젠가는 그다지 딴생각도 들지 않고 마음도 훨씬 고요해진 자신을, 그리고 특정 사건들에 더 이상 연연해하거나 흥분하지 않는 자신을 발견하게 될 것이다. 그리고 세상을 좀 더 편안한 눈으로 보게 될 것이고, 수많은 작은 것들 속에서, 이전에 이상으로 삼고 좇았던 아름다움, 평화, 고요, 어쩌면 신까지도 발견하게 될 것이다.

그렇게 우리는 천천히 초연함Gelassenheit으로 나아간다. 초연함이 뭔지는 먼저 그 유래를 자세히 살펴봐야 제대로 이해할 수 있다. 마이스터 에크하르트가 초연함이라는 말을 처음 썼다. 에크하르트는 자신을 내적으로 감동시켰던 것을 표현하고자 고군분투하면서 이 단어를 만들어냈다. 사실 이 단어로 그가 말하고자 했던 것은 우리 자신과 모든 이미지를 놓아버릴 때 일어나는 경험이었다. 자신이 어떤 존재여야 한다고 생각한 것도 놓아버리고 신을 적절하게 묘사할 수 있다고 생각했던 것도 놓아버릴 때 일어나는 경험 말이다. 그러므로 초연함은 마음의 긴장을 푸는 것이고 순수한 가능성의 순간으로 들어가는 것이다.

기도하는 록커와 당나귀 '할리'
우리의 편견 그리고 일상의 신성함

이미 말했듯이 즉각적인 효과를 부르는 명상법은 없다. 순간순간 깊은 깨달음이 찾아오기는 하지만 새로운 눈으로 세상을 볼 정도로 마음이 활짝 열릴 때까지는 시간이 걸린다. 하지만 우주는 매우 친절하므로 그 길에서 우리는 가능한 모든 지원을 받는다. 우리의 습관적인 생각에 도전해야 하고, 우리의 편견을 직시해야 하며, 결국 새롭게 행동하지 않으면 안 되는 상황에 계속 처하게 되는 것이다.

이것이 기독교에서 은총이라고 말하는 것이리라.

몇 년 전 부활절 기간에 나는 낯선 도시에 있었다. 친구 집을 방문하고 돌아오는 길이었는데, 그 도시에서 흥미를 끄는 가게를 하나 발견했다. 창고처럼 어두컴컴했는데 진열장에는 미국 남부 지방을 상징하는 깃발, 값싸 보이는 인디언 흉상, 바이크 부츠, 터키석이 붙은 수많은 은 장신구가 즐비했다. 나는 기묘한 가게를 보면 은근히 호감을 느끼므로(그리고 서던 록 southern rock과 좋은 컨트리 뮤직도 좋아하기에) 이것저것 뜯어고친 화려한 바이크들 사이에 즉흥적으로 내 작은 자동차를 주차하고는 가게 안으로 들어갔다. 순전히 호기심에서였다.

달랑달랑 방울소리가 나는 문이 열리자마자 나는 마치 서부 영화에나 나오는 카우보이 술집에 들어선 듯했고, 한 남자가 피아노 연주를 멈추고 나를 쳐다봤다. 나는 딱 봐도 록커가 아니었으므로 그 가게 사람들에게 약간의 놀라움을 선사했던 것 같다. 계산대 뒤에 있는 주인으로 보이는 두 남자가 제일 먼저 내 눈에 들어왔다. 마치 북아메리카 갈색 곰들이 가죽 바지를 입고 있는 것 같았다. 게다가 ZZ 탑Top 밴드의 멤버들처럼 수염을 길게 기르고, 건장한 근육에 손가락 마디까지 온몸을 문신으로 덮었으며, 해골 모양의 두꺼운 은반지를 끼고 있었다. 나도 근육으로 치면 남부럽지 않다고 생각했는데 그들과 비교하니 레슬링 프로 선수들과 한 판 붙게 된 놀란 초등학생 꼴이었다.

제정신이 든 나는 호기심만으로 그냥 들어가 볼 가게는 아니라는 확신이 들었다. 어쩐지 전과자처럼 보이는 그 친구들은 분명 자기들만의 시간을 즐기고 있었음이 틀림없었으므로 최대한 빨리 사라져주는 것이 최선일 터였다. 그래서 나가려고 뒷걸음질치고 있는데 계산대 뒤에 서 있던 갈색 곰 한 분이 내 쪽으로 걸어오며 사람을 마비시키는 도끼 살인마 같은 눈과 위협적인 저음의 베이스 목소리로 나에게 말을 거는 것이었다.

"안녕하세요? 부활절을 축하하고 있었답니다. 마침 케이크를 구웠는데 한 조각 같이 드시겠어요?"

'이건 또 무슨 상황???' 요동치는 스트레스 호르몬 때문에 환청이 들린 건가? 내가 제대로 들은 건가? 그래, 제대로 들었다. 그리고 그는 방금 구워 잘 잘라놓은 마블파운드케이크 한 조각을 나에게 권했다. 심지어 맛까지 좋았다. 그 남자들의 손은 가스 분사기나 실린더 헤드의 나사만 조이고 풀고 있는 손이 아니었다. 세심함이 요구되는 파운드케이크도 잘 굽는 손이었다.

놀란 마음을 진정하고 나니 어느덧 우리는 대화를 시작하고 있었고, 알고 보니 그들은 드물게 볼 수 있는 참 좋은 사람들이었다. 내가 나의 편견과 그들의 베이킹 능력에 대한 놀라움을 털어놓자 두 갈색 곰이 호탕하게 웃었다. 그래도 내가 거듭 케이크가 맛있다고 하자 그들은 더할 수 없이 기뻐했고, 우리는 곧 부활절, 예수, 마블파운드케이크 레시피에 대해 그리고 (방금 전까지의 나를 포함한) 많은 사람이 그 가게와 그 주인들에 대해 갖는 선입견에 관해 이야기를 나누었다.

그런데 성_聖 금요일(부활절 전 예수 수난의 날—옮긴이)과 **부활**에 관한 그들의 생각이 매우 흥미로웠다.(요즘은 사람들이 부활절이라고 하면 토끼가 알을 낳은 것을 축하하는 날이라고 생각하지 않는 것만으로도 반가워해야 할 지경이다.) 그들에게 예수는 단지 저항하는 자였다. 그리고 내 생각에 그들은 예수가 예루살렘으로 가며 탔을 당나귀의 이름이 '할리Harley'(유명한 오토바이 상표명—옮긴이)였다면 참 좋았을 것 같다고 생각하는 듯했다. 그들에게 예수 수난의 날은 그 존재 자체가 기존 권력 관계의 전복을 의미할 수도 있는 어느 불편한 평화 교란자를 하나의 체제가 처단한 날이었다. 그리고 부활절은 거꾸로 더 이상 억압할 수 없는 때가 왔음을 상징하는 날이었다. 그들은 '워킹 데드The Walking Dead'(좀비 아포칼립스에 대한 미국 TV 시리즈물 제목), 즉 예수의 부활은 믿지 않았지만, 이웃을 사랑하라는 그의 메시지와 우리 안에 불사_{不死}하는 신의 왕국이 있다는 말은 확실하게 믿었다.

그 모든 것이 나는 (케이크에 더해) 참 마음에 들었다. 나도 개인적으로 예수의 육체적 부활은 아무리 상상해도 그다지 체감할 수 없기 때문이다. 나에게는 예수가 "나와 내 아버지는 하나이다!"[65]라고 말할 수 있었던 그 순간이 진짜 부활의 순간이다. 존재하는 모든 것과 하나라는 이 신비주의적 앎이 바로 우리 모두를 부활시키는 것이다. 진정한 우리 자신, 세상의 부분으로의 부활 말이다! 모든 인간, 모든 나무, 모든 동물, 모든 산, 모든 풀포기, 모든 별, 모든 구름이 신의 현존의 표현인 것처럼, 나사렛의 목수도 그랬다. 다만 그는 대부분의 사람들과 달리 이것을 완전히 알고 있었다. 그러므로 영적인 책을 쓰는 작가든, 기도하는 록커든 우리 모두에게 예수는 소중한 본보기이다. 하나임이 실제로 느껴질 때 '신'이라는 단어는 삶을 변화시키는 사건에 대한 진정한 현시顯示(Epiphany)가 된다. 다음과 같이 루미가 말한 것처럼.

"복된 자들, 그 외모는 늙되
내면은 젊어질 것이다.
이들은 부활을 산다.
이들의 내면 깊숙이에는
영적 안내자의 사랑이 존재한다.
그곳에 신이 산다."[66]

이 노래와 비슷한 대화를 나는 기독교명상세계공동체World Community for Christian Meditation(WCCM)의 의장인 로렌스 프리먼Laurence Freeman과 나눈 적이 있다. 그는 가톨릭 신부지만 예수의 죽음과 부활보다 (우리 모두와 같은, 신의 육화肉化로서의) 예수의 삶이 더 중요하다고 생각한다고 했다. 나도 그렇게 본다. 예수가 85세까지 살다가 자식과 손주들에 둘러싸여 편안히 죽었더라도 그의 산상수훈의 가치가 떨어진다고 나는 생각하지 않는다. 많은 교회에서 예수 수난의 날(고문과 죽음의 날)을 성탄절(빛의 탄생의 날)보다 더 중요하게 생각한다. 그 근거가 되는, 기독교에서 흔히 이야기하는 원죄와 속죄 이론이 나에게는 도저히 익숙해질 수 없는 매우 기묘한 왜곡처럼 보인다.

로렌스 프리먼과의 그런 대화는 예상 가능했지만, 여기 오토바이족들이 그와 똑같은 말을 하다니 나는 놀라지 않을 수 없었다. 동시에 나는 조금 부끄러웠다. 이 거구의 수염쟁이들은 나를 아무런 거리낌 없이 맞이하고 자신들의 믿음과 심지어 마블파운드케이크까지 나눠주는데 나는 그런 선입견을 갖고 살았음을 인정하지 않을 수 없었다.

내가 살면서 경험한 몇몇 교회들과 달리 나는 그들이 말하는 모든 것이 하나하나 진실된 것 같은 느낌을 받았다. 그 가게에서는 자신이 얼마나 경건한지 모두가 볼 수 있도록 내세우는 것이 아무것도 없었다. 그리고 무엇을 믿어야 하는지, 무엇을 믿어도 되는지, 무엇은 절대 믿어선 안 되는지에 대한 논쟁도 없었다. 그들의 믿음은 진짜였고 꾸밈이 없었다. 그리고 누구나 있는 그대로의 자신으로 있어도 되었다. ZZ 탑 밴드의 장비 운반자로도 명함을 못 내밀 나조차도 말이다.

진짜에 대한 직감

이른바 사회 주변부 사람들이 진짜에 대한 직감이 특히 뛰어난 것 같다. 그들이 위선의 가면을 쓴 이 사회의 가장무도회에 회의적이라 그럴 수 있다. 그들도 참여하려고 시도했지만 어느 순간 그럴 수 없거나 그러고 싶지 않다는 것을 알게 되었기 때문일 수도 있다. 어쩌면 그냥 진짜가 아닌 것은 멀리하는 재능을 타고났을지도 모른다. 확실한 것은 이들은 고난과 사랑을 경험하면서 진짜로 살게 되었다는 것이고, 또 자신을 숨기며 사는 건 진실로 사는 게 아님을 잘 알고 있다는 것이다. 다음과 같은 글을 남긴 걸 보면 페르시아의 시인 하피스Hafis 도 14세기에 같은 경험을 한 것 같다.

"거짓 신앙자는 그 교만으로 정도正道를 찾지 못하고,
궁핍한 술꾼은 낙원을 찾는다!"[67]

대학 시절 나는 밤에 술집과 24시간 주유소에서 아르바이트를 하곤 했는데, 그 덕분에 '기묘한' 사람들을 많이 만났다. 그중에는 내가 일하는 주유소의 단골이던 60대 여성도 한 명 있었는데, 그녀는 40년 경력의 길거리 매춘부였다. 나이 지긋

한 그녀가 알아듣기도 힘든 쉰 목소리로 콘Korn(소주 비슷한 독일의 독주—옮긴이) 한 병, 담배 큰 걸로 한 갑, 콘돔 두 통을 달라고 했을 때, 나만 아니라 그녀 뒤에 서 있던 손님들도 눈을 휘둥그레 뜨고 놀랐던 기억이 난다. 야채 시장의 주차장에 있는 자신의 큼지막한 포드 자동차로 일(매춘)을 나가기 전에 그녀는 항상 우리 주유소에 들렀고, 그렇게 나하고도 안부 인사를 주고받는 사이가 되었다. 그리고 일을 마칠 때, 그러니까 대개 새벽 네다섯시쯤에도 잠깐 들르곤 했다. 그렇게 거의 매일 그녀를 보면서 나는 그녀가 콘돔을 달라고 할 때 다른 손님들이 놀라는 모습을 보는 게 재미있었다. 물론 그녀는 사람들을 놀라게 하려고 일부러 그러는 것은 아니었다. 다만 있는 그대로의 자신과 자신이 하는 일을 숨기지 않았을 뿐이다. 나는 당시 대학에서보다 그녀에게서 더 많은 것을 배웠다.

나는 완전히 다른 맥락에서 또 그런 절대적인 솔직함과 진정성에 대면한 적이 있다. 바로 내 아이들에게 마저리 윌리엄즈Margery Williams의《벨벳 토끼 인형The Velveteen Rabbit》을 읽어주면서였다. 1922년 영국에서 출간되어 미국에서 진정한 고전으로 거듭난 이 책은 수많은 어린이 극장에서 공연되며 큰 반향을 일으켰고, 라디오와 나중에는 텔레비전에서도 방영되었다. 독일에서는 안타깝게도 많이 알려지지 않았고, 내 생각에 지금은 그나마 번역 출판된 판본도 절판된 것 같다. 아이들

도 아이들이지만 특히 어른들에게 많은 생각거리를 주는 책이
라 아쉽기 그지없다.

이야기는 크리스마스 때 한 아이가 작은 토끼 인형을 선물
받으면서 시작된다. 아이는 처음에는 다른 전동 장난감들에
정신이 팔려 토끼 인형은 잊어버린다. 하지만 조금씩 토끼 인
형을 좋아하게 되다가, 나중에는 어디나 갖고 다니며 아끼고
사랑하게 된다. 그러던 어느 날 토끼 인형은 아이 방에서 나이
많은 가죽 말 장난감 옆에 앉게 되고, 그러자 가죽 말 장난감
인형이 '진짜'가 될 수 있는 비밀을 말해준다.…… 다름 아니라
아이가 장난감 하나를 정말 사랑해서 물건 이상으로 보게 되
면 그 '마법'이 일어난다고 했다. 작은 토끼는 그럼 마법이 일
어날 때 아프냐고 묻고, 말은 그렇다고 대답한다. 닳고 닳아 털
이 다 빠지거나 너무 만져서 망가지고 상처투성이여야만 진짜
가 되기 때문에 때론 아픈 거라고. 귀나 눈이 한쪽이 빠지거나
속이 밖으로 다 빠져나오거나 관절들이 헐렁헐렁해지기도 한
다. 하지만 그럼 진짜가 된다. 그리고 한번 진짜가 되면 절대
다시는 가짜로 돌아갈 수 없다.

인생에 대한 비유가 대단하고 멋진 책이다. 진짜가 되려면
때론 아프다! 삶은 우리를 아껴주지 않는다. 우리는 여기저기
서 휘둘리고 깨지고 상처받는다. 그 다음 다시 보호받고 사랑
받는다. 흉터들이 생기고 조금은 멍이 들고, 가슴이 찢어지기

도 한다. 이 모든 것이 우리를 진짜로 만든다. 이 모든 것이 우리를 진정한 우리 자신으로 만든다.

스코틀랜드의 인디 록 밴드 프라이트든 레빗Freightened Rabbit이 부르는 〈홀리Holy〉라는 곡이 있다. 위선과 진정한 거룩함에 대한 노래인데 가사 일부를 발췌해 보면 이렇다.

"외로워도 상관없어. 날 내버려둬. 당신은 거룩하게 굴지. 나, 난 그냥 구멍으로 가득해. 강에 머리를 박을 수도 있어. 내 영혼을 씻는 거지. 여전히 죄인의 배를 가질 수도 있어. 불경한 유령 같은 얼굴을 하는 거지. 외로워도 상관없어. 편안하거든. 난 절대 거룩해지지 않을 거야. 구멍들로 가득해서 신에게 감사해……"68

신성은 바로 이 구멍들을 통해 빛난다. 토끼 인형은 망가지도록 만져서 너덜너덜해지고 여기저기 구멍들이 점점 더 많아질 것이다. 우리도 삶이 궁핍으로 시달리고 여기저기 구멍이 뚫린다. 우리가 진짜 자신을 거부할 때 우리는 이것저것으로 너덜너덜해진 부분을 어떻게든 기워보려 한다. 그러나 진짜 자신에게 충실할 때 우리는 구멍들을 자랑스럽게 여기고 다른 사람들이 보게 내버려둔다. 우리의 상처, 외로움, 혼란, 혹은 어딘가에 소속되지 못한 것에 친절해진다. 이렇게 자신에게 친절할 때 다른 사람에게도 관심을 기울일 수 있다. 더 이상 편견과 선입견에 지배당하지 않기 때문이다. 또한 동료 인간들의 내면 깊은 곳에 있는 일상의 신성을 발견할 수 있기 때문이다. 선입견은 진짜에 대한 거부 반응에 지나지 않는다.

다음 연습은 우리 모두가 공유하는 바로 이 내면의 가치에 초점을 두고 있다. 이 연습에서 우리는 모든 완전한 불완전함 속에 있는 진짜, 즉 인간적인 존재로서의 우리를 보며, 또한 모든 존재가 신 안에서 '친족 관계'에 있음을 본다. 이 친족 관계는 우리와 같은 기본 욕구를 가진 다른 존재들과 우리를 연결하는, 신 안에서의 근본적인 관계이다.

타트 트밤 아시 명상

'타트 트밤 아시tat tvam asi'는 힌두교 문장으로, 짧게 말하면 "이것이 너다", 더 정확하게는 "네가 이 모든 것이다"라는 뜻이며, 우리 가장 깊은 곳이 세상의 가장 깊은 곳임을 의미한다. 세상의 본질은 또한 우리의 본질이다. 달리 말하면 신의 존재는 우리 안에서 발견되고, 또 존재하는 모든 것 안에서 발견된다는 뜻이다.

불편함을 느끼는 상황 혹은 사람과 마주쳤을 때 혹은 명상을 마칠 때 이 문구를 읊으며 우리가 마주치게 되는 모든 존재가 깊은 의미에서 보면 모두 우리의 친척임을 늘 의식한다. 이 문구가 너무 낯설게 느껴진다면 "바로 나처럼 ~하다"라고 말하며 해당 상황들을 미리 상상해 본다. 효과는 똑같다.

바로 나처럼 이 사람도 자신의 생활비를 벌려 한다.
바로 나처럼 이 사람도 불안하다.

바로 나처럼 이 노숙자도 품위를 지키고 싶어 한다.

바로 나처럼 난민도 살 집이 필요한 것이다.

바로 나처럼 이 매춘부도 사랑받고 싶은 것이다.

바로 나처럼 이 사람도 가족을 부양하고 싶은 것이다.

바로 나처럼 이 동물도 아픈 게 싫은 것이다.

바로 나처럼 다른 모든 존재도 살고 싶은 것이다.

일상의 다양한 상황들에서 (깊은 진실을 드러내는) 이런 생각들을 놀이처럼 시도해 보기 바란다. 그리고 다른 모든 존재와의 내면의 연결을 탐지하고, 누구나 같은 것을 바라고 희망함을 알아차리기 바란다. 그 연결을 알아차릴 때 곧 우리 자신도 발견하게 되고, 세상과 관계하고 세상에 관여하게 될 것이며, 더 진짜로 살게 될 것이다. 진짜로 살게 된다는 말은 세상에 깊이 소속된다는 의미이기도 하고, 삶의 비밀을 알아가는 커다란 여정에서 우리와 함께하는 다른 감수성 풍부한 존재들 사이에서 진짜 감수성 풍부한 존재로 살아간다는 뜻이기도 하다.

시인 데이비드 화이트David Whyte도 〈자화상〉이라는 시에서 이 진짜로서의 삶을 강조했다.

"나는 관심이 없다,

신이 한 명인지 여러 명인지.

나는 다만 네가 소속감을 느끼는지,

아니면 버림받았다고 느끼는지 알고 싶다.

네가 절망을 아는지,

혹은 다른 사람에게서 절망을 볼 수 있는지.

나는 알고 싶다,

너를 바꾸려 애쓰는 이 세상에서

네가 살 준비가 되었는지.

단호하게 뒤돌아보며

여기가 나의 자리라고 말할 수 있는지."[69]

한밤의 술집, 24시간 주유소, 24시간 편의점, 음료수 가판대, 중앙역, 중독자들을 위한 12단계 치유 센터, 응급실, 노숙자 시설들…… 신은 교회, 수도원, 절, 사원보다 이런 곳에 더 잘 나타나므로 나는 신의 유머 감각이 참 독특하다고 생각하곤 한다.

세상의 모든 의심 많은 자들에게 이것은 어쩌면 신이 정말 어디에 있는지, 신이 우리의 현실 속에 얼마나 깊이 스며들어 있는지에 대한 암시가 될지도 모른다. 진짜가 두려움의 대상이 되지 않는 곳, 그곳에 신이 있다. 이것은 그렇게나 많은 사람이 성스러운 건물들보다 자연에서 신성을 인식하는 까닭이

기도 하다. 성스러운 건물들은 특정 목적에 부합하도록 만들어졌지만, 자연은 그 자체로 목적 없고 사랑스럽고 진짜인 기도이자 진짜 연결이다.

날뛰는 개, 그리고 자연이라는 책
우주의 일원임을 발견하다

　신성한 사람이라고 하면 자신을 희생하며 이타적으로 타인에게 봉사하는 사람, 그리고 신의 사랑만이 유일한 보답이라고 보는 사람이라고 많이들 생각한다. 그럴 수 있다. 하지만 나에게 신성한 사람은 무엇보다도 본질적인 것에 주의를 환기시키는 사람이다! 세상과 우리의 가장 깊은 근본을 이루는 것에 말이다. 바로 그래서 자연이 그렇게나 자주 신성하다 일컫는 것이다. 단지 자연이 그 자체로 가치 있는 창조물이고 우리의 유일한 생계 수단이라서가 아니라, 자연 속에서라면 아주 짧은 시간 안에 본질로 돌아갈 수 있기 때문이다. 앞 장에서도 말한 대로 '진짜'로 돌아갈 수 있기 때문이다. 내 생각에 이 본질/진짜로 돌아가는 것이야말로 우리에게 꼭 필요한 일이다. 헨리 데이비드 소로Henry David Thoreau는 1862년에 이렇게 썼다.

"나는 매일 적어도 네 시간, 보통은 그 이상으로 세상의 모든 요구에서 벗어나 숲속, 언덕, 들판을 어슬렁거리지 않으면 정신적·육체적으로 건강을 유지할 수 없다고 믿고 있다."[70]

자연에서는 세상(사회)의 요구에서 벗어날 수 있음은 물론이고, 마침내 제대로 숨 쉴 수 있고, 나아가 다시 신성의 조화 안에서 존재할 수 있다. 자연은 말 그대로 인위적이지 않고 꾸밈이 없으며 인습에 얽매이지 않는다. 자연은 극도로 정직하고, 무엇보다도 진짜이며, 그래서 어떤 대단한 예술 작품과 문헌도 성취하지 못한 방식으로 삶의 비밀을 드러낸다. 재치가 남달랐던 사막의 교부 압바스 안토니우스Abbas Antonius도 훌륭한 책 한 권 없이 어떻게 그렇게 행복할 수가 있느냐고 어떤 철학자가 당황한 듯 물었을 때 이렇게 대답했다.

"내 책은 자연이라는 창조물이라오. 신의 말씀을 읽고 싶을 때면 바로 그 책이 내 앞에 펼쳐진다오."[71]

이 말을 듣고 철학자가 어떻게 반응했는지는 안타깝게도 전해 내려오지 않는다. 그는 머리를 절레절레 흔들며 다시 그만의 박식한 상아탑 속으로 돌아갔을까? 아니면 멈추고 잠시라도 자연 풍광을 감상했을까? 물론 후자였기를 바란다. 요세미티 지역을 국립 공원으로 지정하는 데 크게 공헌했던 미국의 자연 보호 운동가이자 작가인 존 뮤어John Muir는 이렇게 말했다.

"산속에서의 하루가 주는 은총을 받을 줄 아는 사람은…… 영원한 부자로 살 것이다. 그 인생이 짧든 길든, 폭풍우 같든 고요하든."[72]

물론 사막의 교부들이 살았다는 나트룬 계곡Al Natron Valley[73]에 대해서도 존 뮤어는 같은 말을 했을 것이다. 그리고 개와 산책하는 시간도 찬양했을 것이다. 반려견이 있어서 가장 좋은 점이 바로 산책이다. 개가 있으면 원하든 원치 않든 밖으로 나가 매일 짧게 혹은 길게 자연을 경험할 수밖에 없다.

몇 시간째 비가 퍼붓는 날이면 사실 집 안에 있다는 것만으로도 감사할 일이지만, 개는 서서히 안절부절못하기 시작한다. 나는 책상에서 일어나 부엌으로 주스나 다른 군것질거리를 가지러 간다. 아니면 커피 같은 집중력에 도움이 되는 것을 마시고 싶다. 하지만 그때 개는 다른 생각을 한다. '아 이제 드디어 나가나 보다! 빨리 문 앞으로 가서 막 뛰어야지!' 하지만 우리 반려인들은 창 밖을 보고는 놀라서 어쩌면 이렇게 멍청한 말을 하게 될지도 모른다. "조금만 기다려봐. 비가 그치

는 대로 나가자!" 하지만 개는 당연히 "블라블라블라…… 나가
자!"라고만 듣고 더 미친 듯이 뛰며 왔다 갔다 사람을 정신없
게 만든다. 그럼 결국 우리는 방수 재킷을 꺼내 입고 나갈 수
밖에 없다. 하지만 곧 비 내리는 날 산책도 나쁘지 않다는 생
각이 든다. 물론 첫 몇 분은 이 네 발 달린 짐승을 입양한 자신
을 저주하며 왜 그랬을까 할 수도 있지만. 공기는 청량하고 몸
을 움직이는 것 자체가 좋다. 그러다 보면 어느덧 비도 그치고,
그날 첫 햇살이 비칠지도 모르겠다. 그럼 저절로 미소가 지어
진다.

　푸른 언덕, 하늘의 말똥가리새, 솔개, 숲 끝의 노루, 발밑에
서 느껴지는 가을 낙엽의 바스락거리는 소리, 졸졸 개울물 흘
러가는 소리…… 맑고 텅 빈 정신으로 이런 세상을 볼 때 우리
는 비로소 그 아름다움을 마음껏 들이마실 수 있다. 내면의 고
요함에 이르러 다시 자신만의 리듬을 되찾는 것보다 더 좋은
일은 없다. 참고로 산책과 압분 명상을 병행해도 좋다. 숨을 들
이쉬며 한 걸음 걷고 숨을 내쉬며 압분 속으로 깊이 내려가는
것이다. 우리를 둘러싸며 모든 것에 스며들어 생기를 불어넣
어 주는 그 압분 속으로.

그린 켈트 기독교

세계 주요 종교의 대부분은 안타깝게도 그 역사를 통틀어 자연과 특별히 좋은 관계를 맺지 못했다. 특히 서양 문화에서 기독교는 지구를 대하는 우리의 이토록 파괴적인 자세를 낳은 원인으로 지목됨직하다. "온 땅에 퍼져서 땅을 정복하여라"[74] 같은 성서의 특정 구절들로 거슬러 올라가 보면 말이다. 우리는 이런 구절들을 권력과 이윤 추구를 위한 것으로 잘못 해석해 왔다.

이런 해석이 자연에 대한 무개념 훼손과 착취를 정당화하는 데 이용되었다는 점과, 구원 종교들이 기본적으로 세상을 벗어나야 할 대상으로 보아 세상의 가치를 제대로 평가하지 못했다는 점은 논쟁의 여지가 없을 것이다.

그런데 기독교 내에서도 자연의 삼라만상에 집중하라고 가르치는 아주 다른 분파가 있었고 지금도 있음을 아는 사람은 별로 많지 않은 것 같다.

이 장 도입부에 인용했던 압바스 안토니우스의 "자연이 자신의 책"이라는 말은 나에게 단순한 영감을 주는 것 이상의 의미를 지닌다. 사실 안토니우스의 이 말은 기독교 내부에서도 2세기 말부터 아일랜드, 스코틀랜드, 웨일스에서 발전해 훗날 현재의 유럽 너머로까지 퍼져나간 켈트 교회의 수도사들이 수없이 걸어왔던 특별한 길을 떠올리게 한다. 켈트 기독교도들이 사막의 교부들에게서 얼마나 강력한 연대감을 느꼈는지는 아일랜드 클레어 주州의 디세르트 오데아Dysert O'Dea, 웨스트미스 주의 디사르트 톨라Dysart Tola, 레이시 주의 디사르트 갤런Dysart Gallen, 디사르테노스Dysartenos를 비롯, 비슷한 발음의 다른 많은 지역 이름으로 감지할 수 있다. 디세르트Dysert 혹은 디사르트Dysart는 켈트어로 '사막'이라는 뜻인데 아일랜드에서 휴가를 보내며 3주 내내 방수 재킷을 하루도 벗어본 적이 없는 사람이라면 그곳에는 별의별것 다 있어도 사막만큼은 없다는 걸 알 것이다. 대개 오래된 수도원들의 이름에서 기원한 이런 지역명은 옛날에 켈트 수도사들이 사막의 교부들에게 얼마나 큰 존경을 표했는지 말해준다.

켈트 기독교는 앞에서 언급한 성서의 구절과는 반대로 가장 좋은 의미의 '친환경'을 추구한다. 물론 '친환경'이란 이 종교 생성 초기에는 전혀 없던 개념이고 후에 신의 창조물에 대한 경외감 가득한 존중에서 나온 자세이기는 하지만 말이다. 자연에 대한 이런 긍정적인 자세는 사실 창조물로서의 자연의 선함에 우리 인간도 소속되어 있다는 느낌과 모든 존재와 함께하는 대축제에 우리 인간도 동참하고 있다는 느낌에서 기인한다.

그러므로 켈트 기독교는 두 개의 책, 즉 성서와 삼라만상의 책, 다시 말해 매일 우리 앞에 더할 수 없이 화려하게 펼쳐지는 자연 세상이라는 책을 본다. 바로 압바스 안토니우스와 머리가 덥수룩한 그의 친구들, 곧 사막의 교부들이 그랬듯이.

아일랜드 초기 기독교 수도사들은 켈트족 특유의 이교도적이고 자연 친화적인 유산과 기독교라는 새 전통, 이 두 세계에서 최고만을 뽑아 결합한 다음 하나의 세상, 즉 신의 세상을 만들었다. 그 과정에서 이들은 아주 긍정적인 신학을 하나 계발하는데, 그 신학이 로마 가톨릭 교회의 교리와 모순되므로 세월이 흐름에 따라 둘 사이에 갈등이 생긴다.

무엇보다 이들은 예수를 인간의 죄를 사해주는 구원자가 아니라 신의 창조의 완성자이자 인간 발전의 본보기로 본다. 이들에게 예수는 어디 먼 곳에 있는 통치자가 아니라 일상에서 아주 가깝게 있는 우리의 동행자이고 친구이고 선생이다.

성 패트릭St. Patrick(아일랜드의 수호 성인—옮긴이)의 이른바 '흉갑胸甲'(보호를 위한 기도를 뜻하며, 라틴어로 '로리카'라고도 한다—옮긴이)에 나오는 기도도 이런 관점을 아름답게 드러낸다.

"그리스도께서는 나와 함께 계시고, 내 안에 계시며,
그리스도께서는 내 뒤에 계시고, 내 앞에 계시며,
그리스도께서는 내 옆에 계시고, 나를 사로잡으시며,

그리스도께서는 나를 위로하시고, 회복시키시며,

그리스도께서는 내 아래 계시고, 내 위에 계시며,

그리스도께서는 고요함 중에 계시고, 위험 중에 계시며,

그리스도께서는 나를 사랑하는 모든 이의 마음 안에 계시며,

그리스도께서는 친구와 낯선 이의 입에 계시옵니다."[75]

여기에서 '그리스도'는 단지 구원자로서의 예수가 아니라 신성을 지니고 신성을 실현하는, 더할 수 없는 인간으로서 예수의 매우 본질적인 특성을 뜻하기도 한다. 이것은 기본적으로 모든 인간에게 내재하는 특성이다.

그러므로 내면의 신은 초월성을 강조하지 않는다. 신 혹은 신성은 성공적인 삶을 위한 안내자이자 지침자 역할을 하는 모든 존재의 마음속 목소리요 내면의 경험이었다. 신은 늘 자신의 창조물 안에 존재할 뿐, 초월성에 특히 큰 가치를 두는 사람들이 추정하듯 그 바깥에 있지 않았다.

신성은 모든 요소, 모든 돌, 모든 식물, 동물 속에 있는 하나의 힘으로 인식되었다. 신의 창조력은 자연에서 드러났다. 성서에도 이런 이교도적인 유산과 유사한 부분들이 있다. 예를 들어 예언자 에스겔은 인간, 사자, 소, 독수리, 이렇게 네 개의 얼굴을 한 천사들을 묘사한다.[76] 그리고《요한계시록》에도 비슷한 부분이 있다. 여기서는 사자, 소, 인간, 독수리라는 네 존

재가 하나님의 권좌로 모여든다. 각각 날개를 여섯 개씩 갖고 있는데, 그 안팎으로 셀 수 없이 많은 눈이 있다.[77] 그러니까 인간만이 아니라 동물 천사들도 하나님에게서 가장 가까운 곳에 있는 존재들인 셈이다! 게다가 켈트 수도사들은 성경에서 특히 《시편》을 좋아했다. 《시편》에 보면 산들은 숫양처럼 뛰고, 언덕들은 어린 양처럼 깡충대고, 나무들은 기쁨에 그리고 모든 것에 생명을 불어넣어 주신 창조주를 찬양하며 손뼉을 친다. 모든 창조물이 신이 주는 사랑과 양분을 반영하고 이어서 전달한다!

성 패트릭의 다음과 같은 감동적인 글에서도 우리는 다시 한 번 창조물 속의 신의 활발한 현존에 대한 그의 믿음을 엿볼 수 있다.

"우리의 신은 모든 인간의 신이고, 하늘, 땅, 바다, 강, 해, 달, 별, 높은 산, 깊은 계곡의 신이며, 하늘 너머, 하늘 안, 하늘 아래의 신이다. 신은 하늘, 땅, 바다, 그리고 그 속에 사는 모든 존재 안에 산다. 신은 모든 것에 영감을 주고, 모든 것을 고취하고, 모든 것을 지배하고, 모든 것을 지탱한다. 신은 태양의 빛을 밝힌다. 빛에 빛을 주시고, 마른 땅에 샘을 내고, 더 큰 빛을 도우려 하늘에 별을 두신다."[78]

성 패트릭의 이 시는 너무 많은 것을 말해주므로 이걸로 책한 권을 쓸 수 있을 정도이다. 우선 패트릭은 당신의 신 나의 신이 따로 있고 나의 신이 당신의 신보다 뛰어나서 내가 당신을 죽일 수 있는 권리를 준다는 그런 신이 아닌, '모든 인간'의 신을 말하고 있다. 마찬가지로 이 신은 나의 교회, 나의 성서에만 있는 것이 아니라 모든 계곡, 모든 산, 모든 강에도 있다.

그런데 모두 현재 시제로 되어 있음이 눈에 띈다. 신은 과거 언젠가 무언가를 창조한 후 한가하게 크루즈를 타고 뱃전에서 햇살을 즐기고 있는 것이 아니라 매일 새롭게 창조한다! 땅과 그 땅 위에 사는 다른 모든 존재가 그 창조력의 증거이다. 모든 작은 새들, 모든 꿀꿀대는 돼지들, 오랑우탄들, 사자들, 잡종견들, 모든 사람들이 신의 작품이고 신성의 현현이라는 말이다. 그렇다면 이제 우리는 정말 세상을 다른 눈으로 보아야 하지 않을까? 그리고 세상을 다르게 대해야 하지 않을까?

17세기 초 영국 성공회의 성직자이자 시인이었던 조지 허버트George Herbert는 '그린green 기독교'의 이런 관점을 다음의 시로 요약한 바 있다.

"나의 신, 나의 왕이시여, 모든 것에서 당신을 보게 해주십시오. 그리고 모든 일을 당신을 위한 일처럼 하게 해주십시오."[79]

모든 것에서 신성을 알아차릴 수 있다면 아무것도 파괴할 수 없다. 아니 배려심이 넘칠 수밖에 없다. 신을 사랑한다면 나는 신의 창조물도 사랑한다. 그리고 내가 사랑하는 대상이라면 세심하게 대할 것이다. 존경할 것이고, 기꺼이 이해하고 싶을 것이다.

자연을 심지어 신의 증명으로 보는 켈트 수도사들도 많다. 자연의 질서와 아름다움을 제대로 보기만 하면 신의 존재가 증명될 수밖에 없기 때문이다. 6세기에 아일랜드 아이오나 섬에 그 유명한 수도원을 건립한 성 콜룸반Columban도 이렇게 말했다.

"창조주를 알고 싶으면 창조물을 이해하라.…… 광대한 깊이를 알기를 소망하는 자는 자연부터 숙고해야 한다."[80]

영혼이 담긴 창조물

모든 존재에 신이 있다면 인간에게 '모든 창조물의 왕'이라는 특별한 지위를 부여할 수도 없다. 로마 가톨릭 교회는 여전히 동물에게 영혼이 없다고 말하지만 켈트 수도사들로선 상상도 할 수 없는 주장이다. 어떤 존재가 영혼 없이 살아간단 말인가?! 살아있는 것들은 모두 신의 입김을 통해 영혼을 부여받았다.

도미니크회 신부였던 매튜 폭스Matthew Fox는 '창조물의 영성' 개념에 대한 논쟁을 다시 일으킨 바 있다.[81] (안타깝게도 그리 성공적이진 못했다.) 세안 오라이어(아직도 세안의 이웃들은 그의 증조부가 켈트족의 제사장인 드루이드였다고 생각한다)도 자신의 이교도적 뿌리와 그것이 얼마나 멋지게 기독교적 가르침과 결합했는지 역설한 바 있다. 당신도 이미 추측했을지 모르겠지만 폭스와 오라이어 둘 다 로마 가톨릭 교회로부터 교회를 떠나줄 것을 정중하게 부탁받았다. 이들의 관점이 기독교의 공식적인 입장에 부합하지 않는다는 게 그 이유였다.

하지만 심지어 현대 물리학에서조차 자연 종교를 인정하며 초기 켈트 기독교에 존경을 표하는 목소리가 점점 커지고 있다. 조상이 아메리칸 인디언으로 자연에 대한 감수성이 남다를 것 같은 미국의 물리학자 브라이언 스윕Brian Swimme도 모든 존재가 하나임을 인정하는 것이 우리가 노력해 도달해야 할 목표가 되어야 한다고 힘주어 강조했다. 그의 말이다.

"지구 공동체 전체를 우리의 고향으로, 창조력과 삶의 자궁으로서 이해해야 한다."[82]

켈트 영성과 뒤이은 켈트 기독교는 이 자궁에 늘 큰 존경을 표해왔고, 인생을 모든 존재가 이바지하는 하나의 과정으로 이해해 왔다. 참고로 신체와 신체의 감각을 거부하는 것은 이들에게는 매우 낯선 일이었다. 그리고 이들은 절대 여성을 비하하지 않았다. 그와는 반대로 여성성과 남성성은 늘 통합된 채로 똑같은 가치를 가졌으며, 초기 켈트 기독교 수도원의 원장들이 독신이든 결혼한 사제든 여성인 경우가 적지 않을 정도였다. 로마 가톨릭 교회가 지금이라도 배우면 좋을 행태가 아닐 수 없다.(그럼 나는 로마 가톨릭 교회에서 일을 할 용의도 충분히 있다.)

로마 제국이 서서히 무너지는 동안 켈트 수도사들은 유럽 전역으로 퍼져 인류 역사에서 잠시나마 자신들이 이해하는 기독교를 널리 전파했다. 예를 들어 성 콜롬반은 (북이탈리아에서) 보비오Bobbio 수도원을 건립했고, 나중에 아시시의 프란치스코가 그곳을 방문하게 되는데 어쩌면 그곳에서 켈트 기독교의 자연에 대한 이해에 깊은 영향을 받았는지도 모르겠다. 어쨌든 프란치스코도 자연을 신의 책으로 이해했고, 전설에 따르면 심지어 동물과도 대화를 나눴다고 하며(그가 동물에 특별한 관심을 보였기 때문에 이런 전설이 나왔을 가능성이 더 크긴 하다), 또 그도 세상에 형제자매가 가득하다고 보았으니 말이다. 그 형제자매 중에는 두 발 달린 짐승이 가장 많았겠지만, 발이 네 개, 여섯 개 혹은 여덟 개인 짐승도 분명 있었을 것이다. 그리고 또 그중에는 발이 없어서 풀숲을 쉬익 하고 지나가는 짐승도 분명 있었을 것이다.

프란치스코도 우리를 변화시키고, 자신을 우리 사회의 가난하고 소외된 자들과 동일시하는 내면의 예수를 중요시했다. 다시 말해 세상을 전부 통치하는(그리고 우리는 그의 밑에 들어가기만 하면 '안심할 수' 있는) 슈퍼맨 예수에게는 별 관심이 없었다. 사막의 교부들과 켈트 기독교 수도사들이 그랬던 것처럼.

하지만 결국 여러 다툼 끝에 로마 가톨릭 체계가 우세하게 되고 켈트 교회의 번성의 역사는 짧게 끝나고 말았다.

켈트 기독교는 영국에서는 664년 휘트비Whitby 종교 회의 때까지, 웨일스에서는 9세기까지, 스코틀랜드에서는 그나마 12세기까지 이어지지만, 1172년 카셸Cashel 종교 회의 때 다시 강성해진 로마 가톨릭 아래로 공식 흡수되고 만다. 그렇게 '그린green 기독교'가 일단 끝이 났다.

하지만 켈트 기독교 전통의 정신만큼은 아직도 여전히 존재한다. 켈트 수도사들이 남긴 문헌들과 신의 선한 창조를 보고자 하는 영성의 현대적 대표자들[83] 덕분에, 우리는 오늘 기독교의 가장 공감 가는 특징 중 하나인, 신은 선을 창조하고 이 모든 선은 사랑으로 서로 연결되어 있다는 걸 기억할 수 있다.

우리는 혼자가 아니다. 동물과 식물, 숲속의 살랑대는 바람

소리, 눈 덮인 산꼭대기, 깊은 바다 모두 속속들이 선한 창조의 일부들이다. 이들이 우리를 둘러싸고 우리에게 스며들며 우리를 자신들과 같은 것으로 여긴다.

속속들이 선한 세상으로 들어가기

개와 가볍게 산책하다가 좀 멀리 온 감이 있지만, 덕분에 언제라도 방문할 가치가 충분한 그린 아일랜드(켈트 기독교)까지 가보았다. 이제 다시 기쁨에 못 이겨 날뛰는 개에게로 돌아가 보자. 우리 개는 내가 사는 독일 베스트팔렌 지역의 들판에 코를 박거나 지나가는 나비를 넋을 잃고 바라본다.(뭐야? 저 알록달록한 것이 날아다니네? 그런데 나는 왜 날 수 없지?) 이제 우리는 주변을 둘러볼 수 있다. 우리 감각 속으로 들어오는 모든 것, 이 순간 자연을 통해 보이는 모든 것을. 그리고 《카르미나 가델리카 *Carmina Gadelica*》(켈트 영성에 관한 19세기 글 모음)의 다음 글을 떠올린다.

"땅의 풀포기 하나도
그의 미덕으로 가득하지 않은 것이 없다.

땅 위의 어떤 존재도

신의 축복으로 가득하지 않은 것이 없다.

바다의 어떤 생명도

강의 어떤 창조물도

하늘 위 그 무엇도

그 친절함을 선포하지 않는 것이 없다.

날고 있는 어떤 새도

하늘의 어떤 별도

태양 아래 그 무엇도

그 선함을 선포하지 않는 것이 없다."[84]

명상과도 같은 산책에서 (우리 네 발 달린 친구가 실망하지 않도록 공이라도 몇 번 던져주면) 우리는 바로 이것, 창조의 모든 살아있는 측면 속에 존재하는 그 선함을 온 감각으로 경험할 수 있다.

신비주의는 뭔가 완전히 정신적인 것, 세상에 대한 감각적 경험을 완전히 등지는 것이 아니다. 그 반대로 세상 구석구석으로 들어가는 것이다. 세상은 선할 뿐, 벗어나려고 애써야 하는 죄악의 구렁텅이가 아니다.

우리가 아는 가장 유명한 중세 인물 중 한 명인 빙엔의 힐데가르트도 다음과 같이 말했다.(참고로 그녀가 쓴 신비주의 문헌들은 어딘가에서 먼지에 뒤덮여 있겠지만 그녀의 의학 서적들은 서점 한쪽을 거의 독점하다시피 하고 있다.)

"하지만 복된 인간은 지상의 모든 것을 통렬하게 느낀다.……
땅은 모두의 어머니이다. 지상 대자연의 모든 형상과 생명은
땅에서 나오기 때문이다."[85]

우리를 위해 신성을 거대한 그림처럼 펼쳐 보이는 것이 바로 이 지구이다. 우리 아이들 속에서도, 날뛰는 개들 속에서도, 아장아장 걷는 펭귄, 붕붕 나는 벌새, 영양과 얼룩말 무리 속에서도, 에베레스트와 덴마크의 히멜베르크에서도, 태평양과 북해의 해변에서도, 재빠른 박새들 속에서도, 사막에서도, 놀라운 생명체인 해마나 바로 옆의 카줄케 할머니 속에서도 신성을 펼치는 지구는 지구에 속한 모든 것들과 함께 선한 곳이다. 그리고 이 모든 경이로움을 인식하게 해주는 우리의 감각 기관도 그만큼 선하다.

산책을 하며 불어오는 바람을 느낄 때, 비나 따뜻한 햇볕을 느낄 때, 나무의 송진 냄새를 맡을 때, 융단처럼 부드러운 이끼를 밟을 때, 쏜살같이 사라지는 다람쥐를 관찰할 때(이때 우리 개들은 또 정신줄을 놓으며 흥분한다) 우리는 감사할 수 있다. 세상에 그리고 우리의 몸에 감사한다. 우리가 순수하게 정신적인 존재

라면(물론 그렇게 되기를 간절히 바라는 사람도 있지만) 어떨지 상상해 보라…… 후각도 미각도 육감도 없고 아무것도 느낄 수 없다. 키스도 섹스도 할 수 없고, 크리스 스테이플턴Chris Stapleton(멋진 음색을 지닌 미국의 컨트리 가수이자 싱어송라이터)의 노래도 감상할 수 없다. 그리고 에르나 이모(에르나 이모는 신으로 향한 자신만의 길을 발견한 사람들을 뜻한다. 이 책 뒤의 "인물 및 용어 해설" 참조─옮긴이) 집에서 먹는 일요일 아침도 즐길 수 없고, 다음과 같은 존 오도나휴John O'Donohue의 말도 들을 수 없을 것이다.

"지구의 에로스가 당신을 축복하길."[86]

이 세상의 경이로움에 진정으로 감동받지 않을 것이고, 따라서 은총도 덜 받을 것이다. 개와 함께 숲을 달리는 일도 없을 것이다. 그건 세금 신고나 윈도우 업데이트에 대해 신이 사과의 뜻으로 주는 선물인데 말이다. 압바스 안토니우스가 가장 사랑하는 책(자연)이 드러내는 풍요로움도 제대로 누리지 못할 것이다. 그리고 경험이 부족하고 영혼이 가난한 자가 될 것이다. 우리의 자리를 찾기도, 위대한 소속감을 탐구하기도 어려울 것이다.

원 명상

하루 휴가를 내 자연 속에서 오래 걸어보자. 여유롭게 걸으며 '지구의 에로스'가 찾아오도록 해보자. 그러는 동안 돌 몇 개, 솔방울 몇 개, 작은 가지, 나무껍질 등 어떤 식으로든 당신에게 말을 거는 것 혹은 눈에 띄는 것들을 모은다. 새의 깃털이나 동물의 작은 뿔 조각을 발견할 수도 있다. 그 다음 자연에서 사람이 없는 곳을 찾아 그렇게 모은 것들을 당신 앞에 동그랗게 놓는다. 단 당신에게 가까운 쪽 원의 40~50센티미터 정도는 아무것도 놓지 않고 비워놓는다.

그 원 밖에 앉아 당신 앞에 펼쳐져 있는 자연의 물건들에 대해 고요한 가운데 숙고한다. 상상력을 마음껏 펼쳐본다. 당신이 주워온 돌 속에서 광물의 세상, 단단하고 불변하는 세상, 영원한 잠에 빠져 있는 듯한 산들의 세상이 보이는가? 또 다른 돌에서는 과거 석기 시대의 상징 같은 게 보일지도 모르겠다. 당시의 인간들이 어떻게 살았을지 상상해 보라. 밤하늘 혹은 큰 맹수들을 보고 느꼈을 그들의 경외감, 돌로 화살촉이나 일상에 필요한 것을 만들곤 하던 그들의 기술과 예술을 상상해 보라. 어떤 돌은 특정 동물이나 지구처럼 보일지도 모른다. 나무 조각은 물고기나 새 혹은 다람쥐 같은 모양을 하고 있을 수도 있다. 나무껍질이 곰처럼 보일 수도 있고, 솔방울이 올빼미처럼 보일 수도 있다. 혹시 도토리나 너도밤나무 열매를 주웠는가? 그럼 그것들이 거대한 나무로 자란 모습도 상상해 볼 수 있다.

그리고 지금 당신 상상 속에서 함께한 그 모든 존재들이 서로 다른 형식으로 표현된 한 생명임을 상기하기 바란다. 원한다면 지금 당신에게 직접 말을 걸고 당신 마음을 적시고 당신과 연결되고자 하는 신, 혹은 창조적 근원의 서로 다른 표현 형식이라고 해도 좋다.

무엇으로 그 원을 만들었든, 그것으로 어떤 그림을 떠올렸든 그 모든 것을 가능한 한 최대한 생생하게 느껴보자. 그런 뒤 의식적·감정적으로 그 원 안으로 깊이 들어가 본다. 그 다음 일어서서 원을 만들면서 비워둔 부분에 발을 디딘다. 그 생명의 동그라미 속으로 발을 들이고 환영받음을 느껴본다. 그 다음 모든 존재와 함께 모닥불을 중간에 두고 앉듯 앉아 서로의 이야기를 나눈다. 산은 당신에게 무슨 말을 해줄 수 있을까? 먼 과거의 인간, 곰, 도토리는 당신에게 무슨 말을 해줄 수 있을까? 나무는 어떻게 살았을까? 그리고 당신은 무슨 말을 하겠는가? 당신의 인생은 어떤가?

당신이 이 원 안에 속한다는 것을 알기 바란다. 당신은 다른 모든 존재들처럼 신의 독특한 표현이다. 원하는 만큼 그 원 안에 머문다. 그 다음 당신이 그것들에 부여했던 상징적 의미들을 내려놓고 그 원에서 나온다. 솔방울은 이제 다시 솔방울이 되었고, 돌은 돌, 나무는 나무가 되었다. 그렇다고 그것들의 가치가 덜하지는 않다. 그것들은 그 자체로 가치 있다. 이제 당신이 서 있던 원의 비워놓은 부분을 주변의 다른 것들로 메운다. 그리고 가던 길을 간다. 그곳을 지나가는 다른 산책자가 그 원을 보고 그만의 방식으로 느끼고 필요한 영감을 받고 가도록 둔다.

행운 쿠키, 빌어먹을 변화,
그리고 다른 불완전한 것들
혼돈 속의 만족

때때로 인생은 그것이 내 계획과 맞는지 여부에 상관없이 나에게 좋은 것이 무엇인지 자기 나름의 생각을 가지고 있는 것 같다.

예를 들어 오늘도 나는 책상에 앉아 글을 썼고, 어쩐지 글이 아주 잘 써져서 기분이 좋았다. 한 챕터는 분명 끝낼 것 같고, 어쩌면 더 쓸 수도 있을 것 같았다. 그런데 바로 그때 초인종이 울리고 개들이 정신없이 날뛴다.(큰 녀석은 원래 자신의 왕국에서 일어나는 일이라면 뭐든 참견해야 직성이 풀리고, 작은 녀석은 늘 아무 생각이 없지만 큰 녀석이 하는 허튼짓은 다 따라한다.) 우체부가 친절한 미소를 담뿍 담은 얼굴로 국세청의 세금고지서를 내민다. 개들에게 우체부를 "물어!"라고 명령하고 싶지만, 그래봤자 무슨 소용이 있겠는가?

나는 고지서를 받아들고 겉봉을 뜯는다. 나 혼자 독일연방공화국을 다 먹여 살려야 하나 싶은 생각에 속에서 또 금방 열

167

이 치밀어오르는 것 같다. 양조장에 간 찰스 부코스키Charles Bukowski(미국 작가로, 오랜 기간 하층 노동자, 우체국 집배원 등으로 일했으며 폭음과 무절제함 속에서도 사람들에게 영감을 주는 많은 작품을 썼다―옮긴이)처럼 영감이 폭발했던 나는 갑자기 국세청이 두드리는 무자비한 북소리에 맞춰 혼신을 다해 노를 저어야 하는, 갤리선의 노예가 된 듯하다. 어쩌면 당신도 이런 기분을 알지 모르겠다.(한 나라를 먹여 살리는 사람이 나만은 아닐 테니까.) 그리고 오늘은 이미 망한 것 같은 심정도 이해할 수 있을 것이다.

이제 나는 앉아서 그 웃음밖에 안 나올 정도로 부당하기 짝이 없는 세금을 어떻게 조달할지 열심히 생각한다. 하지만 다음 주에 내 통장으로 들어올 돈이라고는 출판사가 보내줄 인세뿐인데 그 돈으로는 이미 짧은 휴가를 가기로 하지 않았던가. 나는 몇 분 더 다른 방안을 궁리하는 척하지만 물론 다른 방안 같은 건 없음을 잘 안다. 휴가는 잊어버리고 차라리 그 돈을 은행 긴급 구제금융이나 아프가니스탄에서 벌어지는 연방방위군 작전에나 투자할까? 안 될 게 뭐야?

침울한 기분으로 나는 집 안 여기저기를 왔다 갔다 한다. 오늘은 이제 한 문장도 더 쓸 수 없다. 바람이 빠져버렸고 그걸로 끝이다. 그러다 나는 어쩌다 우리 개의 고슴도치 삑삑이 인형을 밟고 말았다.(내가 얼마나 낙심 중인지 제대로 보여주기 위해 발을 질질 끌며 걸었음에도 불구하고.) 녀석에게 그 삑삑이 고슴도치는 둘이 같이 뺑뺑이 돌고 놀자는 궁극의 초대와 다름없다. 38킬로그램이나 나가고 내 새끼손가락만 한 이빨을 가진 맹수 같은 녀석이지만, 그 작은 플라스틱 삑삑이 고슴도치를 침과 사랑으로 목욕시키거나 내 발밑으로 던질 때면 미친 듯이 기뻐 날뛰고 흥분해서는 털 달린 발레리나처럼 사뿐사뿐 잘도 뛰어다닌다. 녀석은 그 삑삑이 공을 보기만 하면 늘 머리를 비스듬히 하고 양쪽 귀를 사방으로 펄럭이며 뺑뺑이를 도는데 볼 때마다 웃음보가 터지고 만다.

이 열정적인 네 발 짐승과 함께 20분 동안 삑삑이 공을 차대며 정원을 망치고 나자, 이제 국세청에 바칠 돈은 아무렇지도 않은 기분이 되었다. 출판사에서 나오는 인세를 나는 다른 데 쓰려고 했지만 그럴 수 없게 되었다. 어쨌든 세금은 꼬박꼬박 내야 한다. 그리고 유치원비, 학교 수업료, 대학 등록금도 어떻게든 내야 한다.

물론 이런 재정적인 문제를 인생의 다른 문제들처럼 잘 처리하는 사람도 있을 것이다. 하지만 우리 대부분은 '심리학 전문 용어'로 '그럭저럭 해나가기' 구조 속에서 살아간다. 어떻게든 일은 꾸려지고, 해결책이 발견된다. 그리고 가끔은 대참사를 간신히 모면하고도 뻔뻔스럽게 백미러를 보며 씩 웃고 평상시처럼 계속 해나간다.

당연히 가끔은 나도 향후 5~10년 계획을 면밀하게 세우고 그대로 해나가는 사람, 직업적 경력도 착착 쌓아가고 2년 반 후에는 아이도 낳고(그리고 유치원에서 영어와 중국어로 아이를 '학대'하고) 펀드가 잘 불어서 55세면 은퇴도 할 수 있는 사람을 보면 부럽기도 하다. 참고로 나는 그런 사람들과 대화할 때는 집중하기 위해 레드불(에너지 드링크 상표—옮긴이) 캔 두세 개는 들이켜야 하는 사람이다. 화들짝 놀랄 틈이 전혀 없는 인생이라면 나는 좀 하품이 나는 것 같다.

나는 태초에 이 세상을 지배했고[87] 그 후에도 절대 사라지지 않은 이 건전한 혼돈을 더 좋아한다. 나는 자동차 경주자, 인디언 추장, 우주비행사, 첩보원, 록 스타를 순서대로 꿈꾸었지만, 인생이 나를 결국에는 책상머리로 데려오고 말았다. 그 책상에서 나는 지금 가끔 일어나는 인생의 기묘한 굴절에 관한 글을 쓰고 있다.

어릴 적 나의 장래 희망 목록에서 볼 수 있듯이 나는 늘 남들이 좋다는 길에는 전혀 매력을 느끼지 못했다. 누가 나에게 자신은 대학에서 MBA를 마치고 문구류를 생산하는 대기업의 중간 간부가 되고 싶다고 말한다면, 그것이 아무리 좋은 길이라도 나는 의아해할 것이다. 그런 일은 일어나는 것이지 계획할 수는 없지 않는가?

우리는 계획하고 신은 웃는다

지난 몇 년간의 계획을 한번 살펴보자…… 당신이 생각했던 미래가 정확히 어떻게 펼쳐졌는가? 생각과는 완전히 다르게 흘러갔지만, 나중에 보니 원래 생각보다 더 좋았던 경우는 없는가? 어떤 기대가 충족되었는가? 결코 실현되진 못했지만 방금 말했듯이 더 적절한 방식으로 바뀌거나 심지어 훨씬 더 좋아진 것은 없는가?

우리는 어쩌면 우주에 늘 헛된 주문을 하고 있는지도 모른다. 그러고는 도무지 신뢰할 수 없는 우주의 배달 서비스에 매번 당황한다. 그때마다 반송을 결심하지만 "다른 창구에 문의하세요"라는 소리만 듣고, 다른 창구에 가보면 문이 닫혀 있는 걸 보게 된다. 우리 인생은 불완전하기 짝이 없는 것 같다. 우리의 마스터플랜은 아주 멋지지만, 사랑하는 신 혹은 노른 Norn(북유럽 신화에 나오는 운명의 여신—옮긴이) 혹은 모이라Moira(그리스 신화에 나오는 운명의 여신—옮긴이)를 충분히 설득하진 못했다고 생각하기 때문이다. 그리고 그 기대가 때때로 우리 시야를 가려서 우리가 갈망한 것 대신 삶이 우리에게 준 선물은 간과한다.

당신은 어쩌면 내가 이 책에서 지금까지 그랬던 것처럼 지난 세기의 거물급 신비주의자들의 명언을 소개하며 이런 내

주장에 근거를 댈 거라 기대할지도 모르겠지만, 그 기대마저
도 실현되지 않을 것이다. 나는 그보다 훨씬 더 좋은 생각이
있는데 바로 우리 시대의 위대한 철학자 믹 재거Mick Jagger를
언급하고 싶은 것이다. 왜냐하면 그러면 그의 노래 가사 "You
can't always get what you want"(원하는 것을 늘 다 가질 수는 없어)
가 내일 아침 당신이 샤워할 때 갑자기 마음에 절절하게 다가
올 수도 있을 테니까 말이다. 그리고 그 다음부터 그 단순한
멜로디와 가사가 머릿속을 떠나지 않을 것이다. 단순한 기타
화음 몇 개로 몸이 저절로 흔들리게 하는 이 노래는 후렴구
끝에 가서 또다시 "You get what you need"(필요한 것은 갖게 되
지)라는 가사를 덤으로 얹어주며 이 영원한 지혜에 쐐기를 박
는다.

이것이 바로 '시크릿'이나 양자장을 바꾼다는 이야기와는
거리가 먼 우리의 현실이다. 이 순간이나 장기적으로 우리에
게 필요한 것(때로는 그것이 꼭 우리가 원하는 것이 아니더라도)을 주고,
그것으로 우리 안의 최고와 가장 인간적인 것을 이끌어내는
현실 말이다.

자신의 기대를 비판적으로 낱낱이 들여다보고 사실은 전
우주가 자신에게 봉사해야 한다고 생각하는 에고가 거기 있
음을 알아차린다면, 우리는 어쩌면 한바탕 폭소를 터뜨리고
머리를 절레절레 흔들게 될지도 모른다. 그 다음 우리는 삶을

그 자체로 완전한 것으로 보기 시작할 것이다…… 우리의 관계들, 우리의 파트너, 부모, 나머지 친지들, 우리의 일, 아이들, 쓰레기통을 뒤지는 개들을, 1980년대 헤어스프레이 밴드 포이즌Poisen이 보여주는 태연함으로 대할 수 있고, 기쁨과 우수가 섞인 기분으로 그들의 유일한 히트송 "Every rose has its thorn just like every night has its dawn"(모든 장미에는 가시가 있지. 밤마다 새벽이 찾아오는 것처럼)을 따라 부를 수 있을 것이다. 여기저기서 가시에 찔려 손가락에 피가 나곤 하지만 그런데도 그 유일무이한 꽃의 향기와 아름다움을 즐길 수 있을 것이다. 세상 일이 그렇다! 우리 에고가 바라는 대로 흐르지는 않겠지만 우리는 그 일에 만족할 수는 있다. 고탄력 스판덱스 바지를 입은 포이즌은 이것을 내면화한 선승들이었다. 그들의 노랫말은 이렇게 이어진다. "Just like every cowboy sings his sad, sad song every rose has its thorn."(모든 장미에는 가시가 있지. 카우보이들이 슬프고도 슬픈 노래를 부르듯.)

모든 것이 완벽할 때만 그리고 원하는 것을 얻을 때만 행복할 수 있다고 생각한다면 문제가 심각해진다! '행복'이라는 단어 자체가 이미 실망할 수밖에 없는 기대를 전제한다. 어느 유명한 커피 회사가 이런 광고를 낸 적이 있다. 여자 배우(당연히 호리호리하고 그림처럼 예쁘다)가 나타나 아침에는 굉장히 성공한 변호사로 일하다가, 점심때가 되면 드레싱 없는 샐러드를 콩알만큼 먹고 헬스센터에 가 그나마 먹은 칼로리를 이를 악물고 모두 소진한다. 그 다음 그녀는 또 매력적인 성격을 발산하며 비즈니스 미팅을 몇 차례 마친 후 건강하기 그지없는 두 아이를 돌본다.(그녀는 타임머신을 갖고 있는 게 분명한데 왜냐하면 내가 알기론 저녁 8시 반까지 아이를 봐주는 유치원은 없기 때문이다. 게다가 그 아이를 데려오는 길에 바깥은 아직도 환하다.) 그녀는 마찬가지로 더할 수 없이 성공한 남편을 위해 마찬가지로 뛰어난 3코스 저녁 식사를 준비하고, 그 다음에는 둘이 함께 극장을 간다.(베이비시터 만세!) 그리고 마지막으로 울트라 힙한 바에 들른다. 물론 그 중간중간 그녀는 그 커피 회사의 커피를 2~3리터씩 따라 마신다. 마치 그것 없이는 그토록 아름다운 삶이 불가능하다는 듯.

과장된 감이 없지 않지만(그래도 내가 마음대로 생각해 낸 광고는 아님을 밝히는 바이다) 사실 우리가 삶에서 기대하는 것이 바로 이렇지 않을까 싶다. 유대인의 '도덕 책'에서는 아주 오래전에 이렇게 말했다.

"세상에 자기보다 더 행복한 사람이 없다고 믿는 사람만큼 행복한 사람은 없다."[88]

이래서 사람들이 모두 불행하다. 인생에 대한 자신의 요구,

인생이 어때야 한다는 자신의 생각을 충족시킬 수 없기 때문이다. 하늘의 별도 내 것이 될 것 같은 크나큰 장밋빛 행복을 꿈꾸며 조금도 타협하지 않고 행복을 얻기 위해 애쓰는 동안 정말로 자신을 행복하게 만들 수 있는 것들을 보지 못하기 때문이다. 모두가 하루 24시간을 폭죽처럼 신나게 살고 싶지만, 아무리 바라더라도 인생은 그렇지 못하다.

인생은 자신만의 흐름을 갖는 강물과 같아서 그 흐름이 때로는 우리를 상상도 할 수 없던 곳으로 몰아넣기도 하고, 때로는 지류로 흘려보내 한동안 그곳에서 이리저리 흔들리며 자기 자신에 대해 명확해지고 나서야 여정이 계속되기도 한다. 우리가 확실히 믿을 수 있는 것은 그 강이 결국에는 바다로 갈 것이고, 그 과정에서 우리가 배워야 할 중요한 것들을 다 배울 수 있다는 것뿐이다.

인간으로 존재한다는 것은 완전을 위한 연습이 아니라 불완전을 온 마음을 다해 사랑하는 것을 평생 배우는 것이다.

모험은 덤……

몇 년 전 중국 식당에서 밥을 먹고 밖으로 나오기 전 그곳에서 멋진 선물을 하나 받았다. 행운 쿠키였다. 그 재료가 무엇이든(종이와 풀이 분명하다) 그 쿠키 속 작은 종잇조각이 말하는 지혜만큼은 대단했다. 그곳에는 독일어 문법 따위는 가볍게 무시한 "흥미로운 만남이 기다리고 있다"는 문구가 쓰여 있었다.

정확했다! 바로 그랬다. 우리가 행운 쿠키 속에서 발견하는 문구들은 모두 자신의 일이 무엇인지 정확하게 아는, 중국 우당산武當山의 900살 먹은 도사가 쓴 것이 분명하다.

실제로 그날부터 오직 흥미로운 만남만이 이어졌다! 내가 좋아하는 사람, 내가 그다지 좋아하지 않는 사람을 만났다. 인상 깊었던 사람, 자신의 흉터, 갈라터진 틈, 상처로 빛났던 사람, 불완전함이 인간적인 것이며 따라서 매우 아름다운 것임을 알게 해준 사람을 만났다. 그리고 내 생각과 완전히 다르게 진행됐던 상황들, 나를 힘들게 하며 많은 것을 요구했던 상황들(하지만 이상하게도 딱 내가 할 수 있을 만큼만 요구했다)을 만났다. 그리고 물론 나중에 그 반대의 정체를 드러낼, 깊은 바닥도 만났다.

행운 쿠키의 나라에는 행운과 불행, 완전함과 불완전함의 상대성에 관한 지혜로운 이야기가 하나 전해 내려온다. 이른바 새옹지마塞翁之馬 이야기이다. 그 이야기에는 보통 말이 등장하고 다리가 부러진 아들 이야기가 나온다. 하지만 이 책은 우리의 일상에 관한 것이므로 이야기를 조금 현대화해도 괜찮을 것 같다. 이른바 현대판 새옹지마라고나 할까……

어떤 젊은 남자가 있었다. 어느 날 아침 그는 스마트폰에 정신이 팔린 채 사람들이 많이 다니는 길을 걷고 있었다. 그렇게 다른 수많은 스마트폰 좀비들에 둘러싸인 채 직장으로 출근하던 중이었다. 그런데 1,378명의 가상의 '친구들'이 올린 새 포스팅을 보느라 그만 누군가 버린 스타벅스 스티로폼 컵에 걸려 넘어질 뻔하면서 스마트폰이 손에서 빠져나가 길바닥에 떨어지고 말았다. 그리고 그 사실을 알아차리기도 전에 왼쪽다리가 관성대로 앞으로 나가면서 그 스마트폰을 밟아 박살을 내고 말았다.

"오, 저런!" 주변 사람들이 말했다. 그러더니 킥킥대며 그의 불행을 자신들의 스마트폰 카메라에 담아 페이스북과 유튜브에 올렸다. 젊은 남자는 어깨를 한 번 으쓱해 보이고는 말했다. "이게 좋은 일인지 나쁜 일인지 누가 알겠어?"

그의 불행을 담은 영상이 다음날 인터넷에서 대박 이슈가 되어 조회수 100만을 넘었다. 그러자 유명한 전자 기기 회사가 그 젊은이를 알아보고 마케팅 부서와 협의한 후 그에게 최신 스마트폰을 하나 공짜로 주기로 했다. "오! 정말 운도 좋아라!" 사람들, 특히 '젊은 세대들이 모두' 입을 모아 말했다. 하지만 그 젊은이는 이번에도 어깨를 한 번 으쓱해 보이고는 말했다. "이게 행운인지 불행인지 누가 알겠어?"

이틀 후 그가 공짜로 받은 새 스마트폰에 내장된 소프트웨어가 불량임이 밝혀졌다.(시장에 내놓기 전에는 알 수 없는 문제들도 있게 마련이다!) 게다가 그 불량한 소프트웨어를 이용해 해커들이 침투해서 개인 정보를 털기 시작했다. "어머나 어째 그런 일이!" 사람들이 말했다. 하지만 이번에도 그 젊은이는 판단을 유보했다.

남들에게 보이기 껄끄러운 그 젊은이의 개인 정보들이 인터넷을 떠돌았고, 은행 계좌도 다 털렸다.(어차피 돈도 얼마 없긴 했다.) 사람들은 젊은이의 특이한 취향을 웃음거리로 삼았다. 그런데 무지막지하게 유명하고 아름다운 어느 여배우가 우리의 주인공을 알아보고 그가 자신과 같은 부류의 인간이라 생각, 그를 자신의 베벌리 힐스 저택으로 초대했다. 마침내 그 여배우와 젊은이가 결혼을 했고, 그러자 전 세계 소셜 네트워크가 한탄이라도 하듯 "오! 정말 운도 좋아라!" 하고 외쳤다. 그때도 젊은이는 어깨만 으쓱할 뿐이었다. 물론 카메라 앞에서는 좋은 척했다.

그 후에도 젊은이의 인생은 비슷하게 흘러갔다. 좋은 해도 있었고, 덜 좋은 해도 있었다. 부부 관계에 문제가 생기는가 싶더니, 누가 바람을 피웠네 어쨌네 하다가 둘은 이혼을 했다. 엄청난 위자료를 받았다가 다 잃기도 했다. 하지만 곧 리얼리티 쇼에 나와 또 돈을 벌었고, 또 망했고, 조금씩 잊혀졌다. 하지만 그 후 세상에서 가장 아름다운 숲에서 작은 오두막을 짓고 산다는 소문이 있었다. 그 사이 젊은이는 초로의 노인이 되어 삶이 그에게 준 것을 되돌아보았다. 그리고 또 한 번 어깨를 으쓱했다. 아주 만족한다는 듯.

우리도 어떤 일을 당할 때 그 일에 저도 모르게 휩쓸리면서 그 일의 의미와 결과가 어떨지 잘 알아차리지 못하지 않는가?

인생을 커다란 강물에 뛰어드는 모험 여행으로 보고 기대를 내려놓을 수 있다면, 일상의 경험들을 경이의 눈으로 바라볼 수 있을 것이다. 우리는 완벽한 삶을 추구하기를 멈출 수 있고, 불완전하다고 생각하는 모든 것에서 아름다움을 발견할 수 있으며, 샤워하면서 늘 흥얼거리던 단순한 팝송에서 위대한 지혜를 발견할 수도 있다. 우리는 마음을 고요히 한 채 삶이 스스로 펼쳐지게 둘 수 있다. 그러면 삶이 우리를 성숙하게 하고, 성장하게 하며, 우리가 될 수 있는 존재가 되는 새로운 경험들로 이끌 것이다.

"밤의 가장 깊은 고요 속에서만 별들은 미소를 지으며 속삭인다.(찾고 구하는 것은 헛되다!) 완전함은 언제나 어디에나 있으므로!"[89]

우리는 고요 속에서 우리의 생각들에 미소를 짓고 그것들을 놓아 보낼 수 있다. 그렇게 고요를 허락할 때 우리는 변화를 허락한다. 그것은 또한 우리가 가장 기대하지 않는 곳, 즉 바로 여기 존재하는 것 안에 늘 현현하는 신성을 허락한다.

이 순간, 그리고 다음 순간……

행운 쿠키의 나라에 전해 내려오는 또 다른 이야기가 있다. 바로 두루마리 그림에서 많이 볼 수 있는 삼산도三酸圖(Essigkoster)에 얽힌 이야기이다. 동양 영성계의 세 거성, 공자, 붓다, 노자가 어떤 영원히 알 수 없는 이유로 식초 통을 둘러싸고 모이게 되었다. 제일 먼저 공자가 손가락으로 찍어 식초를 맛보았다.(고대 중국에서 식초 시음은 오늘날 기찻길 가로지르기 같은 일종의 담력 시험이었던 것 같다.) "으악, 휴, 사악하군! 너무 셔. 당장 몇 가지 법과 규칙을 만들어 맛을 좋게 해야겠어."(아마도 이래서 중국 정부는 유교를 그토록 좋아하나 보다. 모든 것을 규정하고 그 규정에 어긋나는 것을 처벌하는 것보다 더 훌륭한 여가 선용이 어디 있겠는가?)

두 번째로 시음한 붓다의 표정도 그리 좋아 보이진 않았다. "이 보게나! 이건 너무 쓰군!" 바로 이래서 불교가 인생을 끝없는 고통이라고 보고, 따라서 거기에서 벗어나라고 말하는, 매우 비관적인 철학이라는 해석이 생겼나 보다.(나는 이 해석이 매우 잘못됐다고 본다.)

이제 이 이야기의 주인공인 영성계의 제다이 마스터, 노자의 차례이다. 노자는 식초를 맛보더니 웃으며 말했다. "흥미롭군. 특이해. 하지만 흥미로워." 노자에게 식초는, 그러니까 무엇이라 규정해야 할 게 아니었다.(이래서 중국 정부는 노자를 싫어하는 듯하다.) 노자에게는 인생을 비롯해서 벗어나야 할 것은 아무것도 없었다. 시음하는 그 순간 노자는 무언가가 달라야 한다고 생각하지 않았다. 자신이 받은 것, 그것이 오늘은 어쩌다 식초였고, 그 사실에 만족했다. 식초는 좋지도 나쁘지도 않았고, 그의 기대에 부합하지도 어긋나지도 않았다. 기대 자체를 갖지 않았으므로.

이것은 삶에 만족하며 사는 데 있어 꽤 유용한 처방이다. 삶을 매 순간 편견 없는 '시음'으로 생각하는 것이다. 눈과 마음을 열고 경험을 허락한다. 매 순간, 모든 상황, 모든 사람을 초심자의 마음으로 만난다.

베네딕토회 수녀 조앤 치티스터Joan Chittister의 말을 빌리면 다음과 같다.

"영적인 삶이란 일상을 신과 함께하는 시간으로 바꿀 것을 매일 새롭게 기억하는 삶이다."90

때때로 우리를 둘러싸고 있는 것처럼 보이는 혼돈을 새로운 눈으로 보면(세무당국을 만나면 그렇게 하기 위해 엄청나게 노력해야 하지만), 우리는 불완전함 속에 숨겨져 있는 완전함을 볼 수 있다. 그러면 (내가 감히 온 마음으로 약속하는 바) 행운 쿠키가 하는 말이 절대 틀릴 수 없는 예언이 되어, 당신도 "흥미로운 만남을 갖게 될 것이다." 노자의 식초를 시음해 보기 바란다. 그리고 어깨를 한 번 으쓱한 다음 이렇게 말해보자.

"좋아, 안 될 게 뭐 있어?!"

취한 듯 깊이 빠져들다
세상과 우리의 삶과 새롭게 사랑에 빠지다

내 마음을 담기에는 내 몸이 너무 작다는 느낌이 들 때가 있다. 온 세상을 끌어안을 수 있을 것 같고, 그 세상 속으로 내가 사라져 들어갈 것 같고, 가슴이 터질 것처럼 벅차오르는 순간에 그렇다. 대체로 나는 내 아이들과 함께할 때 그런 순간을 경험한다. 안 그래도 세상에서 가장 멋진 존재인 내 아이들은 심지어 대철학자와 뛰어난 신비주의자의 면모를 드러내기까지 한다. 세상과 삶에 관해 나에게 우리 아이들만큼 많은 가르침을 주는 사람은 사실 내 주변엔 그리 많지 않다. 아버지로서 나는 딸들에게 뭐든 가르쳐야 하겠고, 그렇게 하려고 스스로 아주 많이 노력하지만, 대체로 나는 아이들이 중요한 것은 이미 다 잘 알고 있으며, 나아가 오히려 그런 앎을 나에게 기꺼이 나눠주려 한다는 느낌을 더 많이 받는다. 딸들의 관점이 자주 더 자연스럽고 본질을 말하므로, 나는 어른들이 아이들에게 자신의 세계관을 주입하기보다 그들의 말을 더 잘 들어야 한다고 생각한다.

예를 들어 최근에 나는 외출을 위해 두 딸과 현관에 섰는데 문득 (모든 부모가 때때로 느끼듯이) 아이들이 훌쩍 커버렸다는 생각이 들었다. 아이들은 신발을 신고 외투를 입고 있었다. 몇 년 전만 해도 아이들의 신발과 외투가 그렇게 작을 수가 없었는데…… 나는 짐짓 심각하게 말했다. "세상에나 너희들 정말 많이 컸구나. 너희들 대체 몇 살이니?"

큰딸은 약간 귀찮다는 듯 "아이참 아빠…… 난 이제 곧 열두 살이 되잖아요"라고 했다. 그리고 작은딸은 골똘히 생각하더니 말했다. "내 생각에 나는 아홉 살 같아요." 작은딸은 형식적인 것에는 특히나 무관심해서 학교에 몇시까지 가야 하는지 혹은 오늘 수업이 몇 개나 있는지 따위는 전혀 모른다. 그리고 나아가 자신의 나이까지 헷갈리곤 한다. 걱정이라곤 없고, 항상 더할 수 없이 해맑은 표정으로 선언하듯 "몰라요!"라고 말하는데 나는 그게 그렇게 귀여울 수가 없다……

어쨌거나, 그래서 내가 말했다. "세상에나! 그렇다면 내가 너희를 각각 12년하고 8년이나 사랑한 거네!" 둘 다 씨익 웃는다. 아직은 그런 말을 하는 아빠를 창피해하지는 않는다. 곧 어쩔 수 없이 그렇게 되겠지만, 아직은 둘 다 그런 말을 좋아하고, 작은아이는 심지어 똑같이 되받아치기도 한다. "그럼 아빠는 몇 살이에요?" 어깨를 축 늘어뜨리며 나는 고백했다. "마흔

다섯 살." 두 딸 다 웃었다. 인간이 어떻게 그렇게 고릿적 사람처럼 늙을 수 있는지 도무지 모르겠다는 듯. 그리고 작은아이가 애초에 아빠에게 몇 살인지 물은 이유를 잊지 않고 말해주었다. "그렇다면 난 아빠를 45년 동안이나 사랑한 거네요!" 그말에 큰딸은 동생을 한 방 먹이지 않을 수 없다. "말도 안 되는소리. 너는 이제 겨우 여덟 살이니까 아빠가 태어났을 때 너는있지도 않았어." 그 말에 작은애는 언니에게로 획 돌아서더니요가 매트 위에서 가라테, 쿵푸, 제다이 싸움 놀이를 할 때 잡곤 하던 자세를 잡았다. 그리고 눈을 가늘게 뜨더니 조금은 건방지게 말했다. "그래서 뭐? 나는 태어나기 전부터 온 세상을사랑했거든!" 그러고는 분노한 채 쿵쿵거리며 현관 밖으로 나간 뒤 문을 닫아버렸다.

내가 말한 그 순간이 바로 이런 순간이다. 나는 뒤돌아 나가는 딸아이를 바라보며 그 작은아이에 대한 무한한 사랑을 느꼈다. 뛰는 가슴을 진정시키고 감동의 눈물을 억지로 참으며, 나는 아이를 꼭 껴안고 다시는 놓아주고 싶지 않았다. 아이의지혜를 나눠 받고 싶었다. 우리 개들에게 리드줄을 채우고, 준비를 마친 큰아이와 함께 밖으로 나가 작은아이를 따라잡았다. 나는 작은아이가 오늘 온 세상을 사랑하지만 언니는 예외로 할 거라 생각했다. 하지만 작은아이는 곧 다 잊어버리고 기분 좋게 우리 주위를 뛰어다니는 말(馬)을 연기하기 시작했다.

작은딸은 화를 내도 2분 이상 가지 않는다. 이 또한 이 아이가 얼마나 지혜로운 아이인지 보여준다.

매혹되기

아이들은 특별한 데가 있다. 부모를 향한 것이든, 함께 자란 개들에 관한 것이든, 인형에 관한 것이든, 혹은 무게가 600킬로그램이나 나가고 신경질적이라 무서울 수도 있건만 아무 선입견 없이 같이 잘만 노는 말에 관한 것이든, 아이들의 애정은 너무 순수하고 분명해서 나는 온 세상이 다 아이들만 같으면 참 좋겠다고 생각한다. 나는 브라이언 스윔의 이 말에 매우 동감한다.

"때때로 나는 자녀의 아름다움과 매력을 발견하는 것이 부모의 중요한 과제라고 생각한다. 아이들은 할 말을 잃게 할 정도로 찬란하고 훌륭하다. 자신이 얼마나 아름다운지 정작 본인은 전혀 모른다."[91]

온 세상을 사랑하기, 이것은 오직 아이이기에 가능하다. 인생에 대해 아직 잘 모르고 나쁜 경험도 하지 않았고 인간이 때로는 얼마나 혐오스럽게 행동할 수 있는지 모르는 아이만이 온 세상을 사랑할 수 있다. 바로 그래서 "태어나기 전에 나는 온 세상을 사랑했다"는 내 딸의 말이 나에게는 특히 의미심장하다. 여기서 나는 태어나기 전 우리의 영혼이 어땠는지 혹은 그때도 뭔가를 경험할 수 있는지에 대한 어떤 이론을 만들 생각은 전혀 없다. 그리고 어른들은 이미 오래전에 잊어버린 것들을 아이들은 기억하네 마네 논쟁할 생각도 없다. 모두 사변일 뿐이고, 사변은 사변을 좋아하는 사람들이 할 일이다.

딸아이의 말은 단순하게 생각해도 깊은 감동을 준다. 우리가 태어나기 전, 우리의 정신이 아직 순결하고 순진무구하며 아무런 영향도 받지 않았을 때, 마음속에 아무런 불안, 근심, 불신이 없이 세상을 바라볼 수 있을 때, 우리 안에는 무언가가 여전히 열려 있지 않았겠는가? 고요 속에 머무는 정신, 필터와 편견 없이 그저 보기만 할 뿐인 눈으로 우리는 주변에 펼쳐지는 무한한 아름다움을 볼 수 있다. 그때 우리는 아름다움 속에 빠져 관찰에 몰두하고 마음 깊이 감동할 것이다. 그리고 그것이야말로 '진정한 관상觀想'의 순간으로, 그 순간에 우리는 신비주의가 하나의 경험으로 응집되는 상태로 들어간다. 그 순간은 사랑에 빠지는 순간이고, 우리가 더 많이 사랑에 빠지며 더 열리게 해준다. 인도의 브리하다란야카Brihadaranyaka 우파

니샤드는 이 상호 작용, 다시 말해 내면의 넓어진 공간으로 들어가며 점점 더 사랑에 빠지고 그것이 또 내면을 더 크게 넓히는 양상을 이렇게 짧게 요약한다.

"충만이 충만을 부른다."[92]

충만한 세상이 우리 안으로 쏟아져 들어오고, 그 아름다움이 우리를 가득 채워 내면이 풍성해지고 충만해진다. 그러면 그것이 다시 (창조, 예술, 관상, 사랑 등) 다양한 방식으로 흘러나가고, 세상은 더 아름다워진다. 여기서도 역시 놓아주고 허락하기가 중요하다. 자기만의 생각들, 이미 굳어진 이미지들을 놓아주며 세상이 있는 그대로 자신을 보여주기를 허락한다. 평가와 판단을 내려놓고 매혹되기를 허락한다.

아이들은 이 기술의 대가이다. 아이들은 쉽게 사랑에 빠지고, 그 작지만 큰 가슴을 보면 우리도 아이들을 사랑하지 않을 수 없다. 아이들과 함께할 때 하즈라트 이나야트 칸의 이 말을 쉽게 체험할 수 있다.

"우리 영혼은 사랑으로 산다. 우리가 받는 사랑과 우리가 주는 사랑으로 산다."[93]

관상하며 사는 것은 어떤 의미에서는 세상을 아이들의 눈으로 보고 생각한다는 뜻이다. 무당벌레, 데이지꽃, 삼나무, 이웃들, 허블 망원경이 찍은 사진들을 생전처음 보듯이 보는 것이다. 아이들은 초심자의 마음 그 자체이다. 종교적으로 달리 말하면 아이들은 세상을 신처럼 본다. 다시 말해 언제나 사랑에 빠질 준비가 되어 있고, 세상으로 들어가 세상이 될 준비가 되어 있다. 그리고 요약하면 이것이 바로 신비주의의 길이다!

"신을 보고 싶은 자, 신의 존재로 들어가야 한다. 신은 다른 어떤 것이 아닌 오직 신에게만 드러나길 원하기 때문이다."[94]

세상과 대화하기

신의 본질은 사랑이다. 이것은 다양한 신비주의 전통들만이 아니라 가능한 모든 개념으로 서로 피를 튀기며 싸우는 종교들도 동의하는 몇 안 되는 언명 중 하나이다. 그리고 신비주의에서 이 본질에(즉 세상과 삶에) 관여한다는 것은 스스로 사랑이 된다는 뜻이다. 이 신비주의의 길에서 우리는 절대 목적지에 도착할 수 없다. 절대 '그것'을 완수할 수 없다. 완벽함, 대가, 최종적 이해, 깨달음은 없고 졸업 시험도 없다.(내 세미나에 참석하는 사람들은 때로 세미나 졸업 증명서 같은 얘기로 나와 농담 따먹기를 한다.)

신비주의의 길은 삶의 비밀로 들어가는 하나의 과정이다. 지도에는 나와 있지 않은 길을 스스로 내며 걸어가야 하는 길이고, 애초에 한 발 한 발 늘 새롭게 시작할 준비가 되어야 갈 수 있는 길이다. 이 길은 우리를 신성의 미스터리로(동시에 우리의 본질로) 안내하고 우리를 매혹시키는 것에 대한 호기심과 함께 내면의 깊은 고요를 가져온다. 15세기 인도 벵갈 지방에서 산 브라만 신분의 찬디다스Chandidas는 낮은 신분의 한 여성을 사랑한 탓에 많은 인습을 깨고 이 마법에 완전히 빠져들었다.

"나는 사랑의 땅에 살며
사랑의 집을 지을 것이다.
사랑이 내 이웃이고 내 동반자가 될 것이다.
사랑으로 지붕을 올릴 것이고
내 오두막의 문도 낼 것이다.
사랑을 희망하며 살 것이고
사랑 안에서 살 것이다.
……나는 사랑을 믿고 사랑을 한다." [95]

사랑은 우리에게 완전할 것을 요구하지 않는다. 완전은 우리의 인간성, 인간적인 불완전성과 결점을 부정하기 때문이다. 흠이 없는 사람들이나 주일에 교회에 나가 열성으로 헌금하는 자들만이 신의 왕국(명백한 사랑의 땅)으로 들어갈 수 있는 것은 아니다. 우리를 열 용기가 있을 때, 자기 생각이 늘 옳다고 확인받고자 하는 마음을 내려놓을 수 있을 때, 우리는 이 내면의 왕국을 발견할 수 있다. 우리가 "어린이와 같이"[96] 되어 그 신성한 사랑을 드러낼 수 있을 때(그래서 깊은 인간성을 드러낼 수 있을 때) 말이다. 그때 우리는 우리의 진수, 즉 우리 안에 있는 신성의 불꽃도 우리가 신이라고 부르는 그것과 마찬가지로 사랑임을 알게 된다. 사랑하는 것은 우리 안의 이 진수가 세상에서 거듭나도록 돕는 것이다.

그렇게 우리는 자신의 더 참된 모습을 세상에 드러내고, 마침내 신 자체가 될 때까지 그리고 그의 왕국을 탄생시킬 때까지 완전을 향해 나아간다. 시인 하피스는 이렇게 확신했다.

"사랑으로 사는 자 절대 죽지 않는다.……"[97]

진정으로 사랑하는 법을 배운 사람은 절대 죽지 않고 절대 파멸할 수도 파괴될 수도 없다. 상처받고 눈빛이 흐려지고 마음이 무거워질 수는 있어도, 그러다 또 일상의 작은 것에서 아름다움을 발견하고 다시 세상을 사랑하게 될 것이다. 넘어져도 포기하기에는 걷는 게 너무 좋아서 다시 일어서는 아이처럼 말이다.

우리가 아름다움에 눈을 감으면, 더 나은 것을 해야 한다는 생각 때문에 아름다움에 주의를 기울이지 않는다면, 내가 생각할 수 있는 가장 멋지고 유익한 대화 중 하나가 단절되고 말 것이다. 아름다움을 보지 못하고 사랑에 빠질 수 없다는 것은 슬픈 일이다. 사랑하지 않는 사람에게든, 사랑받지 못하는 사람에게든. 브라이언 스윔의 말이다.

"자신의 아름다움을 알아봐 주고 보호해 줄 사람이 아무도 없는 아이의 비극이 보이는가? 그 멋진 창조물을 사랑해 줄 사람이 없다면? 그 찬란함을 찬미해 줄 사람이 없다면? 우주도 마찬가지이다. 우리는 지구와 삶과 우주의 이 광대한 아름다움을 맞이하고 존중하며 그 고결함을 느낄 수 있다."[98]

찬란함을 찬미하는 상태, 이것은 사랑에 빠진 상태에 대한 가장 아름다운 묘사 중 하나이다. 나는 브라이언 스윔이 사랑이라는 이 매우 종교적인 개념을 우주와 연결하고 나와 내 여덟 살 난 딸이 주장하듯 온 우주와 사랑에 빠질 수 있음을 전제해 주어서 더할 나위 없이 기쁘다. 우리는 정말 한 아이의 찬란함을 오리온자리 말머리성운의 찬란함을 찬미하듯 찬미할 수 있다. 우리는 항상 우리 옆에 있어주는 배우자의 찬란함은 물론 라벤더 들판이나 사고로 발이 세 개뿐이지만 기쁘게 살아가는 개의 찬란함도 찬미할 수 있다. 우리는 삶 자체와 그 삶을 지각할 수 있음의 찬란함을(그래서 모든 신비주의자가 말하고자 했던 것을 깊이 감지할 수 있고 경탄할 수 있으므로) 찬미할 수 있다. 빙엔의 힐데가르트는 이렇게 말했다.

"가장 깊은 곳에서 가장 높은 별들에 이르기까지 모든 것에서 사랑이 넘친다. 사랑은 모두에 기꺼이 호의를 보낸다."[99]

우리는 소녀들과 함께 달리기를 하고, 그 아이들을 위해 별가루를 뿜는 무지개 유니콘이나 나팔을 부는 전투 코끼리가 되어 그 작지만 더할 수 없이 지혜로운 소녀들을 우리 앞에 내보인 세상에 취할 수 있다. 비록 창 밖을 지나가던 이웃들이 우리를 미쳤다고 생각하더라도 말이다. 사랑한다면 신의 광대가 될 것이고, 그래서 더 자유롭게 사랑하게 될 것이다. 사랑하는 사람은 하피스의 다음 말도 이해할 것이다. "당신의 부드러움은 연인들에게 이상한 포도주를 건네어 지식은 무지가 되고 이성은 희극이 되었습니다."[100]

우주 은총 감지 명상

다음은 우주에 대한 소속감과 어디서나 감사하는 마음을 계발하는 명상으로, 서로 긴밀한 두 부분으로 이루어져 있다. 먼저 한동안 방해 없이 앉아 있을 수 있는 장소를 찾는다. 이 것은 밖에 나가 나무 아래나 잔디 위에 앉아서 하면 특히 좋은 명상이다. 하지만 혹시 빗방울이라도 떨어질까봐 걱정된다면 집 안도 좋다.

편한 자세로 앉는다. 눈을 지그시 감고 호흡을 알아차린다. 들이쉬고 내쉬는 모습을 단지 관찰하기만 한다. 그렇게 몇 분 정도 관찰한 다음 계속 자연스럽게 호흡한다.

몸의 긴장을 푼다. 발, 다리, 골반, 등, 어깨, 목 등의 긴장을 하나씩 의식적으로 풀어나간다. 그리고 얼굴과 턱의 긴장도 풀어준다.

이제 아래 땅의 에너지를 느껴본다. 당신을 지탱해 주고 자비롭게도 영양분을 비롯해 필요한 모든 것을 제공해 주는 땅을 느껴본다. 가능하다면 짐승들의 소리에도 귀 기울여본다. 멀리서 새가 노래하고 있거나 개가 짖고 있지는 않는가?(혹시 코앞에서 곰의 콧김 소리가 들린다면 아주 천천히 일어나 조심조심 25미터 정도 떨어진 다음 달리기 시작하라! 최대한 빨리 달려라! 더 이상 곰이 보이지 않으면 진정하고 앉아 다시 긴장을 풀고 명상을 계속하라!)

당신 위의 하늘도 느껴본다. 하늘이 당신에게 성장을 위해 어떤 공간을 제공하는지 의식해 보라. 바람 소리, 나무 잎사귀들이 바람에 살랑대는 소리를 들어보라. 하늘과 땅 사이에 있는 자신을 느껴보라.

이제 마음을 삶의 경이로 가득 채워본다. 광물과 토양의 영역은 물론이고 공기와 정신적 영역까지 어떻게 모두 당신을 축복하고 있는지 느껴본다. 바다와 나무들에 의해 정화되고 산소로 채워진 공기를 마신다. 모든 것을 자라게 하고 당신과 다른 모든 존재에게 영양을 공급해 주는 땅의 수분을 느껴본다. 부단히 흙을 파면서 기름진 땅을 만들어주는 미생물들을 상상해 본다. 소중한 비가 되어 흐르는 하늘의 구름과, 수많은 식물을 수분하기 위해 열심히 일하는 벌들을 상상해 본다. 숨을 쉴 때마다 일체를 포함하는 아름다움을 강렬하게 느껴본다. 세상의 아름다움을 들이쉬고 내쉰다.

이제 특별히 심호흡을 세 번 하면서 명상을 끝내되, 호흡할 때마다 "감사합니다"라고 말한다. 천천히 눈을 뜨고 당신을 둘러싸고 있는 세상의 경이로움을 본다. 당신은 그 경이로움의 일부이다.

이 명상의 뒷부분을 위해 '방해받을 수밖에 없는' 장소를 하나 정한다. 기차역 앞 광장, 쇼핑객들로 붐비는 백화점 같은 장소면 아주 좋다. 여기에서 특정 명상을 하려는 것은 아니다. 단지 평소처럼 움직이되 빠르게 지나가는 주변 사람들을 보며 앞의 명상을 하며 느꼈던 감정을 다시 불러와 느껴본다. 처음에는 어려울 수도 있지만 그들의 아름다움을 보려고 노력해 보라. 그렇다고 눈이 마주치는 사람마다 사랑을 보낸답시고 마성의 웃음을 흘리며 상대를 당황스럽게 할 필요는 없다. 조금 전 모든 풀, 모든 돌, 모든 나무, 모든 구름, 모든 새의 지저귐에서 신의 표현을 본 것처럼 과감하게 모든 인간을 신의 표현으로 본다. 판단하려 들지 말고 숲이 더 낫거나 더 영적인 장소라 생각하지도 않는다. 두 환경에서 모든 것을 신성의 발산으로 인식하고 그 아름다움을 느낀다. 그 다음 그것을 체험하게 해준 것에 '감사한다.'

신은 폭파 전문가

고통, 꼭 필요한 이별 그리고 알을 깨고 나오기

    우리 삶에서 탱크조차 뚫을 정도의 위력을 지닌 것이 있다면 아마도 사랑일 것이다. 그런데 사랑만큼이나 불시에 우리를 습격해 제대로 흔들어놓는 것이 또 하나 있는데, 안타깝게도 그것은 사랑과는 정반대로 보이는 것, 바로 고통이다. 늘 마음의 문을 닫아걸어 아무것도 다가오지 못하게 하고, 자신과 삶 사이에 1센티미터 두께는 되는 방탄유리를 끼워놓은 사람들에게 고통은 자기 자신과 세상에 다가갈 길을 찾는 유일한 방법일 때가 종종 있다. 누구나 그런 사람을 한두 명쯤은 알고 있을 것이다. 우리 자신도 어느 정도는 그런 방탄 캡슐 속에서 살고 있을지 모른다. 어릴 때건 다 자라서건 사람들과의 관계에서 자주 상처받거나 실망한 경험이 있다면 마음의 문을 닫아걸고 한껏 움츠러들 수 있다. "마음을 주지 않으면 상처받을 일도 없다" 같은 단순한 논리들이 우리를 더 움츠러들게 하기도 한다! 물론 대부분 마음을 주지 않겠다고 의식적으로 결심하지는 않는다. 좋지 않은 경험이 하나둘 쌓이고 그 과정에서 자신을 방어하려다 보면 저절로 그렇게 된다.

하지만 그렇게 자기만의 작은 방탄 캡슐 속에 편안하게 자리를 잡고 들어가 있으면 다른 사람들의 애정 어린 노크를 쉽게 무시하게 된다. 그럴 때 필요한 것이 사랑이다. 사랑이 예를 들어 우리의 파트너, 아이들, 반려 동물을 다이아몬드 커터로 무장시켜 우리가 들어가 있는 방탄 캡슐에 작은 구멍을 뚫고 그 안으로 삶이 스며들도록 한다. 우리가 그것을 받아들이면 그 구멍은 금방 커진다. 하지만 캡슐 속이 너무 안정적이고 방탄 유리가 너무 두꺼워 아무것도 스며들 수 없다면, 모든 것이 잠겨 있어 우리가 세상을 거의 인식할 수 없다면, 그때 삶은 더욱 극단적인 방법으로 우리에게 접근한다. 신의 명령을 받은 탱크 파괴 부대가 다이너마이트와 망치로 무장하고 우리에게 진격하는 것이다. 이제 좋았던 날은 끝났다.

노파심에서 하는 말인데, 나는 여기서 모든 고통이 그동안 마음을 닫고 살아온 탓이라고 말하는 것은 아니다. 일부 영적 추구를 하는 사람들 사이에 널리 퍼진 경향, 즉 모든 것에 혹은 모든 사람에게 어떤 의미를 덧붙이려는 경향을 나는 단호히 반대한다. 기분 좋게 산책 나가 인도를 걷고 있는 나를 어떤 술 취한 얼간이가 자신의 SUV로 쳤다면, 그건 절대적으로 그의 잘못이지 나와는 아무 상관이 없다. 그 일로 내 인생이 나에게 무슨 말을 하려고 했는지 끝없이 생각할 수는 있겠지만, "잘못된 시간에 잘못된 장소에 있었다" 외의 더 나은 답을 얻을 수는 없을 것이다. 마찬가지로 남들에게 일어난 일이나 그들이 만난 사람에게 어떤 의미를 덧붙여주는 일도 하지 말기를 바란다. 예를 들어 암 환자에게 "아휴! 이 일은 분명 너에게 좋은 기회가 될 거야. 나는 걱정하지 않아!"라고 명랑하게 말하지는 말자.

자신이 겪는 고통에 대해서라면 그 함축된 의미를 추측해 볼 수는 있다. 하지만 다른 사람의 일이라면 그 사람이 먼저 말하고 싶어 하지 않는 이상 되도록 자제하자. 때로 우리는 누가 묻지도 않았는데 자신의 이론을 크게 떠벌이고 싶어 한다. 하지만 그건 고통을 겪고 있는 상대방을 크게 모욕하는 것이 될 수 있다. 그 병이 "굉장히 좋은 기회"라고 믿게 만들고 싶어서든, 평소에 마음이 너무 닫혀 있어서 그런 질병이 생겨났음을, 그래서 '자업자득'임을 암시하고 싶어서든, 둘 다 세심하고 인정어린 태도라 할 수도 없고 공감과 지성을 보여주는 행동도 아니다!

다시 고통 자체와 신의 문제로 돌아가 보자. 세상과 우리의 관계가 최고 상태라고는 할 수 없을 때, 입에는 연기 나는 담배를 삐딱하게 물고 손에는 다이너마이트를 들고 사랑의 폭력을 행사할 준비가 되어 있는 그 신 말이다. 이 문제와 관련해서는 간단히 내 주변 사람들 사이에서 한동안 회자되던 이야기를 하나 들려주는 것도 좋을 듯하다.

내가 좋아하는 여자 사람 친구의 아버지는 평생 무슨 일이든 혼자서 해냈다. 어릴 때부터 매우 독립적이었고, 그런 자신을 매우 자랑스러워했으며, 평생 누군가에게 의지해 본 적이 없었다. 그가 총기를 가지고 있었다면 담을 타고 들어온 도둑의 머리에 주저 없이 총구를 들이댔을 것이다. 그는 자신이 의지할 수 있는 사람은 자신뿐이라고 생각했다. 이것이 그를 강하게도 했지만, 외롭고 우울하게 만들 때도 많았다. 나이가 들어가면서 그는 더 안으로 움츠러들었고, 내 친구는 아버지와 점점 더 멀어졌다.

그러면서 아버지가 자꾸 몸이 아팠는데, 마침내 사람들 성화에 못 이겨 병원에 입원, 아버지 표현에 "지나치게 비싼 돌팔이 의사"를 만났고, 암 진단을 받았다. 암이 진행됨에 따라 몸이 점점 더 쇠약해져 갔는데도 아버지는 여전히 칼자루를 놓으려 들지 않았다. 그런 모습이 감탄을 자아내기도 했지만 사실 무모하기 그지없었다. 예를 들면 병원 침대의 기계 장치 한 곳이 제대로 작동하지 않자 병원 관리인에게 장비를 빌려 스스로 고치려 들었다. 친구가 보고 들려준 바에 따르면 마치 자동차 정비공이 자동차 밑에 들어가 등을 대고 누워 자동차를 손보는 것처럼 침대 밑에 누워 침대를 만졌다고 했다. 또 한 번은 일반 휠체어를 앉은 채로 화장실 일을 볼 수 있는 휠체어로 직접 개조하려고 멀쩡한 휠체어를 다 해체하기도 했다. 사람들이 그런 용도의 휠체어를 병원에 그냥 달라고 하면 된다고 하자 그제야 해체를 멈추었다.

그의 고집은 평범함의 수준을 넘어선 지 오래였다. 여러 번의 힘든 방사선 치료를 받고 너무 쇠약해져 한 발자국도 걸을 수 없었지만 휠체어를 타야겠다는 생각은 절대 하지 못했다. 따라서 2미터 움직이는 데 30분이 걸릴 정도였다.(화장실에 한 번 가려면 대대적인 원정을 결심해야 했다.)

이쯤 되자 딸은 두 손 두 발을 다 들었는데 바로 그때 무언가가 바뀌기 시작했다. 삶이 아버지에게서 모든 에너지를 거두어들이자 돌연 그는 도움을 받는 것도 그다지 나쁘지 않다는 걸 깨달은 것이다. 딸에게 마음을 열었고, 자신이 그동안 절망감을 잊고자 더 그렇게 그악스럽게 행동했다고 털어놓았다. 둘은 마음을 터놓고 대화를 시작했다. 삶이 죽음을 준비할 때, 변형이 이루어져야 할 때, 그리고 모든 것이 본질로 귀결되어야 할 때, 늘 그렇듯 그 마지막 몇 달 동안에 둘은 매우 깊은 만남을 가졌다. 시간이 지남에 따라 다른 것은 다 희미해져도 그 결속감만은 강하게 남을 만큼 둘은 새로운 수준의 친밀감을 경험했다. 그리고 회복이 불가능함이 분명해지자 그 친밀감은 더 강렬해졌고 대화는 더 깊어졌다.

그 마지막 시간에 대해 내가 들은 것은 저녁에 만나 함께 바람을 쐬거나 식사를 할 때 간접적으로 전해들은 게 전부였다. 그런데 어쩌다 친구 아버지 장례식에서 내가 추도사를 하기로 해 우리는 다시 그녀의 아버지에 대해, 또 아버지와의 이별의 시간에 대해 많은 이야기를 나누게 되었다. 친구는 자신을 놀라게 했던 일, 웃으며 고개를 절레절레 흔들게 했던 일, 슬프게 했던 일들에 대해 들려주었고, 평생 살아온 시간보다 그 마지막 시간에 아버지에 대해 더 많이 알게 되었다고 했다. 그리고 그 마지막 날들을 다시 생생하게 기억나게 하는 것들에 대해서도 들려주었다. 나는 아버지와 딸이 침대 가장자리에 앉아 맥주 캔을 몇 개씩 비우며 보냈던 밤들에 대해, 아픔과 기쁨, 눈물과 웃음에 대해 들었다. 무엇보다도 마지막 몇 달 동안 그들이 얼마나 가까워졌는지, 아버지와 딸이 순간순간 어떻게 하나가 되었는지, 슬픔 속에서도 어떤 기쁨을 느꼈는지 들을 수 있었다. 곧 돌아가실 것을 알았기에 더할 수 없이 소중했던 순간들이 주는 기쁨이 그곳에는 있었다.

케이프타운의 대주교였던 데스몬드 투투Desmond Tutu는 우리에게 다음과 같은 커다란 진실을 들려준 바 있다.

"우리는 너무도 부서지기 쉬운 존재들이다. 그러나 우리는 연약함에도 불구하고가 아니라 바로 그 연약함 때문에 진정한 기쁨을 발견할 수 있다."[101]

사랑과 고통은 우리를 이 아름다운 연약함으로 안내하며, 이 연약함이 있기에 우리는 감동할 수 있다. 우리가 사랑하거나 큰 고통을 겪을 때, 우리는 우리 존재의 인간성, 인간적인 불완전성을 세상에 내보이고, 우리의 내면을 다른 사람들과 자유롭게 나누며 우리 마음에 공간을 만든다.

통제의 망상

자신의 인간성을 충분히 받아들이고, 우리가 유한한 존재임을 이해하며, 현재 순간이 얼마나 소중한지 알 수 있으려면, 때로는 어느 정도의 고통이 필요한 것도 같다.(이미 말했듯이 이런 알아차림은 우리 자신을 위한 것이지 다른 사람들에게 설교하는 데 쓸 용도는 아니다!) 가슴 아픈 이별을 체험하다 보면 인생을 통제할 수 있다는 망상이 깨진다. 더 이상 영원히 살 것처럼 살아갈 수 없고, 자신의 한계와 대면해야 한다. 이때 우리 에고의 권력 욕구가

서서히 줄어들며 우리는 겸손해진다.(라틴어에서 겸손을 뜻하는 '후밀
리타스humilitas'는 '휴먼human'과 마찬가지로 '흙humus'에서 기원했고, 따라서
겸손은 매우 인간적인 것이다.) 자신이 속한 사회에서 벗어나 새로운
삶을 시작하고자 젊은 나이에 부자 부모의 집을 떠났던 13세
기 독일의 신비주의자 메흐틸트 폰 마그데부르크Mechthild von
Magdeburg는 이런 형태의 겸손과 이타주의를 이렇게 설명했다.

"무nicht(無)에 연정을 품어야 하고 나icht(我)로부터 달아나야
한다."102

고통은 무無에 대한 암시이며, 우리의 자아(모든 것을 통제할 수
있다고 생각하는 에고)를 세상과 올바르게 관계 맺게 한다. 그런 의
미에서 때로 우리는 우리의 깊은 내면을 들여다보기 위해 외
부에 의해 부서질 필요가 있는 것 같다. 앞에서 언급한 바 있
는《도마복음》도 그런 의미로 고통을 이해하려 한다.《도마복
음》에서 예수는 이렇게 말한다.

"고통을 겪고 삶을 발견한 자는 복되다."103

여기서 예수는 고통이 우리를 본질로 인도한다고 말한다.
고통에 직면할 때 다른 것은 더 이상 중요하지 않기 때문이다.

이때 우리는 삶을 발견하고 늘 샘솟는 원천과 접촉한다. 13세기의 유명한 시인 잘랄루딘 루미도 마찬가지였다. 루미는 원래 훌륭한 신학자였지만 다소 관습적인 편이었다. 그러다 친구 샴스 에-타브리지Schams e-tabrizi를 만나고 그의 죽음을 겪으며 삶에 균열이 생기고 가슴속 사랑을 깨닫게 되었다. 그 후에 루미는 지금 온 세상이 알고 존경하는 시인 루미가 되었다. 가슴이 찢어지고 사랑을 열렬히 갈구했으나 어느 순간 샴스 에-타브리지의 사랑과 신의 사랑이 더는 구별되지 않을 정도가 되자 그는 비로소 자신만의 언어를 찾을 수 있었다.

"사랑에 빠진 사람 중에, 밤에 아름다운 달을 도는 별처럼, 흔들리지 않는 영혼은 없다. 어리석은 말이 아니니 이 말을 가슴에 새겨라. 깃발은 사나운 바람을 맞아야 춤춘다."[104]

이것을 현대의 레오나르드 코헨Leonard Cohen은 "모든 것에는 갈라진 틈이 있어 그곳으로 빛이 스며든다"[105]고 노래했다. 삶(그리고 때로 삶에 뒤따르는 고통)이 사나운 바람처럼 우리를 마구 흔들고 때리며 이리저리 잡아끌지만, 마침내는 삶의 아름다움과 우리의 연약한 아름다움을 찬미하는 춤으로 우리를 이끈다. 우리 안에서 틈이 갈라진다. 우리 안에서 무언가가 깨진다. 그리고 바로 거기에서 우리를 이루는 우리 존재의 본질, 우

리가 세상에 줄 수 있는 우리 사랑의 형태가 드러나 보일 것이
다. 이 틈은 또한 우리를 영성으로 향하게 하고 (영원한 연인
이라는) 신을 찾게 한다. 메흐틸트 폰 마그데부르크는 이렇게
말했다.

"진정한 사랑으로 상처투성이가 되면,
자신의 영혼을 아프게 했던 그 입에 키스하지 않고는
절대 낫지 않을 것이다."[106]

　사랑이나 고통을 통해 우리는 본질적인 것에 마음을 열며,
이제 우리는 이 본질적인 것만을 원하게 된다. 빛은 우리 내면
의 틈으로 들어와 우리의 본질을 볼 수 있게 한다. 자발적으로
다시 눈이 멀기란 그다지 매력적인 대안이 아니므로, 우리는
온 삶을 이 빛, 본질, 신성으로 향하고, 죽어가는 사람의 침대
맡에 있는 맥주 캔 같은, 우리가 삶에서 중요하게 여기는 것을
상징하는 것들에 집중하게 된다.

루이 드 퓌네스와 심장마비

바쁜 일상에서 벗어나고 과로를 피하는 법

누구나 다 아는 온라인 스토어에서 한동안 루이 드 퓌네스 Louis-de-Funès(프랑스의 유명한 희극 배우―옮긴이) 컬렉션이 풀린 적이 있다. DVD 열여섯 개가 거의 50유로에 팔리고 있었다. 내가 의아했던 것은 "이 물건을 산 고객님들은 다음의 것들도 구입하셨습니다" 코너에 혈압약이 들어가 있지 않다는 점이었다. 루이 드 퓌네스의 영화 열여섯 편을 보고 나면 분명 고혈압에 시달릴 텐데 말이다. 광란, 격노, 고함치기, 모든 작은 일에 화내기, 흥분으로 인한 말 더듬증, 분노 폭발이 끊이지 않는데 적절한 약을 미리 준비해 놓지 않고 어떻게 영화를 다 볼 수 있겠는가?

어쩌면 그 컬렉션을 산 사람들은 이미 고혈압 환자라서 추가로 약이 더 필요하지 않았는지도 모르겠다. 스트레스는 이미 현대 사회의 가장 큰 문제가 된 것 같다. 그렇지 않고서야 큰 잡지들 대부분이 최소한 세 차례에 한 번씩은 스트레스 문제를 특집으로 다루지 않을 테니까.

우리는 이 일을 하다가 바쁘게 또 저 일을 하는 등 무너지기 직전까지 오래도록 자신을 압박한다. 나도 예전에 직장에 다닐 때는 착하게도 매일 그날 해야 할 일 목록을 작성하곤 했다. 그 목록에는 절대 미룰 수 없이 급박한 일이나 최소한 세계 평화가 달린 시급한 일이 20~30개는 적혀 있었다. 나는 그일들을 하면서 이 프로젝트에서 다음 프로젝트로 넘어갔지만, 사실은 무엇 하나 제대로 끝낼 수 없었다. 밤이 되면 목록 중열 개에 체크 표시를 할 수 있음에 스스로 자랑스러워했지만, 다음날에는 최소한 열두 개의 또 다른 목록이 생겨나곤 했다. 계산이라면 젬병인 나도 결코 완수할 수 없는 목록임을 잘 알수 있었다. 완수는커녕 그 종잇조각은 무슨 재앙의 예고처럼 내 책상 위에서 잠복하고 있었다. 그리고 아침마다 늘 거기서 그 혐오스러운 얼굴과 태평한 자세로 나에게 인사했다.

그것은 휴가 전날 특히 더 사악했다. 그것은 갑자기 피치를 올리며 어떤 마술의 힘이 조종하듯 더 많은 목록을 자체 생산해 냈다. 그리고 퀴즈쇼에서 참가자가 마지막 결단을 내려야 할 때 나오는 째깍째깍 초침 소리가 배경 음악이 되어 흘렀다. 그렇게 휴가 전날이 지나고 나면 나는 완전 녹초가 되었는데, 피곤함보다 이번에도 해야 할 일을 다 끝내지 못했다는 좌절감이 더 컸다. 휴가를 떠난다고 즐거워하던 마음은 이미 온데간데없고, 정말이지 휴가라도 없다면 죽을 것 같은 상황이 된다.

그렇게 나는 그 회사에서 일하는 몇 년 동안 일의 목록이 써 있는 종이 한 장 때문에 서서히 절망적인 상태로 빠져들었다. 그러던 어느 날 그 불쾌하고 사악한 종이 한 장은 해도 해도 정말 너무했고, 그러자 나는 어떤 깨달음이 들면서 결심을 하나 하게 되었다. 다음날 아침 나는 사무실로 가 그 종잇조각에게 냉정하게 한번 웃어준 뒤 그 무르팍을 총으로 날리고 발에 돌을 매단 다음 허드슨 강의 어둡고 지저분한 항만 어딘가에 던져버렸다. 오케이, 사실은 그냥 구겨서 휴지통에 버렸다. 하지만 마음만은 법정에서 죄를 실토하는 마피아 킬러 심정 못지않았다.

그날을 시작으로 모든 것이 좀 더 편해졌다. 나는 이제 루이드 퓌네스처럼 여덟 개나 되는 프로젝트들 사이를 동시에 뛰어다니다가 스스로 다리가 꼬여 넘어지는 대신 한 번에 한 가지 일만 끝냈다. 한 가지 일이 끝나면 쉰 다음에 다시 다음 프로젝트에 전념했다. 그리고 보았다. 그렇다고 할 일을 덜 하지는 않음을.(물론 그 전보다 일을 더 많이 성취하지도 못했다. 그랬다고 말할 수 있으면 좋으련만, 그런 말은 미국의 동기 부여 자기 계발서들이나 하는 말이다.) 결과적으로 전과 비슷한 정도의 성과를 냈지만, 이 새로운 방식이 내 심장의 관상 혈관에, 그리고 무엇보다 내 정신에는 더

할 수 없이 좋았다. 스스로 만든 것이든 다른 무언가에 의한 것이든 모든 스트레스는 그 무엇보다 즉시 사람을 불행하게 한다! 해야 할 일을 다 끝내지 못해 매일 마치 루저가 된 것 같은 사람은 퇴근 후 집에 와서도 편안하게 한 번 웃지 못한다.

그런데 종일 아무것도 하지 않는 사람도 불행하기는 마찬가지이다. 그물 침대에 누워 한 손에는 피냐 콜라다(칵테일의 일종—옮긴이)를, 다른 손에는 하인을 부를 때 쓰는 작은 종을 들고 있는 삶이라면 얼마나 좋을까 하고 가끔 생각하지만, 오래 그렇게 살다 보면 정신이 나가버릴 거라 확신해도 좋다. 2주 정도? 그 정도는 괜찮지. 석 달은? 그것도 뭐 안 될 거 있겠나? 하지만 평생을 그렇게 살라면 그건 절대 아니다.

일상의 많은 것들이 그렇듯 여기서도 적정한 도度를 지키는 것이 요령이다. 그리고 그렇게 우리는 여기서도 다시 신비주의에 도달한다. 사막의 교부들은 물론이고 중세의 수도사들도 절제의 대가들이었다. 이들은 햄스터처럼 쉬지 않고 쳇바퀴를 돌며 동네 축제에서 울려 퍼지는 테크노 음악에 내면의 리듬을 맡긴다면 언젠가는 다 소진하고 무너질 것임을 잘 알았다. 그리고 옷을 입는 것조차 귀찮아서 종일 목욕 가운만 입고 어슬렁대는 사람도 조만간 불편해질 것임을 잘 알았다. 둘 다 특별히 바람직한 선택지는 아니다.

'중도'라는 자연스러운 전개

누르시아의 베네딕토(베네딕토 수도회의 창립자—옮긴이)는 유럽에서 가장 인상적인 저서라 할 수도원 규율서를 남겼는데, 여기에서 그는 자신의 수도원에서는 도를 적절히 지키며 생활해야 함을 특히 강조했다. 그의 규율은 무엇보다 수도원장에게 정확히 살펴보고 정확히 분별하며 중도中道를 지킬 것을 요구했다.[107]

"그는 금이 간 항아리도 잘 다루어 부수지 말아야 한다고 생각했다."[108] 그리고 일찍이 6세기에 만들어진 규율서에서 그는 예상과 달리 모든 사람을 똑같이 대하지는 말 것을 요구했다. 그 대신 그는 모든 개인이 갖는 각자만의 특성을 진지하게 받아들이고 세심하게 살펴 "강한 사람은 원하는 바를 얻게 했고 약한 사람은 도망가지 않도록 했다."[109] 이와 관련해서 베네딕토는 성경 《창세기》 33장에 나오는 "짐승들은 하루만 몰아쳐도 다 죽습니다"[110]라는 성 야곱의 말도 인용했다.

사막의 노장 교부 압바스 안토니우스도 다음의 일화에서 이런 중도의 자세를 옹호했다. 어느 날 어떤 사냥꾼이 그에게 시비를 걸었다. 사냥꾼은 사냥감을 찾고자 땀을 흘리며 이리저리 뛰어다니다가 안토니우스와 그의 수도원 형제들이 얼마나 편하게 쉬고 있는지 보았다. 사냥꾼은 다른 사람이 편하게 숨을 돌리고 있는 모습을 보면 기분이 나빠지는, 기계처럼 일하는 사람의 전형이었다. 이런 사람들은 유유자적한 사람을 보면 자신의 직업 정신이(사실은 힘들게 일하는 데서 자신의 정체성을 찾는 에고가) 비하된다고 생각하며 극도로 불쾌해한다. 사냥꾼은 불쑥 압바스 안토니우스와 그의 사막의 형제들 앞으로 가 자신은(그러니까 온 세상을 혼자서 먹여 살려야 하는 자신은) 열심히 일하는데 아주 편히들 놀고 계신다고 시비를 걸기 시작했다. 그러자 안토니우스가 그에게 시위를 당겨 화살을 쏴보라고 했다. 그렇게 하자 다시 또 해보라고 했고, 또 하자 또 한 번 더 해보라고 했다. 자꾸 시위를 당겨 화살을 쏘라고 하자 사냥꾼은 자꾸 그렇게 시위를 당기면 화살이 부러진다고 대꾸했다. "바로 그거라네." 노장이 기다렸다는 듯 말했다. "계속 몰아세우다 보면 사람도 그렇게 부러진다오."[111]

흥미롭게도 전해 내려오는 이야기에 따르면 안토니우스는 "신의 일도 마찬가지라네. 노력이 과도하면 우리 수도사들도 금방 무너질 거라네"라며 영적인 삶에서도 마찬가지 이야기를 했다고 한다.[112]

발전해야 하고, 무언가를 성취해야 하고, 자신을 늘 최적의 상태로 만들어야 한다고 생각한다면, 영적인 길에서도 자신을 몰아세우기 쉽다. 그리고 루이 드 퓌네스 같은 명상 교사를 찾았다면 아침 식사 전에 이미 《마하바라타*Mahabharata*》(약 10만 개의 2행시로 이루어진 인도의 서사시이다. 유명한 《바가바드 기타》가 이 《마하바라타》의 일부이다)를 다른 사람들보다 더 빨리 더 잘 외워야 할지도 모른다. 자기 계발의 압박을 미사여구로 꾸며 언뜻 보기에는 매우 영적인 것처럼 보이는 책이 많다. 대체로 이런 책들은 "성공적인 인생을 위한 일곱 가지 영적 전략" 혹은 "3일 만에 더 많이 벌고 더 아름답고 더 건강해지는 법" 혹은 "신이 당신의 모든 바람을 듣게 하는 법" 같은 제목을 뽐낸다.

이런 책들이 모두 내세우는 주장에는 한 가지 공통점이 있는데, 바로 기껏해야 내가 썼던 그 "해야 할 일 목록"만큼만 효과가 있다는 것이다. 그리고 결국에 독자는 스스로에게 묻는다. 봅, 수, 제레미, 카렌은 이 책이 시키는 대로 했더니 인생이 바뀌었고 삶이 얼마나 '어메이징'한지 모르겠다고 하는데 왜 자신에게는 이 모든 게 효과가 없느냐고 말이다.

모든 전통의 신비주의가 말하는 우리 잠재력의 자연스러운 계발과 세상 속에서 자연스럽게 성장하기, 이 둘은 다 옛날 이야기가 된 것 같다. 자기 계발의 갈고리에 일단 한번 잡히고 나면 빠져나오기가 쉽지 않다. 특히 우리 사회가 매일같이 우리에게 '부족하다' '충분히 날씬하지 못하다' 혹은 '충분히 부자가 아니다'라는 불안감을 심어주는데도, 이런 종류의 영적 자기 계발서(이런 책들에 이런 이름을 과연 붙여도 될지 정말 의심스

렵기는 하지만)는 그런 요구를 떨쳐버리는 것이 아니라 충족시킬 수 있다고 약속하고 있으니 도움이 될 리 만무하다. 우리는 그러므로 이곳에서 저곳으로 질주하며 여기저기서 목말라하고 최고의 명상법, 최고의 기도법, 최고로 효과적인 요가 혹은 최고의 초월을 부르는 초월 명상법을 획득하기 위해 늘 눈에 불을 켜고 다녀야 한다. 하지만 신학의 아버지 아우구스티누스 Augustinus도 이미 "당신 안에서 고요하게 될 때까지 우리 마음에 고요는 없습니다"[113]라고 했다. 여기서 '당신'이란 당연히 신을 뜻한다. 그 신 아래에서 우리는 삶의 가장 깊은 차원, 본질, 중요한 것을 이해해야 한다. 지난 3천 년 동안 인간은 '본질 보는 법'을 조금씩 잊어버렸고, 그 결과 지금은 신 혹은 삶과 어떻게 같이 흘러가야 하는지 더 이상 알지 못하게 되었다. 안겔루스 질레지우스는 그런 우리에게 이렇게 외친다.

"멈춰라! 어디로 그리 달려가는가? 네 안에 천국이 있는데 어디서 신을 찾는가? 그러느라 신을 영원히 그리워하고 있구나."[114]

그렇게 달려가는 우리는 자주 자신이 자연스러운 존재임을 잊어버린다. 나무, 관목, 새, 산처럼 외부에서 자신의 존재 이유를 찾지 않는 자연스러운 존재임을. 자신이라는 존재의 가치가 이미 주어졌음을, 아니 선물로 받았음을 알지 못하므로 그것을 애써 획득해야 한다고 생각한다. 이런 슬픈 생각이 과로 혹은 과도하게 다른 사람을 돕는 행위 등으로 나타날 수 있다. 병원이나 사회 복지 기관들이 스스로에게 너무 많은 것을 요구하는 사람들에 의해 지탱되는 경우가 많다. 그리고 사제나 목회자 중에서도 번아웃에 시달리는 사람이 갈수록 늘어나고 있다. 주기만 하고, 그러는 동안 자신은 소홀히 하는 것이다. 이런 현상을 클레르보의 베르나르Bernard von Clairvaux도 약 900년 전 이미 다음과 같이 경고했다.

"분별이 있다면
네가 도관導管이 아니라 그릇임을 보여주라.
도관은 받아들이는 동시에 보내지만
그릇은 가득 찰 때까지 기다린다.
그릇은 기다리다가
넘치면 그때 준다.
그래서 다치지 않는다.

너도 가득 찰 때
주는 법을 배워라.
그리고 신보다 더 주고자

바라지 마라.

그릇은 원천을 모방한다.

일단 물이 충분해지면

강으로 바다로 흘려보낸다.

너도 똑같이 하라!

먼저 채우고 그 다음 비워라.

관대하고 현명한 사랑은

새는 사랑이 아니라 넘치는 사랑이다.

나는 네가 비워지는 것으로

풍족해지고 싶지 않다.

너 자신에게 박할 때

누구에게 관대할 수 있겠는가?

네가 충만할 때 나를 도와라.

그렇지 않다면 너 자신을 보살펴라."[115]

  자신의 가치를 노력해서 얻어야 한다는 생각은 이 충만함에서가 아니라 반대로 결핍에서 비롯된다. 이러한 내적 결핍은 부의 축적이나 고집스러운 종교적 추구로 이어질 수 있다.[116] 특히 후자는 우리를 엄청나게 압박해 삶을 뭔가 한 가지만 절박하게 추구하도록 만들지도 모른다. 신비주의자 안겔루스 질레지우스도 이미 이렇게 충고했다.

"신은 절대적인 무無, 시공간의 그 무엇도 그에게 닿을 수 없다. 잡으려 할수록 그는 더 빠져나갈 것이다."[117]

누구나 애를 쓰면 쓸수록 일을 더 망치게 되는 것을 볼 때가 있다. 때로는 그냥 내버려두는 게 더 좋을 때도 있다.

따라서 신비주의의 가장 아름다운 점 하나(동시에 스트레스에 효과적인 대처법)는 우리가 자신의 가치를 증명할 필요가 없다고 믿는 점인 것 같다. 자신의 가치는 증명할 필요가 없다. 나무나 새가 자기 자신으로 존재하기 위해(그리고 세상의 사랑을 받기 위해) 애쓰지 않는 것처럼 우리도 우리의 삶에서 긴장을 풀고 쉴 수 있다. 자기 계발 프로그램들은 대체로 우리가 '어떠해야 한다'는 단순한 아이디어에 기초한다. 대부분의 경우 이것들은 우리 자신의 생각도 아니다. 앞 장들에서 보았듯이 우리 자신으로 존재하며, 70년, 80년 어쩌면 90년이라는 이 유일무이한 시간에서 우리의 인간적인 불완전성, 우리의 인간성을 펼치는 것이 삶에 봉사하는 가장 좋은 방법이다.

"당신이 음악으로 채우는 갈대 피리처럼 내 삶도 단순하고 곧게 두라."[118]

자신과 타인의 요구에 초연할 수 있을 때 이 인간성의 음악, 우리 안의 진정한 본질을 드러내는 이 음악이 저절로 소리를 낼 것이다. 우리가 피리처럼 비어 있을 때 바람(성령)이 우리 안으로 불어 들어와 우리를 통해 울려 퍼질 것이다. 이 노래는 대부분 고요하게 들릴 것이고, 삶의 위대한 리듬에 따라 항상 새롭고 놀라운 멜로디를 만들어낼 것이다. 그때는 우리 내면의 루이 드 퓌네스가 신경 발작을 일으킬 일도 거의 없을 것이다.

일상에서 새 리듬감 계발하기

옛날부터 수도사나 수녀는 절제의 대가였다. 수도자라고 하면 로빈 후드의 동반자 수도사 터크의 불룩한 뱃살이나 맥주 광고에 나오는 수도사들의 통통한 볼이 떠오르기도 하지만 말이다. 이 연습에서 중요한 것은 특히 시간을 절제하는 것이다. 수도원을 방문할 때마다 나는 수도사들이 정해놓은 우선순위에 깊은 인상을 받곤 한다. 신이 늘 가장 우선이고, 다른 모든 것은 이 궁극의 목표 아래에 놓인다. 기도 시간을 알리는 종이 울리면 글을 쓰고 있던 수도사도 문장이 잘리는 한이 있어도 당장 펜을 내려놓고 다른 모두와 함께《시편》을 낭송해야 한다. 한 예로, 다음은 베네딕토회에서 지키는 규율이다.

"그러므로 수도사들은 늘 준비가 되어 있어야 한다. 신호가 오면 주저 없이 자리에서 일어나 앞다퉈 미사에 참석한다."[119]

무엇보다 기도와 일이 번갈아 진행되는 일정이 눈에 띈다. 어느 한 명만 과도하게 일하지 않고, 정신적 삶을 위한 시간이 모두에게 충분히 주어지는 만큼 영혼의 요구를 잘 보살필 수 있다.

만약 당신이 하루 여덟 시간 일하고 집안일에 아이들까지 보살펴야 한다면, 당연히 현대의 베네딕토회 수도원에서 하듯이 하루 대여섯 번씩 기도 시간을 확보하기란 쉽지 않을 것이다. 하지만 이 수도원 일상의 리듬감을 따라해 볼 수는 있다. 일단 일상에서 자신만의 규칙을 정해놓고 실천하면 새로운 리듬감이 만들어지고, 결과적으로 훨씬 편한 상태에서 정말 중요한 것들을 하면서 하루를 보낼 수 있을 것이다. 예를 들어 일상에 짧은 명상 시간을 두 번 정도 '끼워 넣는' 것만으로도 큰 도움이 될 것이다. 아침에 일어나자마자 고요한 시간을 갖고 밤에 잠들기 전에 고요한 시간을 가지며 하루를 긍정적으로 마감하는 것도 한 방법이다.

나는 스마트폰으로 매일 정오에 알람을 맞춰놓는데 도움이 많이 된다. 알람이 울리면 나는 하던 일을 멈추고 호흡을 관찰하며 마음을 가라앉힌다. 그렇게 의식적으로 쉬는 순간을 맞이하는 것이다.

나는 숨을 쉰다.

나는 살아있다.

나는 인간이지 글쓰기 기계가 아니다.

일을 마치고 가족에게 돌아가기 전 짬을 내어 잠시 쉬는 것
도 좋다. 출판사에서 일할 때 나는 퇴근 후 집으로 가는 길에
단 5분이라도 교회에 가보곤 했다. 교회에 앉아 직장에서의 일
을 잊고 내 인생의 다른 부분에 집중할 준비를 하는 것이다.
일로 받는 스트레스 때문에 가정 생활까지 지장을 받지 않으
려면 일과 자유 시간을 의식적으로 분리하는 게 좋다.

꼭 내가 한 대로가 아니더라도 당신도 당신만의 규칙을 몇
가지 정도는 쉽게 만들 수 있을 것이다. 일상을 더 건강하고
더 실용적으로 설계해 보자.

우리 안의 헐크

분노와 참여의 차이

브루스 배너 박사는 사실 착한 사람이었다. 핵 생물학 전문가로 능력도 있고 남을 도울 줄도 알았으며 동료들 대부분이 높게 평가하고 존경하는 사람이었다. 그런데 실험실에서의 사고로 고용량의 감마선에 노출된 뒤부터 그의 인생이 극적으로 바뀌었다. 흥분할 때마다 엄청난 힘으로 주변의 모든 것을 박살내 버리는 녹색 피부의 괴물, 헐크로 변한 것이다!

1960년대 스탠 리Stan Lee와 잭 커비Jack Kirby가 구상한 만화 시리즈(당연히 스탠 리니까 할 수 있는 시리즈)의 주인공 헐크는 처음부터 큰 사랑을 받았는데, 아무래도 사람들이 헐크와 광분하는 그의 모습에서 자기 자신을 보았기 때문이 아닐까 싶다. 어쨌든 헐크는 팝 문화 속에서 이미 여러 번 환생을 겪었다. TV 시리즈에서는 〈인크레더블 헐크Incredible Hulk〉(한국에서는 〈두 얼굴의 사나이〉라는 이름으로 방영됨—옮긴이)라는 타이틀로 1970년대 말부터 1980년대 초까지 방영되었고, 배너 박사 역은 빌

빅스비가, 헐크 역은 루 페리그노가 맡았다. 특히 루 페리그노는 성미에 맞지 않으면 직접 셔츠를 찢어발기고 힘으로 해결해 버리는 등 오스카상을 받아도 부족하지 않은 연기를 최초로 선보였다. 현대의 영화판에서는 CGI 처리를 하므로 에릭 바나, 마크 러팔로는 물론 심지어 새가슴의 에드워드 노튼까지 미친 듯 날뛰는 괴물로 완벽하게 변신할 수 있다.

그런데 잠깐…… 정신이 확 뒤집히고 녹색이 될 정도로 분노에 휩싸여 나중 일이야 어찌되든 눈앞에 보이는 것은 다 부숴버리는 데 과연 CGI 기술팀이 필요한가? 그렇지 않다! 컴퓨터 애니메이션 기술 없이도 그 정도는 우리도 가뿐히 연기할 수 있다. 마트 주차장에서 마지막 남은 자리처럼 보이는 곳을 누가 잽싸게 가로채기만 해도 그렇다. 당신도 알지 않은가? 당신은 이미 주차장을 몇 바퀴나 돌았고, 늘 두 자리씩 차지하고 있는 대형 SUV들을 보고 짜증이 나 있었다. 바로 그때 마침내 빈자리가 하나 났는데, 당신이 그 자리에 차를 대기 직전 갑자기 나타난, 자전거 주차장에도 가뿐히 주차할 수 있을 것 같은 경차 한 대가 잽싸게(혹은 은근슬쩍) 그 자리를 낚아챈다. 당신이 점찍은 자리에 말이다! 이때 당신은 미스터 빈(영국의 시트콤 〈미스터 빈〉의 주인공—옮긴이)이 될 것이다. 하늘색 릴라이언트 리갈 슈퍼밴 III를 타고 다니는 철천지원수에게 추월당한 미스터 빈. 아니면 맞다, 헐크가 될 것이다. 대부분은 헐크가 되어 차에서 내려 소리를 지르거나 최소한 차 안에서 핸들을 마구 두드려 대거나 눈을 부릅뜨고 경차 운전자에게 살인 의지를 보낸 다음, 네안데르탈인처럼 턱을 내밀고 겨우겨우 화를 참으며 다시 다른 자리를 찾아 운전해 갈 것이다. 그때 차 안에 있던 아이들이 한꺼번에 칭얼대기라도 한다면 폭발하지 않을 수 없다. "아이스크림??? 그래 사준다고!!!"

이런 상황을 모른다고 하지 말자. 어쩌면 당신은 주차 공간을 찾을 때나 교통 체증이 심한 도로에서 신경안정제를 복용한 불교 승려처럼 반응할 수도 있겠지만(과연 그럴 수 있을지 의심스럽지만!), 하지만 안타깝게도 머리끝까지 화가 나게 하고 마음의 평정을 잃게 하는 일들은 늘 있게 마련이다.

나는 얼마나 자주 보아야 했던가? 마트 계산대에서 느낌상 몇 시간이나 기다린 것 같아 기진맥진한 경주말처럼 콧김을 씩씩 내뿜고 있는데, 하필이면 내 바로 앞 손님이 과일 무게 미리 재고 오는 걸 깜빡해 계산하다 말고 다시 가격표 스티커 붙이러 과일 코너로 되돌아가는 모습 말이다. 그런 사람들은 또 어찌나 느려 터졌는지 걷는 동안 구두장이가 와서 신발 창을 수선할 수도 있을 정도이다.

물론 콧김을 내뿜는 소리가 헐크 같다고 할 수는 없지만, 그 무게 재기를 깜박한 사람에게 "법이 없다면 당신을 죽여버리고 싶어!"라는 의도는 충분히 전달할 수 있을 것이다. 교양의 껍데기란 브루스 배너의 셔츠만큼이나 얇다!

얼마 전에 배우자와 사소한 일로 다툰 건 어떤가? 사실 몇 분 지나면 싸우게 된 애초의 이유는 잊혀지고, 서로의 두개골에 오랫동안 참고 간직해 둔 언어 폭탄을 꺼내 던지는 것만 중요해졌던…… 무언가에 홀린 듯 일단 시작되면 멈출 수가 없다. 헐크가 포효하며 트럭이나 탱크를 집어던질 때처럼, 우리는 우리의 모든 불만을 상대방에게 내던진다. 그리고 다음날 아침 정상적인 인간으로 깨어나 혼란스러운 얼굴로 "휴! 어제는 또 어떤 소도시를 폐허로 만들었던 거니?" 하고 자문하는 헐크처럼, 우리도 다시 정신을 차리고 감정적으로 폐허가 된 주변을 난감하게 둘러보며 소심하게 중얼댈 것이다. 그리고 해야 할 일들을 한다. 어제의 자기 모습을 아무도 보지 못했길 바라며.

불교 승려 페마 초드론Pema Chödrön도 평소의 자신과 전혀 다른 모습을 사람들에게 들킬까봐 걱정한 이야기를 솔직하게 자조적으로 들려준 바 있다. 스님은 여섯 살 난 손녀와 여행을 한 적이 있는데, 손녀가 계속해서 말썽을 부리면서 자신의 인내심을 시험했다고 한다. 스님이 자주 통과하지 못하는 시험이었다. 그러다 한 순간 스님은 손녀를 향해 고개를 숙이며 이렇게 말했다. "알렉산드리아, 잘 들어라. 할머니하고 있었던 일은 우리 둘만의 비밀이야. 알았지? 여기서 있었던 일은 아무한테도 말하면 안 돼. 할머니 사진이 찍혀 있는 책들 본 적 있지? 그런 책을 갖고 있는 사람들한테는 특히 우리 사이에 있었던 일일랑은 절대 말하면 안 돼! 알았지?"[120]

나는 페마 초드론을 좋아하고 아무리 애써도 그녀의 정신이 확 뒤집히는 모습은 상상할 수가 없다. 하지만 그녀조차 그런 때가 있음을 이렇게 인정했다. 그녀 안에도 어딘가에 헐크가, 아주 귀엽지만 헐크는 헐크인 헐크가 살고 있다! 40년 동안이나 매일 명상해 온 불교 승려도 간혹 평정을 잃는다니 여러 모로 많이 부족한 나로서는 자못 위안이 된다……

분노에 사로잡힐 때 우리는 명확하게 생각할 수 없다. 헐크의 표정을 한번 보라. 화가 난 당신도 정말 그와 똑같은 표정을 하고 있을 것이다. 상상만 해도 싫은가? 그래도 우리가 때때로 나락으로 떨어진다는 사실은 달라지지 않는다. 나는 얼마나 자주 그 '정신의 혼돈'[121] 속에서 거실 탁자를 저주했던가? 단지 약속에 늦어 허둥댈 때 하필이면 거실 탁자가 내 새끼발가락이 가는 길을 막아섰다는 이유에서 말이다! 그럴 때면 "화를 내기 전에 연민을 가져라!"[122]라고 예언자 하바꾹 Habakuk이 선의에서 한 경고도 소용없다. 아니, 그러겠다! 지하실에서 도끼를 꺼내와 이 망할 놈의 탁자부터 박살내고 난 다음에……

"짜증을 부리며 조급하게 굴지 마라. 어리석은 사람이나 짜증을 부린다"[123]라고 한《전도서》의 충고도 이미 잘 알고 있으나 소용없다. 어리석은 자들의 클럽이 있다면 나는 이미 몇 년 전부터 골드 멤버가 되었을 것이다!

화내서 좋을 것 없다고들 말한다. 그래 봤자 (자기) 파괴로 이어질 것을 아는 탓이다. 그런 걸 알기 위해 헐크가 되어야 할 필요도 없다.

그런 의미에서 나는 사막의 교부들을 사랑하는데, 그들은 남달리 실용적인데다 내면도 더할 나위 없이 잘 관찰해, 모든 감정을 단지 귀로 들어서가 아니라 체험을 통해 잘 알고 있었기 때문이다. 물론 고독하기 그지없을 사막 생활에서 흥분하고 화낼 일이 무엇이 있을까 잘 모르겠기는 하다. 마지막 남은 선크림을 누가 다 써놓고 새로 사다놓지 않았을까? 아니면 동료 수도사가 바구니에 자꾸 불경한 무늬를 짜 넣었을까? 나는 모르겠다. 어쨌든 그들은 분노에 제압당하는 느낌을 잘 알았고, 그럴 때마다 훌륭한 심리학자임을 증명했다.

그들은 날뛰는 감정의 밑에는 날뛰는 생각이 있음을 알아차렸다. 참고로 이들은 불교 경전을 공부하지 않았음에도 불교와 유사한 결론에 도달했다. '나'를 아주 중요하게 여기는 생각들은 우리의 시각을 좁힌다. '거긴 내가 주차할 자리야! 과일 무게 달기를 까먹은 저 멍청이가 왜 하필이면 내 앞에 서 있는 거야? 네가 어떻게 감히 나를 비판할 수 있어? 나는 영적인 글을 쓰는 사람이라고! 난 내면의 균형의 대가라고!' 그리고 또 '이 탁자는 왜 내 길을 가로막고 있지? 우주는 지금 내가 주방으로 가서 감자칩 봉지를 가져오는, 인생에서 아주 중요하고 세상을 바꿀 미션을 수행하고 있음을 모르는 건가?'라는 생각도 한다.

사실 감정 자체는 문제가 아니다. 갓난아기도 벌써 분노를 드러낸다. 엄마가 제때 수유하지 않으면 앵앵 울어대기 시작한다. 하지만 이런 분노는 생각으로 더 키우지 않으면 금방 사라진다. 우리는 자라면서 끊임없이 자신을 중심으로 생각하도록 배우면서 '생각으로 분노를 키우는 기술'의 전문가가 된다. 그러면서 세상과 단절된 '나'의 느낌을 계속 더 키우고, '내 것' '내게' '나를'과 같은 말들이 완전히 몸에 밴다.

이미 말했듯이 깊은 고요 가운데 있던 사막의 교부들에게도 가끔 언짢은 일이 생겼고, 그럴 때는 그들도 녹색으로 변해 수도복을 찢어발겼다. 하지만 그때 그들은 자신이 분노하고 있음을 보고 잠시 멈춘 다음 왜 그런지 자문했다.—'내가 뭐 그리 중요하길래 세상이 늘 내가 바라는 대로 움직여야 하는가? 신이 왜 다른 누가 아닌 나만 시험에서 면제해 주어야 하는가? 마카리우스 형제가 대추씨를 내 오두막 쪽으로 뱉는 것이 정

말 그렇게 불쾌해할 일인가?'

사막의 교부들은 존 카밧진Jon Kabat-Zinn(마음 챙김을 기반으로 스트레스를 줄이는 명상법 MBSR의 창시자)도 울고 갈 정도로 주의 깊은 관찰의 대가들이었다. 그리고 사막이 빌어먹을 너무 뜨겁다고 불평하며 이놈의 살인 더위가 신이 내린 벌임에 분명하다는 생각이 드는 순간, 금방 그것이 혼자 만들어낸 말도 안 되는 상상이라는 생각도 했을 것이다. 그리고 무엇보다 그 더위가 힐라리온 형제의 수도복이 땀으로 젖어 스컹크 우리 같은 냄새가 나서 권좌에 앉아 있는 신이 포복절도하는 중임을 의미하는 것이 아니라, 단순히 날씨가 더운 것을 의미할 뿐임을 볼 것이다. 그것이 전부이다. 힐라리온 형제 수도사를 미치게 만들고자 하는 사악한 의도도, 음흉한 계획도 없다.

모든 신비주의자가 그렇듯 사막의 교부들도 관상하는 사람들이었다. 그리고 관상觀想이란 결국 모든 것을 늘 있는 그대로 보는 것이다. 현실(실제)과 진정으로 접촉하는 것이다. 내면의 현실과도 마찬가지이다. 나도 나를 보고 내 분노의 원인을 본다. 나도 나의 일반적인 불만을 보고, 삶이란 이러저러해야 한다는 생각에 스스로 부과한 금지들을 본다. 그러다 더 많은 자유를 누리고 있는 사람을 만나면 슬슬 화가 난다. 그 사람이 아니라 나 자신에게 화가 난다. 나는 내 안에 아직 내가 받아들일 수 없는, 해결되지 못한 것이 있음을 본다. 그리고 그것을 들여다보는 대신…… 그렇다 당신도 이제 알 것이다, 녹색으로 변해 셔츠를 찢어발기고 집을 무너뜨리고 거실 탁자를 도끼로 쪼갠다.(물론 마음속으로만.)

감정 그리고 균형의 기술

'화를 낸다'고 한다. 일단 화가 있다. 그런데 우리는 '화를 내는 것'으로 상황을 더 나쁘게 하고, 이는 곧 우리가 화를 자꾸 곰곰이 생각한다는 뜻이다. 그리고 당연히 그렇게 화를 내는 자신에게 또 화가 나기도 한다. 그렇게 우리는 점점 더 균형감과 평정을 잃는데, 균형감과 평정은 편견 없이 보는 데 꼭 필요한 것들이다. 사람은 누구나 가끔이라도 평정을 잃는 때가 있다. 페마 초드론을 생각해 보라. 아니면 감정은 초월할 수 없음을 분명히 보여준, 이집트 사막의 검증된 노老 교부의 다음 말을 경청해 보라.

"14년 동안 사막에서 신에게 분노를 없애는 은총을 내려달라고 밤낮으로 기도했다."[124]

이런 기도라면 신은 아주 간단히 "싫다!"라고 대답할 것이다. 왜냐하면 인간은 인간으로 남아야 마땅하고, 인간다움에 감정과 감정 관련 문제들이 따라옴은 당연하기 때문이다. 우리는 감정 다루는 법을 배우면서 성숙해 간다. 그렇다고 흔히 충고하듯이 위장병에 걸리지 않으려면 감정을 마음껏 발산해야 한다는 뜻은 아니다. "친애하는 헐크 씨, 완전 괜찮아요. 누가 뉴욕이 필요하대요? 당신 감정을 억누르지 않는 것이 더 중요하잖아요. 그건 너무 건강하지 못한 거니까요." 참 좋은 충고이다. 아니다, 다음의 달라이 라마의 말씀이야말로 정말 참 좋은 충고이다!

> "일반적으로 나는…… 분노와 미움이 조심하고 통제하지 않으면 점점 지독해지고 점점 강해지는 감정이라고 믿고 있다. 이 감정들을 자유롭게 두는 데 너무 익숙해지면 이 감정들은 원칙적으로 줄어들기보다 늘어난다. 그러므로 나는 태도를 신중히 하고 적극적인 노력으로 분노와 미움의 강도를 약화하는 데 성공하면 할수록 좋다고 생각한다."[125]

"태도를 신중히" 하라는 말은 바로 우리의 반응과 그러한 반응을 낳는 내면의 패턴을 잘 관찰하라는 뜻이다. 이 감정은 어디서 오는가? 이 감정들 배후에는 실제 무엇이 있는가? 나는 왜 이 감정에 이토록 휘둘리는가?

내가 특히 마음을 다해 존경해 마지않는 유명한 신비주의자가 있는데, 그는 우리의 감정이 과연 어디에서 비롯하는지 극도로 간명하게 설명해 준다. 그도 녹색의 형상을 하고 있고 참고로 몸집은 헐크보다 머리 하나 정도 더 작지만, 감정의 안정에 관한 문제라면 단연코 훨씬 더 신뢰가 가는 인물이다. 바로 〈스타워즈〉의 제다이 마스터인 요다이다.

"두려움이 분노를 부르고, 분노가 미움을 부른다. 그리고 미움이 끝 간 데 없는 고통을 부른다."[126]

출처가 비록 공상 과학 영화라고 하더라도 가히 천재적인 분석이 아닐 수 없다. 요다는 이렇게 말하면서 아나킨 스카이워커 같은 한때 귀여운 꼬마였던 인물이 다스 베이더 같은 정신적으로 불안정한 폭군으로 변할 수 있음을 예언했을 뿐 아니라, 마음속에 두려움을 허락할 때 실제로 우리 모두에게 어떤 일이 일어날 수 있는지도 암시했다. 두려움(혹은 불안)이 애초의 씨앗이고, 그 씨앗에서 이 세상의 거의 모든 나쁜 것들이 자란다. 무의미한 존재가 될 것에 대한 불안, 사라질 것에 대한 불안, 광활한 우주에서 모래알 같은 하찮은 존재가 될 것에 대한 불안 때문에, 우리는 자신을 필요 이상으로 부풀려 보이고 자신의 중요성을 거듭거듭 증명해 보인다. 나는 아무것도 아니지만 무절제한 소비, 플래티넘 신용카드, 내 집, 내 자동차, 내 보트가 있으므로, 나는 마침내 그 누군가가 된다. 나는 무의미한 사람이 될 것이 두렵지만 약한 사람들을 대상으로 권력을 휘두르는 순간만큼은 내가 세상의 중심인 것 같다. 내가 사랑하는 것들을 잃을까 두려우므로 불쾌한 변화는 무엇이든 최대한 저지하려 한다. 내가 사라질 것이 두렵기에 죽음 같은 불가피한 것들을 온 힘으로 부인한다.

나의 두려움이 분노가 된다. 나 자신의 하찮음을 되비쳐주는 사람에게 나는 분노한다. 나에게서 뭔가 빼앗아갈 수 있는 사람, 나에게 반기를 드는 사람에게 분노한다. 나의 분노가 미움이 된다. 나와 같은 생각이 아닌 사람, 내가 힘들게 이루어 놓은 것을 무너뜨리려 하는 사람을 미워한다. 나는 나만큼 강하지 못한 사람도 미워한다. 나의 나약한 면을 상기시키므로 미워한다. 소비나 권력으로도 위로가 되지 않아 침대에 엎드려 아기처럼 절망적으로 울던 내 모습을 떠올리게 하므로 미워한다.

미움 때문에 나는 이제 주변을 다 때려 부수고, 넘지 말아야 할 선을 넘고, 항상 내 이익만 생각한다.(다시 말해 내 불안의 정복만 생각한다.) 그리고 타인에게 큰 고통을 준다.(당연히 그들은 그 고통을 받아도 마땅하다.)

나는 아나킨이었다.(작고 나약한 소년이었다.) 하지만 이제 나는 강력한 다스 베이더이고, 그 누구도 나와 대적할 수 없다!

대충 이런 스토리이다. 그리고 이래서 우리에게는 늘 요다가 필요하다. 불안이 분노와 미움과 고통을 부르기 전에, 불안을 보고 알아차리고 느끼고 치유하도록 도와주는 요다 말이다. 그런 의미에서 사랑과 믿음을 조금씩 키우는 명상이 도움이 된다. 우리가 모든 존재에게서 느끼고 우리가 모든 존재에게서 받을 준비가 되어 있는 그 사랑 말이다. 그리고 여기 우리의 자리가 안전하다는 믿음 말이다.

기독교 최초의 신비주의자로서 예수는 여기에 자신의 산상수훈을 덧붙인다. 산상수훈에서 예수는 (십자가에 못 박힐 것에 대한) 두려움 때문에 힘들어도 계속 분노, 미움, 폭력 없이 자신의 길을 가는 이들에게 복을 내린다.[127] 그리고 '아버지'가 은밀한 가운데 계시면서 언제 어디서나 항상 우리와 함께하신다고 말한다.[128] 그리고 거의 모든 일에서 근본적인 불안감에 휩싸이는 우리 인간들에게는 그저 순진해 보이기만 할 '믿음'에 대해서 말한다.

"공중의 새들을 보아라. 그것들은 씨를 뿌리거나 거두거나 곳간에 모아들이지 않아도 하늘에 계신 너희의 아버지께서 먹여주신다.…… 들꽃이 어떻게 자라는가 살펴보아라. 그것들은 수고도 하지 않고 길쌈도 하지 않는다.…… 그러나 온갖 영화를 누린 솔로몬도 이 꽃 한 송이만큼 화려하게 차려입지 못하였다.…… 내일 일은 걱정하지 마라. 내일 걱정은 내일에 맡겨라. 하루의 괴로움은 그날에 겪는 것만으로 족하다." [129]

여기 이 예수의 말은 우주가 친절한지 아닌지 묻고 분명히 "그렇다, 친절하다"라고 대답했던 아인슈타인의 유명한 일화와 그 의미가 조금도 다르지 않다. 예수의 '아버지' 메타포가 어렵다면 아인슈타인의 '그렇다'는 대답만 마음에 새기고 최소한 가끔이라도 그 대답에 부합하며 살기를 시도해 볼 수는 있을 것이다. 나는 진정으로 확신한다. 관상하는 삶과 세상에 대한 신비주의적 관점을 갖다 보면 늘 '그렇다'고 느낄 테고, 조금씩 더 확고히 믿게 될 것이라고. 그럼 두려움이 우리를 압도하지도, 위와 뇌간을 긴장시키지도 않을 것이다. 분노를 최대한 조절할 수 있을 것이다. 분노의 출처를 알기 때문이고, 따라서 무고한 소도시, 새치기 주차 기술자, 반란 연합 행성 모두 다치지 않고 그대로 남을 것이다. 참고로 브루스 배너(헐크)를 연기하는 동안 에드워드 노튼도 여러 면에서 위험했던 자신의 혈압을 명상으로 조절했다고 한다.

신성한 분노

세상의 다른 모든 것처럼 분노에도 양면이 있다. 사막의 교부들은 모든 형태의 분노를 경고했고, 그들에게 분노를 일으킨 애초의 원인은 중요하지 않았다. 하지만 나는, 조심스럽게 말하자면, 분명하게 한쪽을 편들 때에는 그 동기가 중요하다고 생각한다. 독선과 정의 사이에는 차이가 있으며, 분노를 피하는 것이 모든 것을 받아들이는 것을 의미하지는 않는다. 이 시대 겸양의 화신과도 같아서 그의 앞에서는 마하트마 간디조차 성질이 불같은 사람으로 보이는 달라이 라마로 다시 돌아가 보자.

"분노는 어떤 동기에 의해 작동되느냐에 따라 긍정적인 분노도 있고 부정적인 분노도 있다. 연민에 의해 분노가 촉발될 때 그것은 긍정적인 행동의 원동력이나 촉매제가 될 수 있다. 이럴 때는 분노 같은 감정이 빠른 조치를 가능하게 하는 힘으로 작용할 수 있다."[130]

예를 들어 설명해 보자. 동물에 대한 나의 연민은 분명 어떤 분노를 일으키고, 그래서 나는 동물을 학대하는 사람을 보면 대담하게 맞설 뿐 아니라 끔찍한 환경에서 자라고 있는 동물들을 더 나은 환경으로 옮겨주는 일(공격성이 아주 많이 요구되는 일)에 참여한다. 이런 경우 긍정적인 분노가 분명 유용하며 의미도 있다. 이 분노는 연민에 의한 것이고, 그래서 동기가 순수하며 좋은 일을 부른다. 그렇지만 내가 육식하는 사람은 다 사형시켜야 한다고 한다면 그것은 미워하는 마음에 휘둘리는 것이고, 일종의 절대 권력에 대한 망상이므로 내 동기는 전혀 순수하지 못하다.(다른 존재의 삶과 죽음을 결정하고 싶다는 생각은 가장 큰 절대 권력을 탐하는 것이며, 두려움이 그 분명한 원인이다.) 이것은 나와 상대방뿐만 아니라 원래는 좋은 일이었던 것(이 경우 동물 보호)에도 해로운 결과를 초래한다. 헐크의 힘으로(혹은 그의 저주로) 몬산토 본부를 습격하는 상상을 하는 나를 볼 때마다 나는 내가 그러고 있다는 걸 상기하곤 한다. 그들을 향한 내 분노를 긍정적인 분노로 바꿀 수 있기를……

그러니까 유대교 탈무드의 기초가 되는 미시너Mischna(유대교 법령집—옮긴이)에서도 말하고 있듯이 이 동기가 중요하다.

"오직 가장 높은 목적을 위한 싸움만이 좋은 결말에 이른다."[131]

그러므로 헐크의 맹목적인 분노, 다스 베이더의 불안에 조종당하는 분노 외에 신성한 분노도 있는 것이다. 예를 들어 어느 날 사원에서 수상한 상인이 제물로 쓰이는 동물을 믿음 강한 자에게 팔며 필요 이상으로 큰돈을 우려내는 모습을 보고 예수가 느낀 분노가 그것이다. 그런 상황이라면 세상 제일가는 평화주의자 목수 예수조차 화를 참지 못한다.

사람들은 대개 예수를 공격이라곤 모르고 미소도 잃지 않는 현인, 온화한 힐러, 인생을 가르치는 교사로 상상한다. 게다가 예수는 예부터 미술 시간에 수염 달린 여성처럼 묘사되곤 했는데, 그래서인지 이러한 인상이 더 강해졌다. 예수는 그 가볍고 일반적인 묘사들만 보면 꼭 영성계의 콘치타 부어스트 Conchita Wurst(오스트리아 오디션 프로그램에서 인기를 얻은 가수, 수염을 기른 여장 남자로 유명하다―옮긴이) 같다. 하지만 그런 예수도 신성한 분노에 휩싸이면 딴사람이 된다.

"유대인들의 과월절이 가까워지자 예수께서는 예루살렘에 올라가셨다. 그리고 성전 뜰에서 소와 양과 비둘기를 파는 장사꾼들과 환금상들이 앉아 있는 것을 보시고 밧줄로 채찍을 만들어 양과 소를 모두 쫓아내시고 환금상들의 돈을 쏟아버리며 그 상을 둘러엎으셨다. 그리고 비둘기 장수들에게 '이것들을 거두어가라. 다시는 내 아버지의 집을 장사하는 집으로 만들지 마라' 하고 꾸짖으셨다."132

이 내용에 따르면 예수는 당시 과한 처사를 내린 것은 아니다. 입고 있던 피륙을 찢고 녹색 피부의 싸움 기계로 변신해서 상인들 머리를 호두까기 속 호두처럼 깨부수지는 않았으니 말이다.(물론 그랬다면 성경 읽기가 훨씬 더 재밌었을지 모르지만.) 예수는 그런 상업 활동이 성전에는 합당치 않다는 자신의 생각을 확실히 보여주기만 했다.

사랑에서 나오는 분노는 누가 봐도 잘못되었음이 분명한 일에 대한 분노이며, 이때 용기가 생긴다. 그리고 순간적으로 강해져서 엄청난 영향력을 발휘한다. 자신도 예상치 못한 말들을 유창하게 쏟아내고, 자기 안에 있는지도 몰랐던 권위를 갖고 말한다. 여기서 잠깐 다시 나사렛 예수로 돌아가 그가 순회 설교 때 신성한 분노로 얼마나 유창하게 뼈있는 말을 했는지 들어보자.

"율법학자들과 바리사이파 사람들은…… 무거운 짐을 꾸려 남의 어깨에 메워주고 자기들은 손가락 하나 까딱하려 하지 않는다. 그들이 하는 일은 모두 남에게 보이기 위한 것이다. 그래서 이마나 팔에 성구 넣는 갑을 크게 만들어 매달고 다닌다. 잔치에 가면 맨 윗자리에 앉으려 하고 회당에서는 제일 높은 자리를 찾으며, 길에 나서면 인사받기를 좋아하고 사람들이 스승이라 불러주기를 바란다.…… 율법학자들과 바리사이파 사람들아, 너희 같은 위선자들은 화를 입을 것이다. 너희는 하늘 나라의 문을 닫아놓고는 사람들을 가로막아 서서 자기도 들어가지 않으면서 들어가려는 사람마저 못 들어가게 한다.…… 너희는 잔과 접시의 겉만은 깨끗이 닦아놓지만 그 속에는 착취와 탐욕이 가득 차 있다."[133]

예수가 이렇게 화를 내는 걸 보면 당시 종교 지도부가 로마 점령 정부와 작당해 예수를 제거하게 둔 것도 그다지 놀랍지 않다. 하지만 무언가가 예수의 내면 깊은 곳을 건드렸으므로 어떤 뒷감당이 따르든 그는 그렇게 '말할 수밖에' 없었으리라.

어떤 폐해나 부정을 볼 때 신성한 분노가 우리를 사로잡고 우리를 통해 표현될 수 있다. 이때 우리는 목소리를 내지 못하는 사람들 편에 서거나 스스로 힘을 모을 수 없는 사람들을 대신해 일한다. 단 그 동기에 대해서 늘 정직하게 자문해 보아야 한다.—"나는 사람들이 나를 백기사로 추켜세워 주길 바라서 이 일을 하는가? 나는 원래 공격성이 강한 사람이라 무슨 일이든 상관없이 시원하게 내 숨통 좀 틔우고 싶어 이렇게 싸우는 건가? 내가 이 기관 혹은 이 사람과 싸우는 것이 혹시 내가 어차피 그들을 좋아하지 않아서 한 방 제대로 먹이고 싶어서는 아닌가? 나는 정말 다른 방법이 없고 너무 늦기 전에 지금 행동하는 게 분명히 맞아서 이렇게 행동하는 것인가? 나는 다른 어떤 궁지를 모면하기 위해 이 순간 급해 보이는 이 일을 하는 건 아닌가?"

이 질문들에 정말 정직하게 대답할 수 있다면, 우리는 세상과 세상의 존재들에 대한 우리의 사랑을 강력하고 확고하게 보여줄 수 있다. 이것은 단순한 분노가 아니라 참여이다. 이때 우리는 명상 훈련을 한 덕분에, 폭발하는 것 없이 매우 설득력 있고 무서운 표정의 브루스 배너가 될 수 있다. 그런 브루스 배너가 나무 보호를 위해 나무에 자신을 묶는다면 거기에 감히 전기톱을 갖다 댈 벌목 회사는 없을 것이다.

그저 작은 빛이 되라고?

무력감, 자기 가치, 변화 그리고 우리 목소리의 중요성

신성하고 강력한 분노를 느끼고 그 동기까지 분명히 점검한 후라도 내 목소리만으로는 아무것도 이룰 수 없다는 느낌을 종종 받을 수 있다. 나는 쓰레기를 열심히 분리수거하고, 유기농 식자재를 사서 쓰고, 작고 경제적인 차를 모는데, 거대 화학 기업은 환경을 대규모로 오염시키고도 아무런 처벌도 받지 않는다는 뉴스를 듣는다. 나는 산책할 때 반려견의 배설물을 꼬박꼬박 치우는데, 바로 옆 경작지는 누가 몇백 리터에 달하는 돼지 배설물을 버려 10년 동안 아무것도 자랄 수 없게 된다. 나는 지역 사회의 가난한 사람들을 돕고 있는데, 매년 의회와 감사원에 의해 그들을 위한 사회보조금이 삭감되는 모습을 지켜봐야 한다. 이런 순간들에 당신도 "아휴, 다 소용없어……"라고 말하게 되지 않는가?

나는 예컨대 페이스북에 올라오는 이런 종류의 청원들에 거의 매일 동참한다. 티베트에 댐을 건설해 대는 중국 정부에,

보호 동물 밀거래에, 야생 동물의 서커스 이용에, 언론의 자유를 억압하는 수많은 국가에, 범대서양 무역투자동반자협정 TTIP이나 포괄적경제무역협정CETA이 의미하는 것들에 반대한다. 몬산토와 네슬레의 사업 방식, 새로운 형태의 대규모 도살장, 원자력 발전소에 반대하고, 더 많은 권력과 돈을 원하는 사람이나 기업이 마음대로 하게 두는 모든 것에 반대한다. 나는 중국 대사에게 어릴 때 중국 정부가 납치한 판첸 라마Panchen Lamas(달라이 라마로부터 판첸 라마로 인정받은 게둔 초에키 니마는 어릴 때 중국 정부에 의해 납치되었고, 중국이 인정한 후보자가 그 자리를 차지했다. 판첸 라마가 다음에 환생하는 달라이 라마를 찾는 과정에 결정적인 역할을 할 것을 생각하면 중국 정부가 왜 그렇게 일찍 손을 썼는지 알 수 있다)가 지금 어디에 있는지 묻는 편지를 정중하게 쓴다. 참고로 답장을 받은 적은 없다. 중국 대사가 내 편지를 싫어하고 당황하는 기색이라도 보이기를 바라지만, 십중팔구 두 번 더 생각하지 않고 휴지통에 버릴 것이다. 아니 아래 직원을 시켜서 버리게 할 것이다. 나의 끈기가 그를 괴롭게 하고 그의 마음을 조금이라도 움직이기를 바라지만, 그가 나로 인해 폭력적인 정부에 회의를 품을 일은 절대 없을 것이다. 그가 내 이름을 알기라도 할까? 그럴 리가? 나의 비판이 거슬리기는 할까? 차라리 그의 사무실의 모기가 더 거슬릴 것이다. 그렇다면 나는 그에게 편지 쓰기를 멈춰야 할까? 그리고 TTIP 반대 청원에 동참하기도 그만둬야 할까? 청원이 50만 명을 넘었다는 소식에도 EU 의원들이 비웃기만 했다는 기사를 읽으니 정말 그만두고 싶기도 했다.

'내가 아무리 노력해도 변하는 건 없다'는 생각이 들 수 있다. 그리고 의식 없이 무절제한 소비 행각에 빠질 수도 있다. 사륜구동차 중에서도 가장 큰 닷지 램Dadge Ram을 한 대 구매하고, 그럼 기름이 많이 들 테니 주유소도 하나 사고, 정원을 몬산토에서 생산한 라운드업Roundup(발암 물질로 의심받고 있는 글리포세이트를 함유한 제초제) 범벅으로 가꾸고, 깡통과 플라스틱 포장의 식자재만 사고, 매년 가는 휴가는 기본적으로 장거리 비행을 고집해 멀리 도미니크공화국까지 날아갈 수도 있다. 노아의 대홍수 같은 일은 어차피 내가 죽은 후의 일일 테니 상관없다!

그럴 수 있다. 안 될 게 무언가? 하지만 그렇게 해서는 아무도 도울 수 없고, 사실은 아무도 도울 수 없는 것에 그치지도 않는다. 그렇게 할 때 우리는 명백하게도 동시대의 많은 사람이 이미 매혹된 듯 보이는 세계 종말 주장에 동참하는 것이고, 우리가 모두 같이 앉아 있는 나뭇가지를 톱으로 열심히 자르는 것이다. 어느 유기농 농작물에 어쩌다 일반 농작물만큼의 농약이 검출되기만 해도 냉소 전문가 친구들과 함께 "내가 그럴 거라 늘 말하지 않았냐?"며 한탄 아닌 한탄을 늘어놓을 수도 있다. 하지만 냉소주의자는 그렇게 말할 수 있는 그 순간만을 기다리고 있음을, 그것도 정말 매우 실망하고 희망이 없다고 생각해서가 아니라 자신의 예의 그 생각이 맞다는 것을 보여주고 싶기 때문임을 잘 알 것이다.

어떤 근본주의 유일신 종교로 달려가 모든 것이 신의 계획이고, 따라서 우리는 단지 순종해야 한다고 믿을 수도 있다. 그런 얼빠진 일의 짝퉁 신비주의 버전이 "고래는 어차피 멸종해야 할 운명인지도 모르지……" 같은 말이다.

세상의 파괴적 징후들을 모두 신이 내릴 마지막 심판의 전조로 보고 (자신은 모든 과오에서 벗어나 있으니) 이제 마침내 다른 사람들에게 정당한 벌이 내려질 날이 다가오고 있음에 기뻐할 수도 있다. 여기서 '다른 사람들'이란 자신이 믿는 그 허튼소리를 똑같이 믿지 않는 사람들을 뜻한다. 이런 생각을 하는 사람이 생각보다 많은데, 세안 오라이어는 이들이야말로 치명적인 이단이라며 이렇게 의미심장하게 말한 바 있다.

"천국의 기쁨이 본질적으로 천국의 창가 자리에 앉아 저 아래 저주받은 사람들의 고통을 내려다보며 얻는 기쁨이라는 오래된 기독교적 신념은 예수의 가르침을 최악으로 왜곡하는 것이다."[134]

우리의 일을 하는 것

　모든 냉소주의, 모든 반항, 모든 종교적 환상과 자기 정당화
는 실제로 우리를 한 발짝도 진전시키지 못한다. 냉소와 포기
는 우리 사회의 현재 상황을 볼 때 심지어 유혹적이기까지 하
다. 하지만 감기 좀 걸렸다고, 또 주변 사람들도 다 코감기로
불평한다고, 겨울 숲에 가 벌거벗고 앉아 죽으려 들진 않는다.
마찬가지로 감기에 걸렸다고 독감 바이러스와의 전 세계적인
전면전을 준비하지도 않는다. 그저 생활 방식을 바꿔 면역력
을 높이면 될 일이다. 다시 말해 "우리의 일을 하면 된다!" 우
리의 상황에 따라 할 수 있는 것, 도움이 될 만한 일을 하는 것
이다.

　하지만 이렇게 다짐해 보아도 때로 세상이 절망적으로 느
껴질 수 있고, 그때마다 다시 무기력해질 수 있다. 자신의 영
향력이 참 보잘것없음을 절감하기도 한다. 하지만 우리가 세
상에 영향을 주고 있음은 분명하고, 연쇄 반응의 가능성도 절
대 배제해서는 안 된다. 정치인들이 흰소리를 해대도 우울증
에 빠지지 않고 단지 우리가 할 수 있는 일을 하면 된다. 인간
역사를 잠깐만 돌아봐도 크고 긍정적인 변화는 정치가 아니라
혁명적인 한 인간 혹은 집단의 열정에 의해 이루어졌음을 볼

수 있다. 그렇다면 우리는 우리가 바꿀 수 있는 것, 즉 우리 자신의 삶에 다시 집중할 수 있다. 우리가 변화를 부를 수 있는 것, 때로는 심지어 전복도 이루어낼 수 있는 것 말이다. 우리의 기여가 아무리 미미하더라도 그것은 그만큼의 차이를 만들어 낸다. 그리고 그것으로 충분하다.

사막의 교부, 압바스 니스터로스Abbas Nisteroos는 신의 눈에 좋은 사람으로 비치려면 어떤 일을 해야 하느냐는 질문에 이렇게 대답했다.

"모두 같은 일을 해야 하는 것은 아니다. 성서에는 이렇게 쓰여 있다. '아브라함은 손님을 잘 접대했고 하나님이 그와 함께했다. 엘리야는 혼자 기도하기를 좋아했고 하나님이 그와 함께했다. 다윗은 겸손했고 하나님이 그와 함께했다.' 네 영혼이 경건하게 원하는 것을 보거든 그것을 행하라. 그러면 편안해질 것이다."[135]

모두가 자신이 할 수 있는 일을 한다면, 모두가 자신은 어차피 힘이 없다며 아무것도 하지 않을 때보다 변화는 분명 훨씬 더 빨리 찾아올 것이다. 이번 생에서 우리는 새로운 세계 경제 시스템은 만들어낼 수 없을지도 모른다. 하지만 우리 자신의 가치 구조를 재고하고 새롭게 만들 수는 있다. 우리 개인이 당장 환경에 좋고 효율적인 새 에너지를 발견하지는 못할 것이다. 하지만 자기만 잘 먹고 잘사는 것이 아니라 모두가 잘살 수 있는 방식으로 지구 자원을 이용할 수는 있다.(그리고 어쩌면 다른 사람들도 그렇게 하도록 용기를 북돋을 수도 있다.) 우리는 모르긴 몰라도 세계 평화를 여는 대단한 영웅이 되지는 않을 것이다. 하지만 우리의 아이가 장난감 삽으로 다른 아이의 머리를 때려 놀이터 모래 위에 쓰러지게 해놓고 막 웃고 있다면, 그래서는 안 된다는 것을 아이의 눈높이에 맞게 잘 설명해 줄 수는 있을 것이다.

모든 것 위에 있는 크고 숭고한 목표는 아니더라도 바로 앞에 있는 매 순간에 집중하고 그 안에서 최선을 다하려고 노력할 수는 있다.

"별이 말했다. '나는 내 빛을 밝히고 싶어요. 그리고 그것이 어둠을 몰아내는 데 도움이 될 것인지 묻지 않아요.'"[136]

어쩐지 생텍쥐페리의 《어린 왕자》에 나올 것 같은 말이지만 실은 라빈드라나트 타고르의 말이다. 타고르는 전체가 우리의 의도대로 움직일지 아닐지 끊임없이 생각하기보다는 그냥 스스로 할 일을 하면 된다는 것을 잘 알았다. 우리의 작은 행위는 그 자체를 위한 것이고 그 자체로 가치 있다. 우리는 세상을 바꾸고 싶어서가 아니라, 상황이 행동을 요구하고 또 그 행동이 옳고 도움이 되기 때문에, 혹은 선善이 단지 우리의 일부이기 때문에, 사랑과 연민으로 그 일을 하는 것이다.

우리는 어떤 변화 이론에 몰두해, 넘기 어려운 벽이 저절로 넘어간다거나 우주 진자가 변화의 방향으로 흔들려주기를 바라지 않는다. 그냥 일상에서 필요해 보이고 도움이 될 것 같은 일을 한다. 지금이 변화를 촉진하는 '때'인지 아닌지를 오래 고심할 수도 있지만, 진정한 변화는 이런 개념의 확산을 통해서 일어나지 않는다. 지난 몇십 년 동안 지금이 근본적인 변혁의 시기이며, (측정할 수 없는 진동수를 포함해) 모든 것이 변할 것이며, 세계 종말 아니면 완전히 새로운 황금 시대가 도래할 것임을 암시하는 수많은 출판물이 있었다. "우리가 사는 시대"가 역사적으로 유례를 볼 수 없을 정도로 특별하다는 생각은 사실 인간 역사의 모든 시대에 모든 인간이 공통으로 했던 생각이다. 250년간이나 이어졌던 중국의 이른바 '춘추전국 시대'를 보면 늘 전쟁과 갈등으로 점철된 시대였지만 동시에 중국 철학의 전성기였으며, 그 결과 사회적·경제적 대격변이 일어난 시대이기도 했다. 예수가 살았던 시대의 종말론자들도 카운트다운 기능이 있는 마야력을 기꺼이 받아들였을 것이고, 민족 대이동을 겪었던 유대인들도 늘 아브라함의 무릎에 앉은 듯 편안하지만은 않았을 것이다.(참고로 독일어에서는 '아브라함의 무릎

에 앉은 것처럼'이라는 말이 '편안하다'라는 뜻으로 쓰이는데, 제물을 바칠 때 쓰는
칼을 들고 있는 광신자의 무릎에서 어떻게 편안함을 느낀다는 건지 나는 이해할 수
없다.)

그리고 남부 유럽에서 크게 일어난 기독교가 다른 모든 이
교도적 세상의 몰락을 선고했을 때 중북부 유럽 사람들은 어
떤 생각을 했을까? 종교 개혁 시기에 처음으로 사제의 도움 없
이 스스로 성경을 읽게 된 사람들은 어떤 변화를 경험했을까?
재발견된 고대의 지식과 과학이 서서히 교회의 교리에 대항하
기 시작한 르네상스 시대에 사람들의 세계관은 어떻게 달라졌
을까? 귀족과 성직자 계급이 권력을 잃어가고 '자유, 평등, 박
애' 개념이 발전해 가던 계몽주의 시대에 사람들은 또 어떤 경
험을 했을까? 인간 역사에서 사회와 정신사의 변화가 고타마
싯다르타, 나사렛 예수, 코페르니쿠스, 루터, 데카르트, 뉴턴,
다윈 같은 개인들 속에서 어떻게 그 정점에 이르렀을까?

문화는 늘 변화를 거듭해 왔다. 변화는 발전을 의미하기도
하므로, 희망컨대 지금도 그렇고 앞으로도 늘 그렇길 바랄 뿐
이다. 그러니까 외계인에게 도와달라고 애걸하거나 유니콘을
괴롭힐 일이 아니다. 멸망의 날이 얼마 남지 않았다고 말하는
달력이나 자칭 예언자들의 말에 겁먹을 필요도 없다. 그리고
헛된 바람의 실현을 약속받는 대가로 돈을 꺼낼 필요도 없다.
그보다는 인간 정신사의 요약본 같은 이 세상을 좀 더 세심하

게 관찰하고 용기 있게 새로운 영역으로 들어가야 한다. 그래서 변화가 긍정적으로 이루어지고(변화 자체는 일단 좋은 것도 나쁜 것도 아닌 중립적인 것이다) 상황이 더 나빠지지 않게 해야 할 것이다. 우리 시대라고 해서 더 특별하지 않으며, 본질적으로 이전 시대와 다르지도 않다. 늘 그렇듯 중요한 것은 우리 개개인이 세상에 진정으로 관심을 두느냐 아니냐이다. 알렉산더 폰 훔볼트Alexander von Humboldt는 이렇게 말했다.

"가장 위험한 세계관은 세계를 보지 않는 사람의 세계관이다."[137]

미래: 우리 행동의 산물

주의 깊게 살펴본다면 변화가 곧 '정상 상태'임을 알게 될 것이다. 우리는 변화를 다뤄온 오랜 전통이 있으므로 어려운 시기들을 극복하면서 계발한 인류의 지혜를 어떻게 활용할지 배워서 우리의 미래를 위해 진정으로 무언가를 할 수 있다. 우리의 미래는 늘 우리 행동의 산물이다.

대전환을 기다리기만 하는 것은 의미가 없다. 그런 일은 콜

리플라워나 책상 램프라도 당신만큼 할 수 있다. 신이 왕좌에서 일어나 직접 소매를 걷어붙이고 나선다고 해도, 타고르도 말했듯 우리 자신의 행동이 여전히 필요하다.

"우리가 우리만의 작은 불빛을 직접 켜지 않는 한 하늘의 빛이 아무리 빛나도 소용없다. 우리가 스스로 준비되지 않는 한 세상이 우리를 위해 준비한 큰 부富도 만져지기를 기다리는 류트lute(기타처럼 생긴 유럽 현악기의 일종—옮긴이)의 현처럼 기다리기만 할 것이다."[138]

우리는 세상의 일부이므로 끝없는 변화의 일부이기도 하고, 스스로 늘 변하고 성장하는 시스템의 일부이기도 하다. 그리고 살아있는 시스템의 내면을 보면 (그것이 인간의 몸이든 산호초든 유기농 농장이든 혹은 사회 형태든) 그 부분들 하나하나가 중요하다. 전체 시스템이 건강을 유지·회복하느냐 아니냐는 그 부분들 하나하나에 달려 있다. 인간이 특별한 것은 긍정적으로 행동할지 부정적으로 행동할지 스스로 결정할 수 있다는 데 있다. 우리는 소외감에 빠져(참고로 자주 오해되고 오용되고 있는 '원죄'라는 개념이 실제로 의미하는 것이 바로 이 소외감이다) 세상과 점점 더 유리된 행동을 할 수도 있고, 세상을 향한 소속감을 다시 찾아 치유받고 또 치유받은 만큼 세상에 도움을 줄 수도 있다.

이 소속감을 경험하고 그것을 만끽하고 또 그것을 바탕으로 사는 것은 큰 선물이며 모든 전통의 신비주의자들이 그렇게 살았다.

앞 장들에서 살펴본 참여의 경험, 큰 원 속의 협력자로서의 경험, 그리고 우리가 모두 같은 근원에서 나왔음을 알게 되었을 때의 놀라움, 이 모두가 우리 자신과 지금과는 다른 관계를 갖도록 영감을 준다. 또한 이 경험은 다른 창조물들과의 관계를 변화시키고, 마침내는 창조 자체와의 관계도 바꾸며, 모든 것이요 앞으로도 모든 것일 신과의 관계도 바꾼다. 훌륭한 심리학자이자 저술가, 신비주의자이기도 한 샘 킨Sam Keen은 이렇게 말했다.

"아인슈타인 혹은 괴짜 한 명이 태어나는 데 온 우주가 필요하다."139

그리고 당신과 내가 태어나는 데도 온 우주가 필요했다.

단식 이야기를 하면서 언급한 특대 사이즈 피자 기억하는가? 모든 것이 서로 관계하고 의존하고 영향을 준 덕분에 존재할 수 있었던, 모든 것이 협력한 결과로서 나온 그 피자 말이다. 이제 당신의 탄생을 위해 모든 것이 어떻게 협력했는지 보

자. 당신의 부모, 조부모, 증조부모, 나아가 석기 시대까지 이어지는 더 먼 조상들, 그리고 어떤 영장류 하나가 두 발로 서겠다 결심했던 시대로까지 이어지는 더 먼 조상들을 생각해 보자. 그리고 거기서 더 나아가 우리 눈에 보이지도 않는 박테리아가 언젠가는 인간이 되어 초콜릿과 TV 시리즈를 즐기겠다는 야심 찬 계획을 세웠던 때까지 가보자. 태양, 달, 비, 바람, 동물들, 벼, 우주의 요소들, 중력, 번식 능력 자체, 당신을 수태했던 난자와 DNA 복권에서 1등 당첨의 쾌거를 이루었던 그 용맹한 정자를 생각해 보라. 우주의 깊은 고요와 그 세상의 음악, 끝없이 팽창하는 우주의 움직임을 생각해 보라. 당신을 낳았고 정확하게 당신을 원했던 그 우주 말이다.

당신 인생이 지금 어떤 모습을 하고 있든, 여기에 존재한다는 것 자체가 이미 크나큰 기적이다. 당신이 신의 한가운데에서 태어남으로써 이 세상에 신의 또 한 측면을 구현했을 때 온 우주가 박수를 보냈다. 당신은 모든 것과 연결되어 있으며, 그 근원과도 연결되어 있고, 그 근원과 본질이 같다. 당신은 그 근원에서 나왔고, 동시에 그 근원이며, 그런 의미에서 이른바 나의 슐레지엔 친척인 안겔루스 질레지우스는 이렇게 말했다.

"나는 신만큼 크고 신은 나만큼 작다. 신이 내 위에 있을 수 없고 내가 신 밑에 있을 수 없다."[140]

이렇게까지 설명했는데도 당신만의 가치와 당신의 목소리가 얼마나 중요한지 모르겠다면 나는 더 이상 어떻게 설명해야 할지 모르겠다……

우리의 진정한 자아와 진정한 가치

솔직히 말해 지난 수년 동안 나는 영적인 길을 가면서도 자신에 대해서는 썩 좋게 생각하지 않는 사람들을 많이 만났다. 영적인 길 위에서 사실은 무엇으로도 퇴색될 수 없는 자기만의 가치를 발견하기보다는, 스스로를 명상도 잘 못하고, 좋은 일도 할 수 없고, 믿음도 부족하고, 기도도 못하며, 사랑도 할 수 없는 '보잘것없는' 존재로 여기는 참으로 딱한 사람들이 얼마나 많은지 보고 그저 놀라울 따름이었다.

물론 많은 영적 체제들, 특히 전통적인 종교 체제들이 그런 부정적인 자아상을 부추겨왔다. 내 경험이 아니라 다른 사람들이 제시한 경험을 반복하는 것이 중요시된다면 결과는 늘 실망스러울 수밖에 없다. 순종이라는 것이 지구와의 연결, 그 근본적인 소속됨으로 이해되지 않고, 어떤 구루나 성직자, 세미나 지도자의 지나친 에고에 대한 복종으로 이해된다면 그 영혼은 결국 피해를 입게 될 것이다.

기독교는 원죄 교리로 인간으로 하여금 수치심을 느끼고, 그리하여 자유와는 반대되는 삶을 살게 하는 데 일조했다.(참고로 원죄 개념은 마니교에서 기독교로 확산된 것으로 사실 기독교와는 전혀 상관이 없다.)[141]

물론 나는 같은 선상에서 자신에 대해 완전히 반대되는 자아상을 가진 사람들도 만났다. 자신이 가장 위대한 사람, 세상이 감사해야 할 주님의 선물이라고 생각하는 사람들 말이다. 하지만 그런 스스로 짜깁기한 조잡한 슈퍼맨 복장 속에는, 다시 말해 자기에 대한 과대평가의 두꺼운 층 아래에는 마찬가지로 부정적인 자아상이 감춰져 있다.

자기 자신에 대한 이런 두 시각은 모두 균형을 이루지 못하고 있음을, 즉 자신의 인간성, 인간적 불완전성을 직시하지 않기 위해 스스로를 지나치게 추켜세우거나 혹은 정죄하고 있음을 보여준다. 그러나 우리는 우주의 중심도 아니고 신의 엉덩이에 난 성가신 뾰루지도 아니다. 우리는 우리 자신이다. 다시 말해 약점도 있고 실수도 하는 그런 인간이다. 하지만 동시에 장엄함과 존엄함을 본래부터 갖추고 태어난 인간이다. 예수는 그런 아주 평범한 인간인 우리가 당신이 행한 것과 똑같은 기적을 행할 뿐 아니라 그보다 더 큰 기적도 행하게 될 것이라고 했다.[142]

예수가 말한 '똑같은 기적'이란 우리도 예수처럼 물 위를 걷거나, 장님의 눈을 뜨게 하거나, 전신마비인 사람이 갑자기 탭댄스를 추게 하거나, 죽은 사람을 살리게 한다는 뜻은 물론 아니다. 예수가 행한 그 기적을 나는 일상의 수많은 일들에 대한 은유나 상징으로 본다. 하지만 그가 행한 이른바 '기적'들이 대단한 업적이 되어 내가 더 중요하게 생각하는 그의 다른 수많은 행동이 빛을 보지 못하게 만든다. 예수가 매일 모든 곳에서 만난 모든 사람에게 한 일은 무엇보다도 그들이 본질적으로 신의 왕국에 속해 있으며 지금 이 삶이라는 커다란 축제에 초대되었음을 알리는 것, 그들이 신의 아들이요 딸임을 증명하고 기적 같은 이 삶과 사랑에 빠지는 길을 제시하는 것이었다. 우리가 모두 똑같은 가치를 지녔으며 예수 자신은 물론 모든 개개인의 가치가 결코 손상될 수 없음도 보여주었다. "신이 모든 것을 창조했다면 나도 그중 하나이다. 신이 모두를 돌보고 있다면 나도 돌봐줄 것이다. 신이 모든 인간을 연민으로 보고 있다면 내 이름도 알고, 내가 누구인지, 또 내 희망과 바람, 불안도 알 것이다. 모두가 사랑받고 있다면 나도 그럴 것이다. 혼자인 사람이 없다면 나도 혼자가 아니다"라고 말이다.

사람들에게 이런 느낌을 전하는 것이 예수의 진정한 일이었다. 그리고 그런 일은 우리도 똑같이 할 수 있다. 그것을 위해 기적을 행할 필요는 없고, 단지 우리 동료 인간들을 주의 깊게 바라보고, 열린 귀와 가슴, 공감과 사랑으로 대하기만 하면 된다. 자기 자신을 온전한 인간으로 받아들이고 타인 역시 그러한 인간적인 존재임을 인정하기, 거친 사람의 내면에도 존재의 근본적인 섬세함과 연약함이 있음을 알기, 소심한 사람 안에서 용기를, 낙담한 사람 안에서 희망을, 마음을 닫은 사람 안에서 그리움을 보기, 그것이 다이다. 자신의 실수를 용서하고, 그리하여 타인의 실수도 용서하기, 자신의 약점을 받아들이고, 그리하여 타인의 실패도 비난하지 않기, 자신의 마음을 볼 줄 알고 그래서 타인의 마음도 볼 줄 알기, 본질적인 것을 알아차리고 그것과 사랑에 빠지기……

세안 오라이어는 아프리카에서 14년을 살았는데 그때 케냐의 킵시기스Kipsigis라는 목축 부족과 자주 함께하곤 했다. 이 사람들은 동네에서 사람들과 인사를 할 때 그냥 "안녕하세요?" 혹은 독일 베스트팔렌 지방의 방식으로 그냥 "흠!" 하고 말하는 데서 그치지 않는다. 이들의 인사는 번역하면 이런 식이다. "안녕하세요? 당신은 자기 자신을 사랑하나요? 당신의 아내도 그녀 자신을 사랑하나요? 당신의 아이들도 그들 자신을 사랑하나요? 당신의 가축과 옥수수들도 자기 자신을 사랑하나요?" 이들은 자기 수용이 타인의 수용으로 이어지고, 그래서 평화, 조화, 행복으로 이어짐을 직관적으로 알고 있음이 분명하다.

모든 사회에서 추구하지만 극소수만 획득하는 그 평화, 조화, 행복이라는 가치들 말이다. "자기 자신을 사랑하나요?"라는 질문에 온전히 확신하는 목소리로 "네!"라고 대답할 수 있다면, 우리는 자신에게 잘 공감하고 있다는 뜻이고, 그렇다면 타인과도 잘 공감할 수 있다. 세안 오라이어는 우리 자신과 타인 간의 본질적인 관계를 암시하는 이런 인사를 "신비주의 관점의 언어적 구체화"라고 불렀다.[143] 그리고 이렇게 썼다.

"이런 인사는 이들이 진정한 영성이란 자신과 온전히 일치하는 것임을 이해했다는 걸 보여준다. 자신의 에고가 아니라 자신의 내면에 존재하는 신과 일치하는 것이다."[144]

자신의 내면에 존재하는 신, 즉 진정한 자신과 일치하는 것, 그것과 하나임을 아는 것, 이것이 바로 신비주의의 원천이고 강이고 바다이다. 이것이 신비주의의 열매이자 뿌리이고 알파이자 오메가이다. 우리뿐 아니라 다른 모든 사람, 다른 모든 생명이 얼마나 소중한지, 그들 모두가 서로 얼마나 깊이 연결되어 있으며 의지하고 관련되어 있는지 이해하는 것이 신비주의이다. 그리고 다음 세안 오라이어의 말도 신비주의가 무엇인지를 잘 보여준다.

"세상이 평화로울 때, 그것은 신과 일치한 것이다."[145]

여기서 평화란 전쟁과 분쟁이 없는 상태를 말하기도 하지만, 무엇보다 우리 내면의 평화, 그리고 서로 다른 생각이나 성적 취향, 피부 색깔, 종교, 인종들 사이의 평화를 가리킨다. 하나는 다른 하나의 전제가 된다. 우리가 진정한 자신(이 참나는 진정한 인간과 진정한 신성으로 이루어지며 양쪽 모두 위대하다)과 내적으로 일치될 때, 우리의 행동, 우리의 말, 우리의 침묵, 세상에 대한 우리의 참여, 우리의 작은 기여가 생겨난다. 우리와 모든 존재들 속에 잠재되어 있는 신의 섬광들을 발견하면서 모든 것과 하나임의 느낌이 깨어난다. 그리고 모두가 똑같이 중요하므로 모두가 하나인 이 모든 장소, 모든 사건 속의 우리의 행동도 모두 똑같이 중요하다. 모든 존재가 자신만의 기능을 발산하고, 우리 각자의 노래는 우주의 위대한 멜로디에 없어서는 안 될 미묘한 차이를 더한다.

우주의 위대한 노래와 우리 개인의 노래

우리 모두는 우리 인생의 다양한 음색, 경험, 꿈, 희망, 두려움, 사랑에 의해 만들어진 자기만의 노래를 가지고 있다. 이 노래의 멜로디는 우리가 어디서 왔는지 떠올리게 한다.(각각의 소리는 우리 몸처럼 흙, 물, 불, 공기로 이루어져 있다.) 리듬은 우리의 심장 박동이다. 때로는 조용하고 부드러우며, 때로는 빠르고 열정적이다. 그것은 우리가 여기, 이 지구, 이 우주에 속하며 우리가 이 삶의 일부이자 다양성의 일부임을 상기시킨다. 또한 수많은 경이로움으로 둘러싸인 이 세상에서의 우리의 여정과 우리의 길을 떠올리게 한다.

나는 우리 우주를 하나의 위대한 교향곡으로 상상하기를 좋아한다. 끝없이 많고 다양한 생명들이 함께 연주하는 소리들로 가득한 교향곡 말이다. 우리 개개인의 노래는 아무리 보잘것없어 보여도 우주의 구석구석까지 다 들리는 위대한 교향곡에 없어서는 안 되는 부분이다. 우리의 소리, 우리의 특별한 음이 빠지면 전체 음악에서 무언가가 부족하게 된다. 우리의 멜로디가 없는 세상은 우리의 세상이 아니다. 우리는 성장하고 변화하며, 우리는 그 끊임없는 변화의 일부로서 우리의 노래를 부르며 살아간다. 시인 메리 올리버Mary Oliver가 말하듯이 비와 함께, 바스락거리는 나무 잎사귀와 함께, 새의 지저귐과 함께, "모든 것들의 가족"[146]과 함께.

우리의 노래는 서로 엮여 있다. 다른 이들의 노래와 떨어져 있지 않고, 우주의 노래와 분리되어 있지 않다. 우리의 노래는 치유의 손길이다.

모든 노래가 소중하며, 따라서 우리는 우리의 노래만이 아니라 타인의 노래도 존중한다. 이것은 마치 거대한 유니버설 오케스트라와 같다. 제1바이올린이 없을 뿐이다! 박자를 정해주는 사람도, 모두가 엄수해야 하는 최종 악보도 없다. 이 위대한 노래는 우리를 통해 발전하고 변화하고 속도를 바꾸고 폭발적으로 휘몰아쳤다가 다시 몹시 조용하고 부드러워질 것이다. 이 위대한 노래는 잔잔히 흐르다가 갑자기 거센 강물처럼 된다. 늘 새로운 소리들로 스스로에게 놀라움을 선사한다. 우리가 이 소리에 맞춰 춤을 추고, 우리 자신에게 놀라워하고 우리 자신과 다른 모든 것에 경탄하며 열린 마음으로 귀 기울일 때, 우리의 노래는 성공적이 될 것이다. 이때 우리는 마음껏 자유롭게 노래하고 신과 내면 깊이 일치되어(근본적으로 창조적인 에너지로서) 행동하며, 우리의 아이들도 자신만의 노래를 부를 수 있는 세상을 만들 것이다!

마르틴 부버는 자신의 책《하시디즘의 가르침에 따른 인간의 길Der Weg des Menschen nach der chassidischen Lehre》에서 신으로 향한 사람들 각각의 접근로는 사람마다 각기 유일무이하다면서 어느 마기드Maggid(유대교 순회 설교자—옮긴이)의 이야기를 들려준다. 이 마기드는 어떻게 하면 믿음의 전통을 따를 수 있느

나는 물음에, 모두 자신만의 길을 가야 하며, 따라서 우리 "각자는 가르침과 행동의 빛 안에서 자신만의 방식을 따라 혁신을 이루고, 이미 행해진 것이 아니라 행해져야 할 것을 해야 한다"[147]고 대답한다.

너무 멋져서 평생 간직하고 싶은 문구들이 있는데, "행해진 것이 아니라 행해져야 할 것을 해야 한다"는 말도 분명 그중 하나일 것이다. 이 짧은 문장이, 우리가 마음을 열고 세상에 기여해야 함을, 언제든 우리의 본질과 만날 수 있음을, 진정한 인간성과 우리 모두를 연결해 주는 신성으로 향하는 길을 발견할 수 있음을 또 한 번 분명하게 이야기해 준다.

은인 떠올리기 명상

세상에 나 혼자인 것 같을 때, 혼자 달걀로 바위 치기를 하는 것 같을 때, 옆에 산초 판자Sancho Pansa(돈키호테의 부하—옮긴이)도 한 명 없는 것 같을 때, 그럴 때 우리는 곧잘 무력감에 빠진다. 세상의 수많은 활동가와 다 개인적으로 알고 지낼 수도 없고, 매주 해양 생물 보호 단체인 시-셰퍼드Sea-Shepherd[148] 배를 타고 다닐 수도 없으며, 또 존 로빈스John Robbins[149]나 달라이 라마, 아룬다티 로이Arundhati Roy[150]를 규칙적으로 만날 수 있는 것도 아니므로 때로 무력감을 느끼는 것은 당연하다.

자신만의 길을 가다가도 문득 세상을 위한 활동도, 그런 활동의 기초가 되는 명상도 그저 외로운 작업이라는 생각이 들 때가 올 수 있다. 그럴 때는 우리의 은인들과 동행자들을 기억하고 그들을 명상으로 불러오는 것도 도움이 된다.(이 명상법은 부처님의 사랑 가득한 광휘를 시각화하는, 티베트의 명상법에서 영감을 받았다.)

이 은인들도 모두 그 엄청나게 빛나는 선행으로 우리를 (고

무하기보다) 오히려 주눅 들게 만드는 그런 완벽한 인간이 아니라 아주 보통의 사람들이다.(달라이 라마도 화장실을 갈 테고, 마틴 루터 킹 주니어도 때로는 코를 팠을 테니까 말이다!) 이들은 단지 최선을 다했던 사람들이다. 바로 우리처럼! 그리고 우리에게 사랑과 안정을 주거나 우리가 필요로 할 때 우리에게 친절을 베풀고 용기를 주었던 사람들이다.

먼저 어린 시절의 은인들부터 기억해 보자. 부모나 형제자매, 이웃이나 친척이 생각날 것이다. 당신을 잘 돌봐주고 지지했던 선생님이 떠오를 수도 있다. 그 사람들을 최대한 입체적으로 눈앞에 생생히 그려본다. 그 다음 당신 인생의 다음 시기로 넘어간다. 대학에서 공부하거나 직업 교육을 받거나 할 때 당신을 도와줬던 윗사람이 있는가? 당시 당신에게 특히 중요했던 사람이 있는가?

이제 영적인 은인들도 생각해 보자. 영감을 주었던 사람이나 영적 교사, 혹은 신이나 성인, 붓다도 그 은인이 될 수 있다. 때에 따라서는 로빈 후드나 아서 왕처럼 우리의 무의식에 긍정적으로 자리 잡은 가상의 인물이 될 수도 있다. 간달프(영화 〈반지의 제왕〉의 등장 인물—옮긴이), 아앙(애니메이션 〈아바타 아앙의 전설〉의 주인공—옮긴이), 코라(애니메이션 〈코라의 전설〉의 주인공—옮긴이), 요다 같은 현대의 가상 인물들도 가능하다. 판타지 속 인물들도 실제 인물 혹은 종교적 형상만큼이나 우리가 닮고 싶은 아주 구체적인 특성들을 갖고 있으며, 따라서 우리에게 영향력을 발휘한다.(이 점에 있어서 나는 고백건대 대천사 미카엘과 간달프 사이에 그리 큰 차이점을 찾을 수 없다.)

당신의 길에서 중요했고 어떤 형태로든 긍정적인 영향을 주었던 사람들을 모두 생각해 낸다.

다양한 사람들을 한 부대部隊는 생각해 낼 수 있을 것이다. 그들이 당신을 지지하는 집단이다. 그 집단에 속하는 사람들의 이름을 모두 적고 가능하면 그 이유까지 적기 바란다. 잠시 이 목록을 마음에 담은 후 그 사람들을 명상으로 데려간다.

자리에 앉아 등을 편안하게 편 다음 눈을 감고, 자신이 아름다운 숲속 커다란 빈터에 앉아 있다고 상상한다. 이제 목록에 적어둔 그 은인들이 당신 앞에 한 명씩 혹은 동시에 나타난다. 그리고 이제 모두 함께 당신 앞에 앉아 미소로 당신을 격려한다.

당신도 똑같이 그들을 보며 그들이 보내는 사랑과 온정을 의식적으로 받아들인다. 그들 모두가 당신에게 보내는 좋은 소망들을 느껴보라. 당신의 지지 집단 안에 머무르며 그들이 보내는 호의를 모두 받아들이고 그들이 발산하는 빛을 듬뿍 쬔다.

이 지지의 에너지를 충분히 받은 느낌이 들고 내면의 따뜻함을 느끼면(온도가 아닌 미묘한 직감으로) 그 이미지들을 천천히 사라지게 한다. 그 형체는 사라지지만, 호의의 빛은 여전히 남아 있고 감지할 수 있음을 지켜본다. 편안히 호흡하며 그 빛을 계속 받아들인다. 당신은 지금 바로 여기에 있고 바로 그들 안에 있다. 그 느낌 속에 몇 분 더 머물다가 눈을 뜨고 명상을 마친다.

이 명상은 지치고 혼자라고 느낄 때, 당신의 힘만으로는 충분하지 않다고 생각될 때, 큰 도전 앞에서 무기력해질 때면 언제나 할 수 있다. 이런 시각화가 특히 효과가 좋다고 느낀다면 압분 명상을 하기 전에 몇 분 동안 규칙적으로 한 다음 실제 명상으로 넘어가는 것도 좋다.

페이스북과 마음속 여린 슬픔
세상의 그 모든 아픔에도 불구하고 마음을 닫지 않기

　전자 기기들을 다 닫고 페이스북을 절대 보지 말아야겠다 싶은 날이 있다. 페이스북에 들어가자마자 첫 화면부터 어느 몰지각한 인간이 자루에 넣어 강에 버린, 불쌍하고 측은한 개나 고양이의 얼굴이 보인다. 그 다음에는 무신경한 농부가 먹이도 주지 않은 말들 사진이 나오고, 더 내려가 보면 일본 고래잡이 배들에 대한 폭로 기사가 있고, 마지막으로 도살장 영상이 등장한다. 덧붙여 국제앰네스티에서 보내는 소식, 위험 지구와 내란 지역 소식까지 다 읽고 나면 정신적으로 이미 탈진 상태가 된다.

　이런 뉴스는 이미 충분히 봤으니 이제 됐다고 말하는 사람도 있다. 이것은 이른바 영성을 공부한다는 사람들 사이에서도 흔히 보이는 태도이다. "나는 긍정적인 뉴스만 전해요" 혹은 "부정적인 뉴스들을 보거나 전달한다면 그런 일을 더 강화할 뿐이죠!" 같은 말을 이들로부터 자주 듣는다.

이런 사람들은 신문도 뉴스도 더 이상 보지 않는다. 긍정적인 에너지만 옆에 두고 싶어 하고, 좋지 않은 일들을 전달할 때 오히려 그 일들에 간접적으로 협력하게 된다고 생각하는 듯하다.

그 예민함은 충분히 이해하지만 나는 부정적인 것들이라면 모두 차단하는 이런 방식이 문제를 해결한다고 보지는 않는다. 꽃이 만발하고 분홍 토끼가 뛰어노는 아름다운 들판만 볼 수 있도록 마치 경주마처럼 눈가리개를 한다면, 그것은 세상을 향하는 것이 아니라 세상을 외면하는 것이다. 좋은 소식을 전달하는 것도 참 중요하고, 좋은 소식만 멋진 방식으로 전달하는 좋은 웹사이트도 물론 있다.[151] 하지만 성격이 소심해서 나쁜 뉴스들을 보면 많이 휘둘릴 것 같아 긍정적인 사이트의 정보만 취한다면, 나는 뭔가 나 자신을 기만하고 있다는 느낌이 들 것 같다. 진짜 세상이 아니라 제한된 현실만, 이 세상의 판타지 버전만 볼 테니까 말이다.(우리가 받는 정보들이 어차피 모두 선택적임을 잘 알고 있다. 하지만 그래도 아무 소식도 전달받지 못하는 것보다는 낫다고 생각한다.)

마음 아플 게 겁이 나는 것도 자신을 보호하려는 것이므로 이 또한 매우 인간적이라고 할 수는 있다. 하지만 인간은 어차피 아픔과 고통을 피할 수 없고 피해야 하는 것도 아니다.

내가 다 데려다 키울 수도 없는, 수많은 유기견을 보면 내 마음도 정말 아프다. 사랑은커녕 먹이도 못 받아먹는 말들을 보면 나도 정말 슬프다. 우리 집 마당이 조금만 더 크면 좋을 텐데 싶다. 그리고 고래잡이, 도살장, 폐허가 된 도시들, 울고 있는 전쟁 고아들 사진을 보면 당연히 나도 어쩔 줄을 모르겠다. 마음이 찢어진다. 안 그런다면 참으로 무감각한 사람일 것이다. 나는 우리가 눈물을 흘리며 이러한 감정들을 헤쳐 나가고, 연민을 키우고, 마음속 여린 슬픔을 허락하여 우리 안에 공간이 자라도록 해야 한다고 생각한다. 그리하면 모든 존재가 그 공간에 자리할 수 있고, 우리는 앞 장에서 언급한 것처럼 '행해져야 할 것'을 하게 될 것이다.

그런 사진이나 뉴스에 노출될 때 마음을 다스릴 유용한 조언을 해줄 수 있으면 좋을 텐데 어떤 조언을 해주면 좋을지 나도 잘 모르겠다. 최소한 즉각적인 효과를 부르는 방법은 나도 모른다. 그러나 연약함을 허용하는 사람은 두려움 없는 전사의 마음, 즉 고통을 겪고도 여전히 살아있을 수 있는 마음을 키울 수 있다는 것은 안다. 티베트인 명상의 대가 초감 트룽파 Chögyam Trungpa도 이렇게 말한 바 있다.

"진정한 용기는 연약함에서 나오고, 세상을 향해 당신의 상처 입기 쉽고 아름다운 마음을 열어 보일 준비가 될 때 나온다. 이때 당신은 방어하지 않고 주저 없이 세상에 자신을 열 준비가 된다. 그리고 다른 사람과 마음을 나눌 준비가 된다."[152]

그런 의미에서 붓다와 예수는 고통받는 자들 곁을 평생 지켰으니 진정으로 두려움이 없었다고 할 수 있다. 이들은 세상을 외면하지 않았고, 고통 속에 있는 사람들과 특히 더 마음을 나누었다. 그들을 보살폈고, 그들과 자신을 동일시했으며, 그들을 위해 자신이 할 수 있는 일을 했다. 마음을 열어 아파하면서도 온전히 그들 옆에 있었다. 무엇보다도 "나는 너희 중 하나이다. 나는 너희 곁에 있고 너희를 떠나지 않을 것이다"라고 했다.

세상과 연결되어 있기

그렇게 세상을 품는 것은 아플 수 있다. 때론 무력감을 느낄 수도 있다. 하지만 그것은 더 큰 무력감 속에 살고 있는 사람들에게 마음을 열게 하여, 실제로 그들을 도울 수 있는 상황이 왔을 때 부주의하게 지나치지 않게 한다.

아픔은 우리 안에 숨어 있는 사랑을 보여주기도 한다. 아픔은 우리의 방어벽을 뚫을 수 있다. 그렇게 되면 우리 마음속 연민의 강이 분출되고, 마침내 우리는 손을 내민다. 아픔은 더할 수 없이 완고했던 우리 안의 부드러움을 깨울 수 있다.

신은 눈이 없으므로 보고 증언해 줄 우리의 눈이 필요하다. 신은 입이 없으므로 불의를 지적할 우리의 입이 필요하다. 신은 팔과 손이 없으므로 우리가 약자들을 안아 보호하고 위로해야 한다. 신은 우리 모두를 필요로 한다. 매일 사랑이 지배하는 세상을 위해.

"사랑이 창조의 기반이고 모든 존재의 진정한 양분이므로, 이것을 아는 사람은 연민과 호의와 친절함으로 세상 모든 영혼이 목말라하는 양분을 줄 수 있다."[153]

세상에 무슨 일이 일어나고 있는지 모르면 상황을 개선하기 위해 우리가 할 수 있는 일은 적다. 모두가 긍정적인 소식만 듣고 그렇지 않은 소식은 모른 척한다면 어떨지 상상해 보라. 지중해에서 난민들이 어떻게 물에 빠져 죽어가고 있는지 아무도 모른다면, 자신의 소신을 말하는 저널리스트가 말도 안 되는 정부에 의해 어떻게 감금되어 있는지 아무도 보지 못한다면, 아이들이 어떻게 노예가 되거나 무자비한 독재자에 의해 손에 무기를 들게 되는지 아무도 알아차리지 못한다면, 기아와 기아를 만드는 경제 환경들에 대해 아는 사람이 아무도 없다면 어떻게 되겠는가?

그런 의미에서 우리는 방금 언급한 하즈라트 이나야트 칸의 인용문에 "공감 또한 모든 영혼이 갈망하는 것"이라는 말을 덧붙일 수 있을 것 같다. 공감은 정의를 향한 첫걸음이기 때문이다. 정의는 모든 사람에게 똑같은 기회를 주며, 이는 우리 동물 형제자매들에게도 마찬가지이다. 그러므로 우리는 보고, 마음을 열고, 공감하고, 필요할 때 분개하고, 참여하고, 기여하고, 우리 손을 (어떤 형식으로든) 내밀고, 세상과 항상 연결되어 있어야 한다. 영성을 추구하느라 그렇게 할 수 없다고 여긴다면 대단히 잘못 생각하는 것이다. 베네딕토회 수녀 조앤 치티스터는 이런 비극적인 착각에 대해 다음과 같이 분명히 말했다.

"영성은 종종 삶의 큰 문제들을 다루지 않는 것을 정당화하는 데 이용된다. 세상의 문제를 모른 척하는 데 관상觀想을 변명처럼 이용한다. 영적인 길을 이렇게 이용하는 것은 슬픈 일일 뿐만 아니라 기본적으로 잘못된 것이다. 관상이 하느님이 세상을 보듯이 세상을 보는 것이라면 우리는 세상을 매우 주의 깊게 봐야 한다. 관상이 하느님의 영 속으로 깊이 들어가는 것이라면, 우리는 우리의 작은 틀을 넘어 생각하는 법을 배워야한다. 관상이 하느님의 마음을 세상의 마음으로 가져오는 것

이라면, 하느님의 의지가 우주의 마음에서 도외시될 때 우리
는 그 누구보다 아파해야 한다."[154]

신비주의는 세상에 진정으로 깊이 참여하는 것이고, 비록
내면이 중요하다 하더라도 내면에 관한 것만은 아니다. 내면
가장 깊은 곳을 보고 우리의 진정한 자아에게 늘 더 많은 자유
를 주려 할 때, 세상과도 완전히 새롭고 더할 수 없이 가까운
관계를 경험하게 되며, 그만큼 새로운 삶을 살아가게 된다.
타고난 카스트의 특혜를 거부했던 붓다도 그렇게 새 삶을
살았고, 부정한 자들, 순수한 자들 가릴 것 없이 모든 사람을
자신의 식탁에 초대했던 예수도 그렇게 새 삶을 살았다. 우리
는 지금 아시시의 프란치스코가 모범을 보였고, 공정함을 놓
친 왕과 교황 들에게 힐데가르트 폰 빙엔이 용감하게 경고하
곤 했던 그 사회적 연대를 말하고 있는 것이다. 헬더 까마라
Helder Camara, 오스카 로메로Oscar Romero, 에르네스토 카르데
날Ernesto Cardenal에서 레오나르도 보프Leonardo Boff에 이르는
라틴 아메리카의 모든 해방 신학자들에게 영감을 준 것도 바
로 이 연대이다. 기독교에서 옛날부터 모든 인간에게 평등하
게 내리쬐는 태양에 비유했던 것, 그리고 알렉산드리아의 클
레멘스Clemens von Alexandrien가 2세기에 다음과 같이 묘사했
던 것도 바로 이 연대였다.

"하늘은 사방으로 둥글게 뻗어 온 땅을 감싼다.…… 그리고 하느님도 하루의 원천이자 빛의 아버지인 태양을 저 위에 두어 온 세상을 내리쬐게 하신다. 태양은 부자와 가난한 자, 지도자와 민중, 어리석은 자와 영리한 자, 여자와 남자, 자유민과 노예를 구분하지 않으니 모두가 태양을 우러러본다.…… 하느님은 태양을 모든 생명체에…… 똑같이 부어주시고 그렇게 정의를 관철하신다. 태양 빛을 남들보다 더 갖는 사람, 혹은 이웃으로부터 태양 빛을 빼앗아 자신만 두 배로 갖는 사람은 없다. 태양은 모든 생명체를 위해 양식이 자라게 하고 모든 존재를 같은 조건으로 공평하게 대한다."[155]

하지만 우리 세상, 우리 사회는 어떤가? 어떤 사람은 다른 사람들보다 "두 배나 더 많은 빛"을 받지 않는가? 혹은 상대가 방어할 수 없는 약한 사람이라서 그냥 빼앗아 버리지는 않는가? 그리고 우리는 그런 뉴스들을 마음이 괴롭다는 이유로 모른 척 지나치지는 않는가? 우리는 정말 눈도 없고 감정도 없이 살고 싶은가? 단지 그것이 편하기 때문에? 명상에 방해된다고 불의를 외면하고 싶은가?

다국적 기업의 간부들이 자진해서 클레멘스의 위 인용문을 아름다운 액자로 만들어 자신들 방에 걸어둘 것 같지는 않다. 이윤 추구에 정의가 희생당할 때 우리가 제대로 보고 있지 않으면 아무도 그것을 보아주지 않을 것이다. 그런 의미에서 정당하게도 조앤 치티스터는 명상하는 사람들에게 눈을 뜨라고 말한다. 그리고 어떤 방식으로든 착취당하고 있는 사람 편에 설 것을 요구한다.

"명상은 끝없는 황홀감을 위해서가 아니라 편협한 정치, 곰팡내 나는 민족 감정, 남녀 간의 대결, 계층 간의 분리를 넘어서는 계몽을 위해서 한다. 명상하는 자가 숨 쉬려 애쓰는 신의 숨결은 연민하는 영의 숨이다. 진정으로 영적인 사람은 울고 있는 자와 함께 울고, 목소리를 빼앗긴 사람들을 위해 목소리를 높인다."[156]

혼자서는 세상에 진정으로 근본적인 변화를 가져올 수 없고 그저 울고 있는 사람들과 함께 우는 것밖에는 아무것도 할 수 없는 것 같은 날이 있다. 하지만 그 사람에게 우리가 그를 잊지 않았고 그의 옆에 있으며 그와 함께 아파하고 있음을 보여주는 것이니, 그 눈물도 헛된 것은 아니다. 그의 고통이 없는 것인 양하지 않고 우리의 눈물로 그들의 눈물을 보여주는 것이니 말이다.

소외층을 위해 적절한 순간에 목소리를 높일 수 있는 날도 있다. 나쁜 일을 당하고 좋지 않은 상황에 있는 사람들이 무시당하지 않도록 책이나 기사를 쓰거나 인터넷에 소식을 전할 수 있다. 그리고 아무 말 하지 않고 그냥 미소와 격려의 눈길로 손을 내밀기만 해도 조금은 더 나은 세상을 만들 수 있는 최고의 날도 있다.

세상과 우리와의 연결, 세상의 내면화, 세상에 대한 우리의 관상(명상)이 모든 연민과 연민어린 행동의 토대이다. 그러므로 진정으로 명상하는 삶이라면 정의와 평화를 바랄 수밖에 없으며, 행동이 없는 관상은 있을 수 없다.

네가 생각하는 모든 걸 다 믿지는 마,
똘똘이 스머프!
세상을 제대로 보지 않는 우리의 머리

참 복잡한 세상이다. 도무지 어떻게 돌아가는지 알 수 없는 세계 경제나 정치를 봐도 그렇고, 독일 세금 제도와 매일 타고 다니는 자동차의 전자 설비만 봐도 그렇다. 그런데 또 페이스북에서 '관계 상태' 선택 항목이라는 것도 보게 되었다.(관계 상태 선택이라니, 벌써 혼란의 도가니에 빠진다.) 한 가지 생각이 다른 생각들로 꼬리를 물고 이어진다. 우리의 개념적 사고가 제멋대로 늘어나고 계속 그것들에 천착할 때 우리는 문제에 봉착한다.(나는 인류를 이만큼 발전하게 한 개념적 사고를 온전히 나쁜 것이라고만 말할 생각은 물론 결코 없다.) 예를 하나 들어보자. 그럼 평소처럼 돌고 돌아 요점에 도달할 것이다.

당신은 똘똘이 스머프를 알 것이다. 안경을 쓰고 뭐든지 자기가 제일 잘 안다고 생각하며 모든 일에 참견해야 직성이 풀리는 그 파란 책벌레 꼬마 말이다. 안과에서 추천해 준 독서용 돋보기안경을 썼더니 내 아이들이 플라스틱으로 된 그 불쾌한

꼬맹이 녀석을 내게 선물했다. 그리고 음흉한 미소를 짓더니 그때부터 나를 "아빠" 대신에 "똘똘이 스머프"라고 부르려 들었다.(때로는 "올빼미"라고도 부른다.) 자유로운 영혼으로 키워줬더니 사악하게도 이런 식으로 감사의 마음을 전한다. 앞 장에서 내 아이들을 '멋지다'라고 했던 것 당장 재고해야 할 듯하다……

하여튼 똘똘이 스머프는 그렇게 내 노트북 옆에 한 자리를 차지했는데, 알고 보니 (나도 인정할 건 인정해야 하는 것이……) 사실 꽤 쓸모가 있는 녀석이었다.

왜냐하면 나도 생각할 때들이 있기 때문이다.

그렇다. 그게 뭐 놀랄 일이냐고 할지도 모르겠지만, 사실이 그렇고 그건 전혀 즐겁지 않다. 왜냐하면 생각을 위한 생각을 하는 지경에 이르기 때문이다. 나는 책상에 앉아 당신이 나중에 이 책을 읽을 때 "어이구, 디르크 그로서…… 이 멍청이!"라고 할 만한 어떤 상황을 적절히 묘사할 표현을 찾고 있다. 하지만 생각이 꼬리에 꼬리를 물고 이어지면서 애초의 주제는 점점 멀어지고 검색할 가치도 없는 부수적인 것들만 알아보고 앉아 있다.

그리고 바로 그때 나는 나의 구세주를 본다. 파란 피부에 하얀 바지와 하얀 모자를 좋아하는 똘똘이 스머프 말이다! 이 녀석은 머리만 쓰는 녀석이라 모든 문제에 관련 논제를 끌어올 준비가 되어 있고, 그래서 실용적이기가 남다른 다른 스머프들을 매번 짜증나게 한다. 나는 자칫하면 나도 그런 행태에 빠질 수 있음을 똘똘이 스머프를 보며 늘 상기한다. 생각을 위한 생각, 하나의 이론에 기반한 또 다른 이론에 골몰하는 동안 나는 나 자신에게서 점점 멀어진다. 왜 이러는 걸까?

이것 또한 하나의 방어 기제임이 분명한 것 같다. 생각에 골몰하는 동안 세상과 거리가 생기므로 그만큼 세상과 접촉하지 않아도 된다. 생각의 포트 녹스Fort Knox(미국의 육군 기지로 미국 정부가 금을 대량으로 보관하고 있어 방어가 철저한 곳으로 알려져 있다—옮긴이) 내부에서 살아가므로 실질적인 도전도 없고 온몸으로 느끼는 경험도 없다. 생각할 것이 이미 너무 많으므로 온몸으로 부딪치며 살지 않아도 된다.

그래서 정말 솔직하다면 절대 답을 찾을 수 없음을 인정할 추상적인 질문들을 던지며 현실과 동떨어지고, 무엇보다 현재의 순간과는 더더욱 상관없는 것들에 자꾸자꾸 천착한다. 수피즘은 이런 경향을 정말 유머러스하게 지적했는데 내가 볼 땐 매우 설득력이 있다.

"어떤 사람이 수피를 찾아가 물었다. '수년 동안 죽도록 생각하고 책도 많이 읽었지만 아직도 저는 대답을 찾을 수가 없습니다. 제발 말씀해 주십시오. 죽은 다음에는 어떻게 되나요?' 수피가 대답했다. '그것은 죽을 사람에게 물어보시오. 나는 살 생각이라서요.'"[157]

한참 잘못 가고 있을 때 이런 스승이 나타나준다면 그야말로 크나큰 행운이 아닐 수 없다. 안 그러면 우리는 계속 질문을 만들어내고 이론들에서 그 답을 찾으려 들 것이다. 그리고 나름 확실한 답을 찾았다 싶으면 안심한다. 이제 늘 변하는 이 기이한 세상에서 손에 잡히는 어떤 지점, 정박 지점을 찾은 것이다. 우리의 생각은 세상을 새로 짓고 싶고, 이번에는 완전히 철근 콘크리트로 짓고 싶다. 우리의 생각은 명확한 경계, 정확한 관할 영역, 배타적인 영역, 언제나 어떤 상황에서도 정확하게 똑같은 결과를 내는 엄격한 행동 지침을 원한다. 그러므로 우리의 생각이 확실히 원하지 않는 것은 바로 '있는 그대로의 세상'이다.

"안심하고 싶으므로, 나는 삶이라는 강을 거부한다.(계획과 규격 밖의 삶을 살거나 받아들이기를 거부한다는 뜻—옮긴이) 그렇게 나는 삶에서 소외된다."[158]

그러므로 인간은(그리고 똘똘이 스머프도) 알렌 와츠Alan Watts가 말하는 이 '삶의 강'을 피하지 않고 그것에 의식적으로 몸을 맡기는 신비주의가 매우 필요하다.

현재 순간을 살며 자신을 내맡기고, 청사진을 요구하거나 개선을 제안하지 않으며, 삶이 보여주는 그대로 삶과 만나는 것이 바로 이 강에 몸을 담그는 것이다. 이 강을 기독교와 유대교는 하나님이라 부르고, 이슬람교는 알라라고 하고, 도가에서는 도道라 말한다. 불교도는 이 강 안에서 모든 것에 편재하는 불성佛性을 보고, 힌두교도는 이 강 안에서 우주의 신성神性, 즉 브라만을 보며, 그 브라만 안에서 모든 생명체가 갖는 신성, 즉 아트만을 본다.

신비주의(혹은 마르틴 부버가 말한 현재성, 현존)는 다른 어떤 것이 아닌 이 신성의 강이 되길 원한다. 그리고 이 강을 타고 내려가는 데는 공기를 넣어 떠우는 악어 모양 튜브 따위가 필요 없다. 단지 옷을 벗고(그러니까 그렇게나 끌고 다니던 모든 개념과 이미지 들에서 벗어나) 뛰어들기만 하면 된다. 우리는 비워진 상태로(관념에서 자유로운 채) 삶의 강물에 몸을 맡긴 채 흘러갈 것이다. 그렇게 신이 보내는 삶이라는 무정부적인 모험으로의 초대를 받아들일 것이다.

의구심을 갖고 끊임없이 묻지 않아도 되는, 마이스터 에크하르트가 말하는 다음과 같은 단순한 삶으로 말이다.

"'그대는 왜 사는가?'라고 삶에게 천 년이나 묻는 자에게 삶은 정말 이렇게만 대답한다. '나는 사니까 산다'라고. 삶은 자신의 고유한 이유로 살고 자신의 고유한 것으로부터 솟아나기 때문이다. 그래서 삶은 '왜?'라고 묻지 않고 그저 자기 자신으로 산다.…… 그렇다면 친애하는 인간이여, 신이 당신 안에서 신으로 존재하도록 기꺼이 허락하는 것이 당신에게 무슨 해가 되는가? 신을 위해 당신 자신에게서 완전히 빠져나와라. 그래야 신이 당신을 위해 자기 자신에게서 완전히 빠져나온다. 그렇게 둘 다 빠져나올 때 남는 것은 그저 하나이다.(신과 내가 하나가 된다는 뜻─옮긴이)"159

삶을 우리의 생각에 끊임없이 맞추려 들지 말고, 그냥 삶이 마음껏 우리를 데리고 흘러가게 두자. 신을 신으로 존재하게 두고 삶을 삶으로 존재하게 두자. 우리의 기대 따위는 잊고 경이驚異에 몸을 맡기자. 그러지 않으면 다음과 같이 알렌 와츠가 도가道家에 대해 언급한 말처럼 될 테니 말이다.

"매 순간이 기대가 될 때 삶은 성취감을 잃는다."160

특정한 것을 기대하는 사람(그리고 이 특정한 것은 항상 생각에 의해 만들어진다)은 반드시 실망하겠지만, 무엇보다도 기대했던 것 대신에 보여지는 것을 간과하게 될 것이다. 자신을 우주의 중심으로 보지 않기, 자신의 계획을 절대적인 것으로 삼지 않기, 스스로 혹은 세상이 만든 관념을 그냥 잊어버리기, 이것이 하나의 새로운 길이 될 수도 있다. 자신에게 공간을 주고 모순을 허용하고, 바라는 대로가 아니라 있는 그대로 보고, 지금 있는 그대로에서 편안히 쉬자. 그러면 서서히 마음의 평온이 찾아오고 그제야 지혜에 눈을 뜰 수 있게 된다. 이때 우리는 (우리의 생각과 기대에 따라) 단지 '반응'만 하는 것이 아니라 실제로 '행동'을 할 수 있다. 새롭고 홀가분하게.

세상으로 나가 정의를 실현하는 것이 왜 중요한지 앞 장에서 논한 바 있으니, 삶의 강물로 뛰어들어 흘러가는 대로 두라는 것이 모든 것을 무조건 받아들이라는 뜻이 아님을 당신도 알 것이다. 그보다는 자신의 바람이 모든 것의 척도가 아님을 알고 삶의 사건들을(예를 들어 죽음처럼 바꿀 수 없는 것들을) 받아들이거나, 파괴적인 분노나 미움 없이 세상을(예를 들어 자신만의 삶의 방식이나 사회적·정치적 관계들을) 적극적으로 바꾸거나 할 정도로 자유로워진다는 뜻이다. 말하자면 자기 자신에게도, 세상과 세상 속 사건들에게도 변화하고 발전할 수 있는 자유로운 공간을 준다는 뜻이다. 자주 인용되는 라인홀드 니부어Reinhold Niebuhr의 유명한 문구가 하나 있는데 바로 이런 태도를 이해하는 데 도움이 될 것 같다.

"신이여, 바꿀 수 없는 것을 받아들이는 평온과, 바꿀 수 있는 것을 바꾸는 용기와, 그 둘을 구별할 수 있는 지혜를 주옵소서."[161]

신은 원래 '알아차림(혹은 마음 챙김) 명상'을 가르치는 선생이고, 신의 목소리는 세상의 모든 목소리와 함께 접촉, 매혹, 황홀, 그리고 장벽의 무너짐에 관해 말한다. 신비주의는 머릿속의 일이 아니다. 우리는 생각으로는 신을 '붙잡을' 수 없으며, 오직 신이 우리를 훨씬 더 넓은 차원에서 '붙잡게 놔둘' 수 있을 뿐이다.

우리는 스머프 모자와 안경을 벗어 강가에 둔 다음 존재의 강 속으로 뛰어 들어가 강물에 우리 자신을 내맡기고 우리의 뇌가 헹궈지게 내어둘 수 있다. 우리 우주를 관통하고 우리의 주변에서 우리를 통해 흐르는 집단적인 강으로서의 신 안에서 우리의 호흡, 우리의 행동, 우리의 바라봄과 우리의 경험을 가지고 존재하는 것이다. 똘똘이 스머프도 우리와 함께 수영할 것이다. 그는 그저 용기를 내 강물에 젖기만 하면 된다!

오늘부터 쉬운 내리막길
마침내 자유를 찾고 불안을 떨치다

지금으로부터 약 3년 반쯤 전 우리 개(수컷, 이름은 발두르)가 거의 매일 함께 놀던 이웃 개(암컷)가 죽었다. 그러자 발두르는 긴 애도 기간에 돌입했는데, 옆에서 보기에 정말 마음이 찢어질 정도였다. 산책하러 나갈 때마다 이웃집 마당을 보며 자신의 여자 개 친구가 나오길 하염없이 기다렸다.

보다 못한 우리는 중차대한 결심을 하나 했는데 바로 개를 한 마리 더 들이는 것이었다. 우리는 유기견 보호 시설들을 방문하고 국제동물보호협회 인터넷 사이트도 샅샅이 뒤졌다. 그러다 어느 순간에는 내가 꼭 보수적인 아버지가 된 것 같았다. 아들자식 결혼 좀 시켜보려는데 아무리 봐도 신붓감들이 다 탐탁지 않은…… 그러다 우리는 드디어 더할 수 없이 아름다운 릴리 할보르를 발견했다. 릴리는 스페인의 어느 유기견 안락사 기관에서 죽을 날만 기다리는 신세였는데 어쩌다 우리 동네 유기견 보호 기관에 연락이 닿았고, 따라서 우리에게도 연락이 왔던 것이다. 입양을 결정하고 몇 주 후, 드디어 가까운 공항에서 릴리를 만났다. 그리고 그때부터 시작이었다!

릴리는 우리 하얀 수컷 발두르와 색깔만이 아니라 모든 점에서 정확히 반대였다. 간단히 말하면 발두르가 더할 수 없이 신중하고 매사 삼가는 영국 신사 같다면, 릴리는 트림과 방귀를 일삼는, 훈육 효과 제로의 네 발 달린 불도저였다. 제자리에 온전히 있는 물건이 하나도 없었다. 다 쓰러져 있거나 뜯어져 있거나 짜부라져 있었다. 릴리는 걸을 때도 피해갈 줄을 모르는 개였다. 어디를 가든 걸리는 것은 다 치워가며 직선으로만 갔다. 스페인에서 9년을 사는 동안 사람과 함께 살 때 어떻게 해야 하는지 전혀 배우지 못했음이 분명했다. 사실상 우리의 인내심을 시험하기 위해 야생 개를 포획해서 문명 사회로 데리고 온 거나 다를 게 없었다. 릴리는 보이는 것은 다 씹어 먹었고, 무엇은 해도 되고 무엇은 안 되는지 생각이 전혀 없었으며, 지극히 당연한 일인 것처럼 식탁 위에 올라가 있곤 했다.

식탁 위의 릴리를 우리가 할 말을 잃고 보고 있을 때면 발두르도 경악을 금치 못하는 것 같았다. 그럴 때면 나는 꼭 발두르가 "당신이 나를 위해 구해온 여자가 이 여자요? 지금 장난해요?"라며 나를 나무라는 것 같았다. 그럼 난 꼼짝없이 어깨를 움찔해 보이며 남녀 관계라는 게 원래 쉽지 않은 거라고, "좋을 때나 어려울 때나 함께하는 게 사랑이라는 말도 그래서 있는 거 아니냐?"며 구차한 변명을 늘어놓았다.

이 개 숙녀분(책이니까 정말 완곡하게 숙녀분이라 해두자)이 자주 몹시 신경을 긁기는 했지만, 그런 존재를 옆에 두고 사는 게 사실은 매우 흥미진진한 경험이기도 했다. 가끔은 인간이라는 존재를 처음 본 어느 외계 생명체를 보고 있는 것 같기도 했다. 릴리를 보고 너무 고개를 절레절레 흔들어서 언젠가는 목 디스크에 걸릴 것 같았다.

참고로 릴리에게는 야생성 외에 두드러진 점이 하나 더 있었는데, 바로 세상에서 가장 사랑이 많은 존재라는 점이었다. 릴리가 인간의 명령을 하나도 이해하지 못한다는 것, 순종한다는 게 무엇인지 감도 잡지 못한다는 것, 그리고 사회적 관습에 눈곱만큼도 관심이 없다는 것이 사실은 그다지 문제가 되지 않았는데, 왜냐하면 릴리는 마치 누군가 녀석의 귀를 내 바지에 붙여놓은 게 아닌가 싶을 정도로 내 옆에, 그러니까 '사람 옆에' 딱 붙어 있었기 때문이다. 릴리는 늘 옆에 있고 원하는 것은 딱 하나였다. 애무하고 애무하고 또 애무하기.(오케이! 먹는 것도 물론 좋아한다!)

여기서 릴리 이야기를 하는 건 재미있는 개 에피소드 하나 들어가는 것이 모든 책에 그렇듯 나쁠 게 없어서기도 하지만, 무엇보다 릴리가 두려움이라곤 없이, 절대적으로 자유롭게 온전히 자기 자신으로 사는 아주 좋은 예이기 때문이다. 릴리는 들판에 나가면 말, 암소, 수소에게로 달려가고, 금속류 쓰레기를 넣어두는 노란 쓰레기봉투를 갈기갈기 찢고(발두르는 금속들이 부딪치는 소리만 들어도 저러다 심장마비라도 일으키지 않을까 싶을 정도로 무서워한다), 밥그릇을 물어 뜯어놓고, 이미 말했듯이 거의 쉬지 않고 방귀를 뀌고 트림을 하며(특히 손님을 초대했을 때 그렇다), 울타리 밑을 파서 탈출하고, 벽을 뛰어넘고, 뚱뚱한 아저씨처럼 코를 골고, 그러고 있는 자신이 괜찮은지, 예의에 어긋나지는 않는지 꿈에도 자문할 줄 모른다. 하지만 누구를 해치는 게 아니고 단지 야생견의 본능에 따라 자신만의 경험을 쌓아가는 것이다. 그러므로 나는 릴리가 기묘한 외계 생명체임과 동시에 내가 아는 세상에서 가장 행복한 존재라고 생각한다.

타고르처럼 릴리도 세상과 하나이며 맥박 치는 삶에 완전히 중독되어 있다.

"내 혈관 속을 밤낮으로 타고 흐르는 그 생명의 흐름이 세상에도 똑같이 춤추듯이 리드미컬하게 흐른다."162

오케이, 릴리로 말할 것 같으면 '춤추듯이'는 아니고 '가차 없는 증기 롤러'(도로에 아스팔트 등을 깔 때 쓰는 차—옮긴이) 쪽에 가깝지만 무슨 뜻인지는 아셨으리라. 타고르가 말하는 그 생명의 흐름을 따르는 것, 그것이 자신에게 스며들게 해 완전히 채우는 것, 신성의 강과 하나되어 서두르거나 저항하지 않고 세상을 흘러가는 것, 이것이 '신비주의의 길'이라고도 부를 수 있는 것이다.

이 신비주의의 길(지금까지 이 책에서 우리는 그 다양한 측면들을 살펴봤다) 위에서 우리의 정신은 두 가지 점에서 자유롭다. 첫째로는 인습, 개념, 이론, 사고 체계, 망상, 독단, 두려움, 자기 심판, 소외감에서 자유롭고, 둘째로는 사랑하고 존중하고 경의를 표하고 노래하고 춤추고 즐기고 삶을 신성의 끝없는 표현으로 경험하는 데 자유롭다. 이 길에서 우리의 정신은 내면의 가장 깊은 충동에 따라 자유롭게 행동할 것이다. 자유롭게 세상의 모든 구석에서 신성을 발견할 것이고, 그 신성에 누가 무슨 이름을 붙이든 그 발견을 예외 없이 축하할 것이다. 우리의 정신은 이 신비주의의 길에서 이슬람교, 기독교, 힌두교, 불교, 도교, 유대교, 자연 종교들의 전통과 그 실천법 모두가 아름다운 것을 볼 것이고, 근본주의 믿음을 가진 어떤 파수꾼이라도 그런 관용을 금지하지는 못할 것이다. 불도저 릴리가 부끄러움, 후회 혹은 다른 어떤 부정적인 감정 없이 모든 것, 모든 존재와 친구가 되는 것처럼 신비주의자도 어디서든 편안히 머물며 모든 것 속에 살아있는, 이름 없는 고요에 빠져들 수 있다.

수피 하즈라트 이나야트 칸은 이렇게 말했다.

"세상의 모든 신성은 영혼을 자유롭게 하므로 신성하다. 자유만이 이 삶에서 존재하는 유일한 목표이기 때문이다."[163]

떠나보내기 그리고 인간으로 존재하기

신비주의자는 이 자유를 얻기 위해서는 다른 것들로부터 자유로워야 한다는 것을 잘 안다. 이 말이 세상을 떠나 신에게만 집중하라는 뜻은 아니다. 우리 영혼에 신이 태어날 정도로 세상을 마음 깊이 받아들이고 세상과 세상의 모든 존재에 가까이 가라는 뜻이다. 이 내면의 경험은 기존의 교리들을 따라서는 결코 얻을 수 없는 진정한 변형이기 때문이다. 안겔루스 질레지우스는 다음과 같은 유명한 2행시로 이 점을 잘 요약했다.

"그리스도가 베들레헴에서 천 번을 태어나도
그대 안에서 태어나지 않으면 그대는 영원히 길을 잃는 것."[164]

기독교 신비주의 문맥에서 이 말을 좀 더 극단적으로 바꾼다면 "나는 그리스도인이 아니라 그리스도가 되고 싶다"라고 말할 수 있을 것 같다. 나는 나에게 무엇은 믿고 무엇은 믿지 말라고 말하고, 무엇이 옳고 무엇이 그른지 설명하고, 누구는 사랑해도 되고 누구는 안 된다고 말하는 종교의 신자가 되고 싶지는 않다. 그 대신 나는 나와 아버지가 하나라고 느끼며 살고 싶다. 내가 깊이 믿고 신뢰하며 압분으로 부르는 그 근원과 늘 연결되어 있음을, 내가 그에게 속하며 그가 나에게 속함을 느끼며 살고 싶다. 이 경험 안에서 나는 진정 자유로우며 옳지 않거나 충분하지 않거나 이 세상에서 혼자가 되거나 하는 두려움에서 벗어난다.

마하트마 간디는 긍정적인 종교란 어떤 것인지를 다음과 같이 이야기한다.

"두려움이 있는 곳이라면 그것은 종교가 아니다."[165]

두려움은 내가 자유로워지는 것을 막는다. 예전에는 문화권에 따라 지옥 불 속이나 나쁜 조건에서 환생할 것에 대해 두려워했다면, 요즘은 자기 존재의 절대적인 무의미함이나 완전한 소멸, 무에 대한 두려움이 늘 마음 한구석에 뙈리를 틀고 있는 것 같다.

2세기, 인도 대승 불교 전통의 거승 나가르주나Nagarjuna는 이렇게 말했다.

"'존재'는 영원을 믿는다는 뜻이다. '비존재'는 소멸을 믿는다는 뜻이다. 그러므로 지혜로운 자는 존재 상태에도 비존재 상태에도 머물지 않는다."[166]

　그렇다면 지혜로운 자는 어디에 머무는가? 모든 개념 너머의 자유 안에 머문다! 그러므로 이 자유로 향한 첫걸음은 온전히 인간적으로 살 수 없게 하는 모든 것을 떠나보내는 것이다. 세상이 꼭 이런저런 방식으로만 작동한다고 억지로 믿게 하는 것들, 절대적으로 이것 아니면 저것이라고 말하는 것들, 친구 아니면 적이라고 말하는 어설픈 도식들, 좋은 사람 아니면 나쁜 사람이라고만 보는 사고방식, 무엇보다 신이 어떤지, 신이 무엇을 원하며 무엇을 허락하고 무엇을 금지하는지 정확하게 알고 있다고 생각하는 사람들의 말들을 떠나보내는 것이다.
　모든 전통의 신비주의자들은 다른 사람들은 감히 생각지도 못했던 것들을 자유롭게 말하곤 했다. 이들에게 신성은 '네'와 '아니오' 너머, 늘 하나의 해결책만 선호하고 다른 대안은 고심하지 않는 편협한 이분법 너머에 있었다. 명상을 통해 자신의 내면, 존재의 근원으로 깊이 내려가면서 이들은 모든 것을 포용하고 진정으로 사랑할 수 있을 만큼 크게 확장되었다. 떠나보내는 자유와 사랑에 빠지는 자유는 지금 우리에게도 가능하다. 그리고 이것이 아름다운 것은 진정으로 자유로운 사람이라면 다른 사람에게도 이 자유를 줄 수 있다는 데 있다. 하지만 은밀히 구속감을 느끼고 이 한계를 터무니없는 철학적 왜곡으로 정당화하려는 사람은 대부분 다른 사람도 구속하려 든다.(종교적으로 자신이 누구보다 뛰어나다고 굳게 믿는 사람은 다른 사람이 자신보다 나은 상황임을 대체로 인정하지 않으려는 것 같다.)

자유로운 정신이 자유를 가져오고, 자유롭지 못한 정신은 더 많은 부자유를 낳는다. 간단한 방정식이다. 두려움 가득한 정신은 닫혀 있고 자유로운 정신은 삶을 향해 있다.

정말 기쁜 소식

성경에서 가장 자주 나오는 표현이 "두려워 마라"이다.[167] 심심하다면 한번 세어보기 바란다. 신과 하나임을 알 때 모든 두려움이 사라진다. 이것이야말로 정말 '기쁜' 소식이다! 두려움 끝, 자유 시작! 신비주의로 우리는 이제 그 어느 때보다 생생히 살아있다. 다른 사람들과 나눌 수 있는 큰 기쁨에 눈을 뜬다. 루미와 함께 노래할 수 있는 기쁨을.

"소식 들었는가? 겨울이 끝났다! 정향과 바질도 웃음보가 터졌다."[168]

루미도 릴리를 만나는 행운을 얻었다면, "개도 누가 부르든 말든 들판을 껑충껑충 뛰어다닌다" 혹은 "개도 식탁 위에 서 있다. 거기서는 창 밖이 더 잘 보이므로"라고 이어서 썼을 것이다.

자유에서 이 큰 기쁨이 나오고, 이 기쁨에서 아이들이 느끼는 경이로움과 감사함이 나오며, 이 경이로움과 감사함에서 진심 어린 행동이 나온다. 성령의 고요한 임재 속에서 자기 자신을 세상에 내어주는 행동이 나온다.

이 자유는 거의 모든 곳에서 찾을 수 있다. 마트, 유치원, 강아지 공원, 숲속, 사무실, 공사장, 영성 세미나장에서 찾을 수 있고 아주 '영적이지 않은' 행사들에서도 ('영적이지 않은 것'은 없다는 걸 잘 알고 있으므로) 찾을 수 있다.

일상에서 지켜야 하는 규칙 탓에 언뜻 보기에는 자유가 없어 보이는 수도원에서조차 자유는 살아있다. 베네딕토회에서 약 1,500년 동안 지키고 있는 3대 서원誓願이 있는데, 이는 전혀 수도원답지 않은 우리의 일상을 위해서도 분명 영감을 줄 만하다. 정주定住(stabilitas), 순명順命(Oboedientia), 수도자답게 생활할 것Conversatio morum이 그것인데, 요즘 사람들에게는 좀 생소하게 들릴 수도 있지만 이 세 가지 규칙 혹은 원칙은 관상 수행과 결합하여 인간을 신비에 대한 헌신으로 이끌 수 있다.

이 길은 추월선 없는 평생 수행의 길이다. '즉각적인 깨달음'은 여기에서 기대하기 어렵다. 이 3대 서원은 천천히 우리 정신에 스며들며 자신에 대한 끝없는 인내를 통해서만 그 안에 숨어 있는 아름다움과 지혜를 발견할 수 있다.

'정주定住'는 자기 자신을 피하지 않고 자신의 그림자에서 도망치지 않고 마주하며 그것을 사랑으로 받아들인 다음 변형 시키는 것을 의미한다. 동시에 자신만의 길에 대한 믿음과 그 길에서 만나는 공동체, 친구들, 가족들, 파트너에 대한 믿음을 뜻하기도 한다.

'순명順命'은 맹목적으로 명령을 따르라는 뜻이 아니라, 우리가 자칫 흘려듣기 쉽고 우리에게 성공적인 삶의 길을 보여 주는, 내면의 신이 하는 말, 그 조용한 목소리를 주의해서 듣는 것을 의미한다.

'수도자답게 생활할 것'은 그렇게 들은 것들을 삶에 잘 조율 해 살아가는 것을 말한다. 우리는 매 순간 다시 시작하고, 내 삶이 내가 믿고 옳다고 생각하는 것과 실제로 일치하는지 늘 솔직하게 자문해야 한다.

이 길에서 우리는 겸손과 겸허를 알게 된다.(무엇보다 자신의 요구와 현실 사이의 간격을 보게 되므로.) 또한 이 겸허에는 모든 야망과 그 야망을 실현시킬 수 있다는 환상을 버리고 자신을 내려놓는 용기도 포함된다. 이러한 헌신이 사랑이 되고, 이 사랑이 우리를 이웃에게 인도하며, 따라서 신에게 인도한다.

그러므로 '이 길을 가는 것'은 기독교 신비주의 문맥에서 더 높은 영역으로 올라가는 것이 아니라 오히려 내려가는 것이다. 우리 영혼 안으로, 나만의 어둠 속으로 내려가는 것이고, 그 어둠을 통해서 내 신성한 본질로 돌아가는 것이다. 그곳에서 나타나는 사랑 안에서 모든 것이 변형되며, 나는 점점 더 자유로워지고 점점 더 확장된다. 이웃도 충분히 포용할 수 있을 정도로 충분히 확장되는 것이다.

이 길은 형언할 수 없는 신비 속으로 점점 깊어져서, 우리는 우리 자신과 우리의 동료 인간들 속에서, 자연과 동물, 식물, 광물 속에서, 신의 사랑을 호흡하는 모든 살아있는 것들 속에서, 또한 종교와 문화 속에서 신비를 발견하게 되며, 그리하여 우리는 우리 자신과 모든 존재 안에서 이 최초의 근원을 알아차리게 된다.

이 앎은 우리를 연결하고 분리하지 않으며, 구원하고 심판하지 않으며, 자유롭게 하고 제한하지 않으며, 포용하고 배타하지 않으며, 사랑하게 하고 살아있게 한다.

관용과 이해는 이 겸허에서 자라며, 겸허 속에서 우리는 우리가 '지구와 연결된 존재'라는 것을 늘 명심해야 한다. '신의 왕국'이란 기독교 개념일 수 있지만 단지 기독교도만이 아니라 그리스도 의식, 불성, 브라흐만/아트만이라고 불리는 자신의 진정한 정신 혹은 '영혼'을 발견한 모든 사람을 위한 왕국이다. 어리석은 획일주의를 버리고 진정한 대화와 진정한 교류에 열려 있을 때 우리는 모든 존재와 부드러운 고요 안에서 연결된다.

그러므로 이 신비주의의 길은 결국 이름 없는 길로 우리를 이끈다. 이 길을 가는 사람은 끊임없이 다른 사람이 되기 때문이고, 다른 사람과 손잡고 감에도 이 길은 오직 그에게만 드러날 뿐이기 때문이다. 세상의 모든 교리는 아무리 늦어도 여기에 이르면 끝이 난다.

이런 관점에서 예수는 우리의 동반자이고 우리의 산파이다. 예수는 멀리 있어 닿을 수 없는 신인神人이 아니라 지혜로운 교사이자 그리스도, 하늘과 땅을 연결하고 우리 안의 그리스도를 보여주며 그의 일을 우리 자신도 할 수 있음을 보여주는 선지자이다. 예수는 가까이 있는 우리의 형제이지 군림하는 존재가 아니다.

이제 우리는 여기에서 예수, 하나님, 알라, 붓다, 여호와 JHWH, 엘로힘Elohim, 크리슈나 등 모든 종교적 관념들을 놓아주고 모든 것을 포괄하는 압분 안에 단지 존재한다. 이 압분이라는 명칭조차 잊을 때까지 말이다.

놓아주어라, 그러면 자유롭게 사랑하게 된다.

훌륭한 소설 《40가지 사랑의 법칙*Die vierzig Geheimnisse der Liebe*》에서 저자 엘리프 샤팍Elif Shafak은 샴스 에-타브리지의 입을 빌려 이렇게 말한다.

"사랑이 동인動因이다. 사랑이 목적이다. 그리고 신을 그토록 사랑할 때, 신의 창조물을 신 때문에, 신 덕분에 한 사람 한 사람 사랑할 때, 중요하지 않은 분열이 사라진다. 그때부터 '나' 는 더 이상 없다. 그때 우리는 너무나 커서 모든 존재를 덮는 영Zero과 다름없다."[169]

여기서 '나'는 우리를 제한하는 모든 것, 진정한 자아가 아 닌 것들과 동일시된 '나'로 이해할 수 있다. 마이스터 에크하르 트도 바로 이것을 의미하며 다음의 시를 지었다. 이 멋진 기회 에 중세 독일어 원문을 그대로 한번 인용해 보려 한다.

"Dîn selbses icht
mûz werden nicht,
al icht, al nicht trîb uber hôr!
lâ stat, lâ zît,
ouch bilde mit!
genk âne wek

den smalen stek……"

   이것을 에크하르트는 '독일어 설교집'이라고 불렀다니……
이것에 비하면 지난해 발표된 복잡하기 그지없는 독일어 맞춤
법 개정안마저 더할 수 없이 친절한 것 같다. 다음이 현대 독
일어로 번역한 것이다.

   "너의 '나'는
죽어야 한다.
모든 '나', 모든 '내가 아닌 것'을 버려라!
시공간을 버리고,
형상도 피하라!
길 없이
좁은 길을 가라……"[170]

   다정하지만 뭐든 다 부수는 릴리는 당연히 '나'에 대해서도
다른 모든 것들에 대해서처럼 아무 생각이 없다. 릴리는 모든
개념과 관념 너머에서 살고, 누구를 만나든 무엇을 보든 혓바
닥을 한껏 늘어뜨린 채 열린 마음으로 다가간다. 길을 모르므
로 늘 스스로 길을 열며 나아간다. 릴리의 세상은 원래 모습 그
대로이다. 그러므로 릴리는 어쩌면 다음과 같이 멋진 말을 한

토니 패커Toni Packer를 좋아할 것이다. 토니 패커는 집요하게 질문한 결과 모든 신비주의의 가장 간결한 공통점을 찾아냈다.

"존재하는 것에 왜 이름을 지어주는가?"[171]

이 질문을 당신도 조용히 세 번에서 스물네 번 정도 물어보기 바란다. 놓아준다는 것이 무엇인지가 결국 이 질문 안에 들어 있다. 이 질문을 시작으로 우리는 내면으로 점점 더 깊어지고 우리 자신과, 세상과, 우리 삶과 진정한 관계를 만들며, 마침내 오직 사랑만을 눈앞에 보고 이 길이 절대 끝나지 않는다는 걸 알게 될 것이다.

신은 이름이 없고 이 길도 이름이 없다. 당신 자신의 가장 깊은 본질도 이름이 없다. 그리고 (명칭과 정의로서, 특정 집단의 소속으로서, 그리고 존재와 물건들 사이 경계로서의) 이름이 없을 때 당신은 자유를 경험한다. 당신의 영적인 길이 일반적인 종교 범주 밖의 길처럼 보인다고 해서 걱정하지는 마라. 멋진 글을 많이 남긴 프랑스의 신비주의자 시몬 베유Simone Weil도 분명 이 이름 없는 신과 생생한 관계 속에 있었다. 시몬 베유는 "내가 교회에 가기를 신이 바란다고 느낀 적이 단 한 번도, 단 1초도 없다"고 썼다.[172]

고요 명상

내 경험에 따르면 앞에서 소개한 압분 명상은 정신을 고요하게 유지하는 데 매우 좋은 방법이다. 어떤 단어가 고요를 부른다는 것이 모순처럼 들릴 수도 있지만 실제로 그렇게 된다. 앞에서 말했듯이 '압분'이라는 말의 소리가 저절로 작아지면서 나중에는 완전히 사라진다. 하지만 명상 도중에 다시 생각이나 감정이 올라올 때면 언제나 이 낱말로 돌아갈 수 있다.

하지만 이런 명상 형태가 맞지 않고 기도 문구 자체가 방해가 되는 사람도 있으므로, 여기서는 간단한 호흡 명상으로 곧장 마음을 고요하게 하는 방법을 하나 소개하려 한다.

방해 없이 명상할 수 있는 곳을 찾는다. 20~30분 앉아 있을 수 있게 편안하고 곧은 자세를 잡는다. 척추에 무리가 가지 않는 선에서 가능한 한 등을 똑바로 세운다.

양 손은 무릎이나 허벅지에 올려놓는다. 어깨와 목에서 힘을 뺀다. 눈은 감아도 되고 지그시 떠도 좋다. 눈을 뜰 때는

1~2미터 정도 앞의 바닥 지점을 응시한다.

이제 호흡에 주의를 집중한다. 호흡을 통제하거나 길게 혹은 깊게 하려고 애쓰지 않는다. 현재 상태 그대로 자연스럽게 들이쉬고 내쉰다. 단지 있는 그대로 알아차린다. 그 이상도 그 이하도 아니다. 코, 목, 가슴, 배를 통해 공기가 들어오고 나갈 때 그 느낌을 관찰한다.

몸 밖으로 사라지는 숨결을 느껴본다. 들이쉬고 내쉬는 사이 짧은 정지 순간도 알아차린다.

호흡에 의지해 정신을 고요히 한다고 생각하자. 자연스럽게 들이쉬고 내쉬는 자신의 모습에 가볍게 집중한다. 호흡은 저절로 일어나므로 애쓸 필요 없다.

그러다 보면 무언가에 주의를 빼앗겨 호흡을 잊어버리는 순간이 반드시 온다. 창 밖에서 새소리가 들려올 수도 있고, 난방기가 이상한 소음을 낼 수도 있고, 옆집 사람이 갑자기 AC/DC(1970년대 호주의 록밴드—옮긴이)에 꽂혀 앨범을 크게 틀 수도 있다. 하지만 모두 그저 소리일 뿐이다. 하나의 톤 그 이상도 그 이하도 아니다. 소리는 났다가 다시 사라질 것이다. 파란 하늘에 나타났다 사라지는 먹구름처럼.

이런저런 생각들도 일어난다. 우리 정신은 자신이 아직도 거기 있음을 확인시켜 주기를 좋아한다. 그런 생각도 당신의 정신이 그 순간 만들어내는 것으로, 기본적으로 외부에서 들리는 소음과 다르지 않다. 그것들도 혼자 왔다가 혼자 사라진다. 그 생각과 당신을 동일시하지 말자. 그것들은 단지 지나갈 뿐이다. 떠오르는 생각들을 본 다음 보내준다.

귀나 코에서 느껴지는 가려움도 때가 되면 저절로 사라질 것이다.

소리, 생각, 느낌 들이 주의를 요구하는 것 같을 때마다 다시 부드럽게 호흡에 집중한다. 생각에 주의를 빼앗겼다고 불편해하지 않는다. 당신 자신에게 친절하라. 당신은 늘 다시 집중할 것이다. 그리고 아마도 늘 다시 재잘댈 것이다.

매순간 가볍게 다시 호흡으로 돌아온다.

모든 것을 있는 그대로 받아들이고, 숨을 쉴 때마다 그 유일무이한 현재 순간을 새롭게 탐구한다. 우리를 방해할 것은 사실 하나도 없으며, 우리가 할 일은 단지 바로 지금 여기에 있는 것뿐이다.

정신은 순간 속에 머문다. 그리고 바로 이 순간, 당신이 '지금' 인지할 수 있는 모든 것들의 펼쳐짐, 바로 그것들이 신의 현현이다. 그렇다, 제대로 읽었다…… 이 순간에 온 것을 환영한다!

길은 많아도 목적지는 하나
―인간적으로 사는 것

신비주의의 중심에는 고요가 있다. 그 고요 속에서 우리는 우리의 익숙한 개념들과 자아 이미지에서 물러나고, 특별한 경험에 대한 동경도 제쳐둔다. 고요 속에서 신은 일상으로 변장한 채 우리를 만날 수 있다. 마르틴 부버는 이렇게 말한다.

"중요한 것은 신을 맞이하는 것이다. 신은 우리가 서 있는 곳, 진정으로 서 있는 곳, 우리가 사는 곳, 진정으로 사는 곳에서만 맞이할 수 있다."[173]

열린 마음과 인간적인 선함과 신적인 광대함이 드러나는 이 진정한 삶이 모든 전통의 신비주의가 우리를 데려가는 지점이다. 우리의 눈은 새롭게 되어 순간의 아름다움을 알아차린다. 우리의 귀는 새롭게 되어 모든 것 안에서 그 한 목소리를 듣는다. 우리의 코는 새롭게 되어 세상의 향기와 신의 향기를 들이마신다. 우리의 피부는 새롭게 되어 진정한 접촉을 받아들인다. 우리의 입은 새롭게 되어 모든 것의 고유의 생명력을 인정한다. 그리고 우리의 정신은 새롭게 되어 그 생명력의 일부로서 우리 자신을 경험한다.

예수가 일상의 비유를 괜히 그렇게 많이 든 게 아니다. 일상이 본질을 말하기 때문이다. 예수가 한 모든 이야기와 우리 일상의 이야기들을 잘 보면 카비르Kabir(15세기 인도의 시인—옮긴이)의 이 말을 이해하게 될 것이다.

"신은 모든 숨 중의 숨이다."174

신비주의는 삶의 근원이 믿을 수 없이 가까운 곳, 바로 여기 우리 숨 안에 있음을 말해준다. 그래서 '야훼Jahwe'로 발음되는 'YHWH'는 신이 현존하는 우리의 호흡을 소리 나는 대로 묘사한 것('Jah'는 들숨소리, 'we'는 날숨소리)일 뿐이라는 아름다운 유대인의 관점도 있다. 삶의 비밀은 우리 자신의 숨처럼 이렇게 가까운 곳에 있다!

우리는 모든 숨과 함께(명상 중이든, 정의를 위해 싸우는 중이든 혹은 반려견이 제발 좀 지칠 수 있게 어떻게든 공을 아주 멀리 던지려고 절박하게 노력하는 중이든) 내면의 근원으로서 살아갈 수 있고, 다른 모든 존재 안에서도 똑같은 근원을 발견할 수 있다.

어디서나 드러나는 그 신성을 알아차릴 때 우리는 세상이 단지 신의 '셀카'임을 본다. 존재하는 모든 것을 볼 수 있는 거대한 사진, 그 물질적 사진 자체, 그 사진을 들고 있는 손, 그 사진을 관찰하는 자, 관찰하는 행위 자체, 이 모든 것을 나는 신이라 하겠다. 나는 이것만큼 내 생각을 포괄적이면서 적절히 설명해 주는 비유도 없다고 늘 생각한다.

이 사진의 일부로서 나는 나 자신을 신뢰하고 나 자신이 세상에 의해 변화하기를 허락한다. 언제나 똑똑한 질문을 해 나에게 가르침을 베푸는 아이들에 의해, 신학을 전혀 몰라도 직접 경험으로 신에 대해 말할 수 있는 기도하는 록커들에 의해, 어떤 가르침보다 삶에 더 관심 있는 열린 승려, 수도승, 사제, 랍비, 수피, 린포체 들에 의해, 단호히 자신의 길을 가는 사랑 많고 기묘하고 정신없는 개들에 의해, 그들이 남긴 말은 전해지지만 그 의미는 나 스스로 발견해야 하는 위대한 영적 인물들에 의해, 존재 자체가 나로 하여금 본질을 보게 하는 새들과 백합, 자연의 경이로움에 의해, 나만의 경험에 의해, 열린 감각으로 단순히 여기에 존재하는 모든 순간에 의해 변화하기를 허락한다.

세상을 더 자세히 들여다볼수록 나는 안겔루스 질레지우스의 다음 말이 옳다고 느낀다.

"모든 존재가 말을 하고 삶을 살기 시작하자마자 창조자에게 답하고자 한다."[175]

존재하자마자 우리는 사랑에 빠진다. 우리 존재가 원래 사랑하는 존재이기 때문이다. 그리고 우리 삶의 모든 것, 매분, 매초, 매 순간이 사랑 가득한 삶이 우리에게 하는 말에 대한 대답이다.

그렇게 누구나 자신만의 답을 하고 자신만의 길을 찾고 자신만의 믿음을 만들어간다. 그 믿음은 겉으로 보기에는 다른 사람들과 다를 수 있지만 본질적으로는 모두 하나만을 원한다. 존재하는 모든 것에 신뢰와 존경으로 다가가 결국에는 모든 '너'가 '나'임을 알아차리기를 원한다. 데이비드 슈타인들-라스트는 그런 의미에서 단 하나의 믿음, 즉 세상에 반응하는 행위에 대해 이렇게 말한다.

"세상에 많은 종교 신념들이 있지만 믿음은 하나뿐이다. 중요한 것은 우리의 신념이 아니라 신실한 믿음의 원초적인 몸짓이다. 종교 신념은 우리를 분열시키는 힘이 있지만, 믿음은 우리를 하나로 만드는 더 큰 힘이 있다."[176]

인간적으로 사는 것이 우리의 답이라면 그것은 우리를 하나로 만드는 것이기도 하다. 우리의 길의 모든 차이에도 불구하고 우리는 이 인간적임 안에서 서로를 발견할 수 있다. 그런 의미에서 신비주의는 기독교적이지도 이슬람교적이지도 유대교적이지도 힌두교적이지도 않고 단지 인간적이다. 신비주의는 우리를 어떤 것, 어떤 관념과 동일시하는 것에서 자신을 자신의 진정한 존재와, 그리하여 모든 것 안에 거하는 신과 하나라고 보는 사람으로 변화시킨다. 이것은 꼭 필요한 일이다. 리처드 로어는 이렇게 말했다.

"당신의 종교가 당신의 의식을 변화시키지 않는다면, 그것은 해결책이라기보다는 문제의 일부이다."[177]

늘 계속되며 결코 끝나지 않는 이 변형이 우리를 진정한 우리 자신으로 만들어준다. 살아있고 사랑하는 사람으로, 깨달음 안에서 점점 더 성장하는 사람으로 말이다. 우주학자 브라이언 스윔은 이 깨달음을 이렇게 시적으로 표현했다.

"우리의 고향은 마법이라 불린다."[178]

이 고향에서 우리는 우리 자신을 만날 것이고, 존재의 깊은 곳을 신비주의의 눈으로 보며, 모든 것을 있는 그대로 인식할 것이다…… 신비하면서도 소박한, 모든 것과 연결되어 있되 자신만의 가치를 지니며, 아름답지만 덧없으며, 내면의 힘에 의해 고무되지만 연약하고, 아주 가깝지만 때로 이해할 수 없으며, 더할 수 없이 신성하지만 또 더할 수 없이 세속적이며, 바로 지금 여기에 존재하고 따라서 영원히 존재하는 그 모든 것들을 말이다. 그리고 모순이 가득하지만 하나이고 단순하지만 마법으로 가득 찬 이 고향에서 우리는 진정한 우리 자신, 즉 인간이자 모든 것의 일부로 온전히 존재할 수 있다!

이 세상이 우리에게 요구하는 것은, 엄청나게 깊은 의미를 내포하고 있어 거듭해서 읽게 되는 데이비드 슈타인들-라스트의 다음의 말이다. 이 말로 이 책의 마지막을 대신하려 한다.

"인간으로 사는 것이 우리 인간에게 주어진 가장 큰 과제이다."[179]

감사의 말

책을 한 권 쓴다는 것은 혼자 가파른 산을 오르는 것과 같다. 자신의 이른바 통찰과 생각만이 동반자이다 보니 어느 때가 되면 그저 아주 긴 독백을 하고 있다는 생각이 든다. 하지만 더 깊이 들여다보면 수많은 사람이 이 등반을 같이 하고 있음을 알게 된다. 그중에 어떤 사람은 바로 내 옆에서 꼭 필요한 순간에 손이나 로프를 내밀고, 또 어떤 사람은 앞서가면서 여기저기 하켄Haken(바위 사이에 꽂아 밧줄을 걸 수 있는 등반 장비—옮긴이)을 꽂아 내가 안전하게 계속 올라갈 수 있게 해준다. 영감을 주는 사람이 있고 힘을 나눠주는 사람이 있는가 하면, 너무 심각해지지 않고 전망을 즐기도록 도와주는 사람도 있다. 모두 고마운 사람들이다.

세안 오라이어는 내가 가는 길의 지혜로운 선생이고 진정한 친구이다. 세안은 우리가 함께하는 대화든 함께하는 침묵이든 언제나 함께할 준비가 되어 있다. 그가 이 책을 위해 '머리글'을 써준 것이 나로서는 더할 수 없는 영광이다. 늘 새로운 길을 열어주는 필립 카-곰은 유머와 열린 마음의 소유자로 자신이 몸담고 있는 전통 속에 영적으로 다양한 길이 있음을 보여주었다. 로렌스 프리만은 기독교, 특히 기독교 명상에 관해 많은 가르침을 베풀어주었다. 이 책을 담당해 준 트리니티 출판사의 안드레아 륀도르프는 유머가 넘치고 자신만의 특출한 방식을 가진 편집자이다. 우리의 대화는 늘 서로에게 큰 영감을 주었다.

크리스티안 슈트라서와 그의 팀은 이 책을 위한 웹사이트를 처음 만들어주었다. 안네 노르드만은 이 책을 위한 마무리 편집을 담당했는데, 그녀의 작업은 능숙하고도 신중했다. 그녀와 함께 일하는 것은 진정 큰 기쁨이었다. 프랑크 슐츠는 책의 모든 내용과 수많은 감정을 단 몇 번의 붓질로 요약해 하나의 그림으로 완성하는 뛰어난 예술가이다. 프랑크가 이번에도 내 책의 표지를 그려주어서 나는 더할 수 없이 기쁘다. 마이스터 에크하르트에 대해 논하는데 잉어 하스바니만큼 좋은 사람은 없다. 게다가 잉어는 특정 인용문을 찾는 데 뛰어난 사람이다.

베르나르딘 셸렌베르거는 클레르보의 베르나르에 정통한 사람으로 베르나르의 정보가 꼭 필요했던 나에게 큰 도움이 됐다. 도리스 이딩, 마렌 슈나이더 그리고 우르줄라 리차드는 언제나 내 고민을 잘 들어주었고 내가 하는 일을 지지해 주었다. 나는 아르노 게르코우스키가 나의 친구라서 정말 감사하다. 아르노와는 명상, 우주, 삶의 의미에 대해 언제든 토론할 수 있다. 하지만 꼭 그만큼 TV 연속극, 공상 과학 소설, 기묘한 재즈 실험에 대해서도 이야기를 나눈다.

베아터 뢰슬러는 영화 소개를 정말 잘하는데, 심지어 영화 자체보다 그녀의 소개가 더 좋을 때도 많다. 만날 때마다 감동하게 되는 사람이다. 프랑크 힙쉬와 수잔 힙쉬와의 대화는 언제나 유익하다. 이들의 두 아들, 루카스와 루이스 덕분에 세상이 그 둘만큼 더 멋지고 소중해졌다. 믿음, 믿지 않음을 비롯한 수많은 주제를 놓고 수많은 토론을 마다하지 않았던 크리스티안 쾨흘러, 프랑크 지몬, 스벤 간저트, 도미니크 보나드 그리고 다니엘 아우스터메이어에게 감사한다.

세안의 '머리글'을 독어로 멋지게 번역해 준 프랑시스 호프만에게 감사한다. 프랑시스의 유머는 누구도 대체할 수 없으며 나는 그녀가 나의 친구여서 참 고맙다. 카야와 랄러 베르만에게 감사한다. 이들에게서 나는 다른 어떤 사람들보다 많은 것을 배웠다.

제니 아펠의 사랑에 감사한다. 제니의 사랑은 한결같고 언제나 나를 고무시킨다.

옮긴이의 말

이 책은 신비주의가 진정 무엇이고, 일반적으로 말하는 종교들과 어떤 점이 다른지 말해줄 뿐만 아니라, 우리가 일상에서 어떻게 실천해야 의미 있고 충만한 삶을 살 수 있는지까지 들려준다. 이와 동시에 신, 깨달음, 도道, 하나임Oneness, 인간성, 그리고 이 혼란의 시대에 우리가 할 수 있는 일 등 굵직한 주제들에 대해 명확한 답을 제시해 준다. 그런 주제들을 따뜻하고 유쾌하게, 그와 동시에 슬며시 웃음 짓게 만드는 자신의 인생 이야기를 곁들여 설명하는 그의 글을 따라가노라면 어느새 신비주의의 '신비하지 않은', 그러나 깊고 오묘한 의미를 깨닫게 된다.

영적이지만 기성 종교들에서는 자신의 길을 찾을 수 없는 많은 사람들이 명상이나 요가 등으로 나름의 수행의 길을 걷거나 가족과 사회를 위한 봉사와 선행을 실천하며 삶의 의미를 찾아가는 듯하다. 하지만 이런 이들도 종교라는 큰 울타리

없이 자기만의 영성의 바탕 혹은 철학을 탄탄히 구축해 가기가 쉽지 않아서 때로는 길잡이를 필요로 할 때가 있다.(물론 이 책의 저자 디르크 그로서라면 자기 안에서 길잡이를 찾으라고 할 테지만.)

디르크 그로서는 일반 사람들에게는 낯설 수 있는 신비주의에서, 모든 종교들에 공통되는 변하지 않는 진리, 오직 하나뿐인 진리를 찾아내 보여주며, 우리가 그 진리를 향해 나아갈 수 있도록 친절하면서도 유쾌하게 안내한다. 그는 사람들이 진리라고 말하는 모든 사상, 관념, 개념 그리고 우리의 생각까지도 일단 의심하고, 명상을 통해 열린 마음이 되어 나 자신과 세상을 위해 순간순간을 살아갈 때, 우리의 일상이 행복과 신성, 사랑으로 채워지고 내가 모든 존재와 하나임을 발견하게 된다고 말한다.

이 진리를 발견하기 위해서 우리는 머리를 깎고 절에 들어갈 필요도, 가족을 등질 필요도, 스승을 찾아다닐 필요도 없다. 디르크 그로서는 다만 교리나 경전, 관습 속의 신도, 예수도, 부처도 모두 죽이는 '영적인 연쇄 살인자'가 되어 일상 속에서 스스로 진리를 발견하라고 말한다. 놀랍게도 이것이 모든 시대, 모든 문화권의 신비주의자들이 해왔던 일이라는 것이다. 이들은 자신의 생각과 감정을 치열하게 검증했고, 자유롭고 행복한 광대가 되어 인습을 타파했으며, 중요한 것이란 우리 정신과 마음을 여는 것이요, 우리 자신은 물론 존재하는 모든 것의 본질은 바로 사랑임을 가슴 벅차게 깨달은(혹은 깨달고자 했던) 붓다였고 예수였다. 그러므로 이들은 그때나 지금이나 속세를 등진 은둔자가 아니라 자신에게도 남에게도 친절한 진정한 사랑꾼이며, 불의에 분노할 줄 알고 세상 속에서 행동할 줄 아는 개혁가들이다. 그렇지 않은 신비주의자가 있다면 그는 진정한 신비주의자가 아니다.

나는 이 책을 읽고 번역하면서 개인적으로 많은 것이 명확해지는 느낌을 받았다. 이름도 거창한 깨달음, 수행, 진리, 신이 진정 무엇을 의미하는지가 마침내 손에 잡히는 듯했다. 나와 남들에게 조금 더 웃어줄 수 있게도 되었다. 그리고 무엇보다 "무엇이 어떠해야 한다"는 일상의 수많은 관습적인 생각들에서 벗어나는 자유를 맛보았다. 나를 괴롭히지만 그런지도 모르고 당연한 듯 받아들였던 생각들에서 벗어날 방법을 마침내 하나 손에 잡은 듯하다. 이렇게 조금씩 자유로워질 때, 그래서 본질을 가리는 장막이 조금씩 걷힐 때 드디어 우리 안의 신성, 그 사랑을 만나게 될 것이다.

부디 독자들도 이 책을 통해 자신만의 의미 있는 경험을 해보기를 진심으로 바란다.

2023년 2월
추미란

인물 및 용어 해설

금욕Askese　그리스어 'askein'에서 나온 말로 원래는 단지 '행하다'(혹은 연습하다)라는 뜻이었는데, 세월이 흐르면서 '정열을 죽이는 것'이란 뜻이 더 강해졌다. 성적인 절제, 특정 음식 금하기, 수면 박탈, 심지어 신체에 스스로 고통을 가하는 것 같은 행태가 금욕의 양상들이다. 특히 인도의 사두들이 많이 행하는 수행 방식이다. 그들은 예를 들어 일생을 왼팔을 (완전히 마비가 될 때까지) 높이 쳐들고 사는데 그 자체로는 아무 의미 없는 이런 행위를 시바나 다른 신에게 헌정한다. 그것이 무슨 뜻인지는 당사자 자신만 알 수 있다. 물론 당사자도 모를 수 있다. 신약 성서에는 'askein'이란 말이 단 한 번 등장하는데 '스스로 노력한다'라는 좀 더 일반적인 의미로 쓰였다.

바알 쉠 토브 Baal Shem Tov　1700년에서 1760년까지 살았을 것으로 추정되며, 원래는 랍비 이스라엘 벤 엘리에셀로 불렸다. 하시디즘 발전에 큰 영향을 미쳤다. 바알 쉠 토브는 그에 대한 존칭으로, 거칠게 번역하면 '좋은 이름의 소유자'란 뜻이다.

누르시아의 베네딕토 Benedikt von Nursia 이탈리아 움브리아에서 480년에 태어난 은자, 수도원장, 수도회/규율의 창시자이다. 529년 이탈리아 몬테카시노에 첫 베네딕토 수도원을 설립했으며, 그곳에서 향후 모든 규율의 지침이 되는 규율서를 서술했다. 이것으로 유럽의 수사들에게 크나큰 영향을 주었고, 유럽 교육의 역사에도 큰 영향을 끼쳤다. 베네딕토회의 규율서는 기도와 노동 사이, 즉 영적인 관심과 세속적인 일 사이의 균형에 대한 것으로 지금도 여전히 읽을 가치가 높은 영성서이다.

클레르보의 베르나르 Bernard von Clairvaux 1090년 프랑스 디종에서 태어났다. 로마 가톨릭 시토회의 수도원장을 지냈고 신비주의자이다. 구약《아가서》에 대한, 자신만의 경험을 말로 표현하는 일단의 훌륭한 신비주의적 설교를 남겼다. 《아가서》에 상응하는 단순한 삶을 중요하게 생각했고, 동시대 사람들의 증언에 따르면 굉장한 카리스마를 지녔다고 한다. 기독교에서 대단한 의의를 지니는 거두였으며 천재적인 작가였다. 하지만 그만의 어두운 면도 있었는데, 신학적으로 반대파였던 당대의 신학자 피에르 아벨라르에게 무자비했으며, 교황 에우제니오 3세에 의해 (그 시대의 사람으로 어쩔 수 없었던 면도 있었겠지만) 십자군 전쟁 프로파간다에 동참했다. 1153년 사망했다.

대립의 일치coincidentia oppositorum 대립되는 것들의 동시 발생을 뜻한다. 니콜라스 쿠자누스(1401~1464)로까지 거슬러 올라가는, 신과 세계의 통일성에 관한 신학 개념이다. 비이원론적 접근법으로 범신론이라는 비판을 자주 받았다. 후에 이 이론을 이어받은 조르다노 브루노

Giordano Bruno는 1600년 이단 혐의를 받고 화형당했다. 증오를 받아들이고 포용한 후 사랑으로 승화한 예수의 십자가 죽음이 종종 '대립의 일치'로 해석되기도 한다. 나에게 대립되는 것들의 동시 발생이란 신 안에서는 '이것 아니면 저것'이 아닌, 위대한 '이것뿐만 아니라 저것도'가 있다는 것을 의미한다. 신 안에서는 모든 것이 하나가 된다. 신 안에는 모두를 위한 자리가 있다. 신 안에서는 무엇이든 될 수 있다.

마르틴 부버 Martin Buber 1878년 빈에서 태어나 1965년 예루살렘에서 사망한 유대인 종교 철학자이다. 동유럽의 하시디즘 유대교에 천착해 많은 저작과 번역서로 대중에게 하시디즘을 크게 알렸다. 프란츠 로젠츠바익Franz Rosenzweig과 함께 유대교 성경《타나흐Tanach》를 독일어로 번역해 내는 언어학적으로도 훌륭한 작업을 했다. 1938년 나치를 피해 예루살렘으로 이주했으나 전후에도 유대인과 독일인 사이의 화해에 힘썼다. 마르틴 부버의 영성은 그 무엇과도 비교할 수 없는 명징함과 자유를 발산한다. 무인도에 책 한 권만 갖고 갈 수 있다면 나는 마르틴 부버의《하시디즘의 가르침에 따른 인간의 길Der Weg des Menschen nach der chassidischen Lehre》을 갖고 갈 것이다.

요하네스 카시아누스 Johannes Cassianus (ca. 360~435) 기독교 수도사로 이집트 사막에서 살았고, 후에는 마르세유에서 수도원을 창설했다. 사막 교부들의 신앙 생활에 대한 글을 통해 동양과 서양의 영성을 연결하는 큰 업적을 세웠다. 카시아누스를 통해 사막의 교부들이 가장 중요하게 생각했던 신앙 활동인 이른바 관상 기도가 서양에 소개되었다. 특히 베네딕토회를 통해 널리 알려졌는데 누르시아의 베네딕토가 카시아누스를 대단히 높이 평가했기 때문이다.

영혼의 어두운 밤 Dunkle Nacht Der Seele　　스페인 카르멜회 수도사, 십자
가의 성 요한(1542~1591)이 영적으로 어두운 시기를 묘사하면서 쓴 표
현이다. 신을 추구하던 영혼은 이 시기에 신을 보지 못하는 것으로 (오
히려) 정화된다. 이 시기에는 그동안 보았던 신비주의의 본질들이 모두
공허한 듯 보인다. 이 시기는 교만에 빠지지 않기 위해, 혹은 자신이 이
제 모든 것을 알게 되었다고 생각하지 않기 위해 꼭 필요하다. 그동안
깨달았던 것이 모두 공허하고 믿음이 땅에 떨어질 때 우리는 그 어둠
속에 신이 가득함을 발견한다.

마이스터 에크하르트 Meister Eckhart (1260~1328)　　중세 후반기 가장 영향
력 있는 신학자이자 신비주의자이다. 새롭고 급진적인 가르침을 베풀
었고, 전례 없는 방식으로 일상에서 신과 합일하는 것을 목표로 삼았다.
모든 사람 안에서 일어나는 신의 탄생을 말했으며, 모든 사람이 이해할
수 있게 독일어로 설교했다.(물론 모든 사람이 에크하르트 사고의 흐름을 이해
하기 쉬운 것은 아니다.) 교단을 과격하게 비난한 탓에 여러 번 종교 재판
에 끌려 나갔다. 마지막 재판의 판결을 앞두고 아비뇽에서 숨을 거두었
다. 교회에서는 에크하르트가 죽기 전에 자신의 오류를 시인했다고 주
장했지만, 교황의 교서 원문을 보면 죽을 때까지 자신의 주장을 고수했
던 것이 분명하다. 오늘날 에크하르트는 특히 선불교에서 추앙받고 있
다.(당시 그는 선불교를 당연히 몰랐지만.) 에크하르트의 사상이 선禪의 본질
과 상당 부분 비슷하기 때문이다.

에르나 이모 Tante Erna aus Gelsenkirchen   신으로 향한 자신만의 길을 발견한 사람들을 뜻한다. 에르나 이모는 어려운 책을 읽지도 쓰지도 않지만 자신이 누구이며 어떤 길을 가야 하는지 알고 그런 사실에 매우 만족한다. 우리 중에 사는 알려지지 않는 모든 신비주의자가 에르나 이모이다. 이들로부터 우리는 많은 것을 배울 수 있다. 잘 듣고 이들의 아주 실용적인 지혜를 볼 준비가 되어 있다면 말이다.

아시시의 프란치스코 Fanz von Assisi   지오반니 바티스타 베르나르도네라는 이름으로 1181년 혹은 1182년에 부유한 상인의 아들로 태어났다. 초기 인생에서 몇 번의 통절한 경험을 한 후 급진적 기독교도의 삶을 선택했으며, 예수를 모범으로 삼고 그의 말과 행위를 철저하게 체화하는 것으로 사회적으로 조용한 혁명을 일으켰다. 켈트 기독교의 영향을 많이 받은 프란치스코는 모든 창조물에 대한 아주 깊은 이해심을 드러냈다. 전해 내려오는 일화들에 따르면 동물들에게도 말하면서 복음서를 전파했다고 한다. 살아있는 모든 존재 안에서 신을 보고 찬양하는, 유명한 '태양의 찬가Sonnengesang'를 남겼다. 기독교 역사 속 진정한 선지자이자 기인이었으며, 오늘날에도 깊이 곱씹어볼 만한 사유를 많이 남겼다. 1226년 사망했다.

하피스Hafis   1315~1390년 활동했던 페르시아의 시인이자 신비주의자이다. 본명은 무함메드 샘스 아드-딘으로 하피스는 원래《코란》에 정통한 사람에게 주어지는 존칭이다.(14세기에는 사는 데 바빠《코란》을 잘 아는 사람이 드물었다……) 백 개도 넘는 그의 시가 디반Divan(페르시아의 4행시 형식의 시―옮긴이)으로 전해 내려온다. 그의 시에 감동한 괴테가《서 동시집《West-östlichen Divan》을 냈다.

빙엔의 힐데가르트 Hildegard von Bingen (1098~1179) 중세를 대표하는 가장 놀라운 여성 인물임이 틀림없는 힐데가르트는 베네딕토회의 수녀이자 의사였으며 시인이자 작곡가였다. 그리고 교회의 높은 사람들에게 불쾌감을 주더라도 주저 없이 자신의 생각을 말했던, 모든 것에 정통한 사람이었다. 네 번의 대순회 설교를 떠나 사람들에게 자신의 신비주의 비전들을 알렸다. 여성이 순회 설교를 떠나 신비주의 설교를 하는 것도 모자라 아무렇지 않게 교회의 폐해까지 폭로하는 것은 당시로서는 대단한 스캔들이었다! 힐데가르트는 교황 에우제니오 3세, 황제 바바로사 프리드리히 1세까지 비난했다. 그런 일이 용인되었음은 그녀가 얼마나 대단하고 카리스마 있는 인물이었는지 보여준다.

내재Immanenz 라틴어 'immanere'에서 나온 말로 단순히 '안에 존재한다'라는 뜻이다. 신과 관련해 말하자면 내재는 신이 현재 세상에 존재하며 창조물의 내면에서 경험될 수 있음을 뜻한다. 모든 나무, 산, 강, 인간, 동물 속에 신이 있다. 이 말은 신이 아주 가까운 곳, 모든 숨, 세상의 맥박 속에 있다는 뜻이다.

하즈라트 이나야트 칸 Hazrat Inayat Khan 1882년 인도에서 태어난 수피교 지도자이자 신비주의자이다. 국제 수피 교단을 만들었고 영성에 대한 많은 글을 남겼다. 존경받는 수피, 시인, 음악가 들을 많이 배출한 이슬람 가정에서 자란 하즈라트는 일찍부터 힌두교와 기독교적 사상들을 배웠고, 모든 종교를 존중해야 함을 알았으며, 나중에 자신의 책에도 그렇게 썼다. 하즈라트 교단은 모든 종파를 초월하며, 특히 연민, 조화, 비폭력, 인간성을 추구하는 이른바 보편 기도를 중시한다.

토머스 머튼 Thomas Merton (1915~1968)　로마 가톨릭 시토회의 수사로 1946년 쓴 자서전《칠층산 *The Seven Storey Mountain*》이 큰 반향을 일으키며 세상에 알려졌다. 60권 넘는 책을 썼고, 불교와 기독교 사이의 대화에 힘쓴 영성의 마스터, 신비주의자, 시인이었다. 달라이 라마, 차트랄 린포체 등을 만났고, 틱낫한 스님을 '형제'라고 불렀다. 머튼은 때가 되면 언제나 오랜 시간 칩거하는 은둔자였지만, 동시에 베트남 전에 반대하고 미국 내 흑인 인권 운동에 앞장서고 핵무기 경쟁에 반대하는 등 정치 사회적으로도 활발히 활동했다. 말년에 수도사로서의 소명과 아내에 대한 사랑 사이에서 갈등했다. 아내를 통해 머튼은 신을 향한 통로로서의 에로티시즘을 경험했다. 수도원을 떠날지 말지 결정하기 전에 방콕에서 사고로 사망했다. 토머스 머튼의 신비주의 글들은 전 세계의 수많은 독자들에게 지금도 여전히 큰 영감을 주고 있다.

곰 패딩턴 Paddington Bear　영국의 작가 마이클 본드Michael Bond가 만들어낸 어린이 책 캐릭터이다. 패딩턴은 페루 출신의 곰인데 기묘한 일들이 겹치면서 영국 가정에 정착하게 된다. 그리고 그 가정의 일상을 완전히 뒤집어놓는다. 순진무구함과 어디를 가든 아수라장으로 만드는 패딩턴의 능력은 가히 전대미문급이다. 곰돌이 푸만큼이나 자기 종의 지혜를 드러내는 캐릭터이다.

잘랄루딘 루미 Dschalaluddin Rumi (1207~1273)　페르시아의 수피 시인이

다. 루미의 작품은 현재도 그 매력이 여전하다. 혁명적인 정신의 소유자였음이 분명한 떠돌이 탁발 수사 친구 샴스 에-타브리지Schams e-tabrizi의 영향을 많이 받으며 존경받는 성직자에서 최고의 신비주의자로 거듭났다. 친구가 사라지자(아마도 사상을 달리하는 적에 의해 죽임을 당한 듯) 루미는 사랑에 대한 주옥같은 시만 3만 5천 행을 쓰며 신비주의 문학이라는 새로운 장르를 만들었다. 우주는 사랑을 통해 신에 다다르도록 형성되었다는 루미의 믿음은 그의 죽음 후에도 지금까지 거의 800년 동안이나 수많은 사람의 심금을 울렸다.

라빈드라나트 타고르 Rabindranath Tagore (1861~1941)　인도 벵골 지방 태생의 시인이자 신비주의자(물론 이렇게만 말하기에는 부족한 감이 많다)로 수많은 글을 쓰고 쓰고 또 썼다. 희곡, 시, 이야기, 소설, 에세이 가릴 것 없이 썼으니, 자신의 생각을 전달하는 것에 그의 인생의 의미가 있었던 듯하다. 가장 유명한 작품《기탄잘리*Gitanjali*》로 1913년 노벨문학상을 받았다. 시대를 초월하는 지혜로 가득한 103편의 시로 이루어진《기탄잘리》는 영성에 관심이 있는 사람이라면 꼭 한 번 읽어볼 만한 책이다.

초월성Transzendenz　라틴어 'transcendentia'에서 나온 개념으로 문자 그대로는 '넘어가다'라는 뜻이다. 이 세상 저편에 있는 것, 이 세상을 넘어야 다다를 수 있는 것을 뜻한다. 신 개념과 관련해서 초월성은 내재성과 반대 개념이다. 초월성은 신이 이 세상의 일부가 아니라 이 세상에서 벗어나 멀리 있다고 본다.

망각의 구름 Die Wolke des Nichtwissens　14세기 작자 미상의 어느 문헌에

등장하는 말이다. 이 문헌은 신과의 합일 경험을 목표로 하며, 매우 실용적인 명상법을 소개한다. 700년이나 된 문헌이지만 놀랍게도 매우 현대적이라 진지하게 명상하는 사람이라면 큰 영감과 도움을 받을 수 있다. 여기서 구름은 신비주의 길을 의미한다. 하지만 선행을 하며 사는 길이고 현실적인 길이다. 이 명상법은 구도자에게 '성스러운 영역'에 너무 빠져들지 말 것을 경고한다.

사막의 교부들/교모들 3세기 말 이집트 등지의 사막으로 들어간 일단의 기독교 구도자들을 부르는 말이다. 이들은 자신들이 보기에 최대한 주의를 산만하게 하지 않으면서 일과 기도로 이루어진 진정한 기독교인의 삶을 살기 위해 사막으로 들어갔다. 이 초기 수도사들의 지혜로운 말들은 요하네스 카시아누스에 의해 서양에 알려졌다. 그 후에는 누르시아의 베네딕토와 켈트 기독교에 영향을 주었다.

참고 문헌

기독교 신비주의/ 사막의 교부들

David Adam, *Tides and Seasons. Modern Prayers in the Celtic Tradition,* The Society for Promoting Christian Knowledge, London 2010.

Aurelius Augustinus, *Die Bekenntnisse des heiligen Augustinus,* Tredition Classics, Hamburg 2012.

Hildegard von Bingen, *Der Mensch in der Verantwortung. Das Buch der Lebensverdienste,* Otto Müller Verlag, Salzburg 1972.

Beatrice Bruteau, *Radikaler Optimismus. Praktische Spiritualität in einer unsicheren Welt,* Aurum Verlag, Bielefeld 2007.

Joan Chittister, *Das Leben beginnt in dir. Weisheitsgeschichten aus der Wüste,* Herder Verlag, Freiburg im Breisgau 2000.

Neil Douglas-Klotz, *Das Vaterunser. Meditationen und Körperübungen zum kosmischen Jesusgebet,* Knaur Verlag, München 1992.

Meister Eckhart, *Deutsche Predigten und Traktate,* Diogenes Verlag, Zürich 1979.

Meister Eckhart, *Mystische Schriften,* Insel Taschenbuch, Frankfurt am Main und Leipzig 1991.

Meister Eckhart, *Vom Atmen der Seele,* Reclam Verlag, Stuttgart 2014.

Matthew Fox, *Freundschaft mit dem Leben. Die vier Pfade der*

Schöpfungsspiritualität, Fischer Verlag, Frankfurt am Main 1998.

Alois M. Haas/Thomas Binotto, *Meister Eckhart—Der Gottsucher. Aus der Ewigkeit ins Jetzt,* Kreuz Verlag, Freiburg im Breisgau 2013.

Daniel Hell, *Die Sprache der Seele verstehen. Die Wüstenväter als Therapeuten,* Herder Verlag, Freiburg im Breisgau 2015.

Willigis Jäger, *Die Welle ist das Meer,* Herder Verlag, Freiburg im Breisgau 2000.

Willi Massa (Hrsg.), *Wolke des Nichtwissens und Brief persönlicher Führung. Anleitung zur Meditation,* Herder Verlag, Freiburg im Breisgau 1999.

H.J. Massingham, *The Tree of Life,* Chapman & Hall, London 1943.

Thomas Merton, *Die Weisheit der Wüste,* Fischer Verlag, Frankfurt am Main 1999.

Bonifaz Miller (Hrsg.), *Weisung der Väter. Apophtegmata patrum,* Paulinus Verlag, Trier 1998.

John O'Donohue, *Anam Cara. Das Buch der keltischen Weisheit,* Deutscher Taschenbuch Verlag, München 1997.

Seán ÓLaoire, *Seelen auf Safari,* Aurum Verlag, Bielefeld 2007.

Richard Rohr, *Das Wahre Selbst. Werden, wer wir wirklich sind,* Herder Verlag, Freiburg im Breisgau 2013.

Richard Rohr, *Hoffnung und Achtsamkeit. Spirituell leben in unserer Zeit,* Herder Verlag, Freiburg im Breisgau 2001.

Kurt Ruh, *Meister Eckhart. Theologie-Prediger-Mystiker,* C.H. Beck Verlag, München 1989.

David Steindl-Rast, *Fülle und Nichts,* Herder Verlag, Freiburg im Breisgau 1999.

David Steindl-Rast, *Achtsamkeit des Herzens,* Herder Verlag, Freiburg im

Breisgau 2005.

David Steindl-Rast, *Credo. Ein Glaube, der alle verbindet,* Herder Verlag, Freiburg im Breisgau 2010.

Gerhard Wehr, *Bernhard von Clairvaux,* Marixverlag, Wiesbaden 2012.

Simone Weil, *Das Unglück und die Gottesliebe,* Kösel Verlag, Kempten 1953.

Gabriele Ziegler, *Frei werden. Der geistliche Weg des Johannes Cassian,* Vier Türme Verlag, Münsterschwarzach 2011.

수피즘

Hafis, *Offenbares Geheimnis. Gedichte aus dem Divan,* In sel Verlag, Berlin 2016.

Hafis, *Liebesgedichte,* Insel Verlag, Frankfurt am Main 1980.

Hazrat Inayat Khan, *Wanderer auf dem inneren Pfad,* Heilbronn Verlag, Weinstadt 1996.

Dschalaluddin Rumi, *Traumbild des Herzens. Hundert Vierzeiler,* Manesse Verlag, Zürich 1992/2015.

Dschalaluddin Rumi, *Die Musik, die wir sind,* Arbor Verlag, Freiburg im Breisgau 2009.

Idries Shah, *Die Weisheit der Narren. Geschichten der Sufimeister,* Zustand Verlag, München 2015.

Llewellyn Vaughn-Lee, *Das Herzensgebet,* Arbor Verlag, Freiburg im Breisgau 2013.

유대교 신비주의

Martin Buber, *Der Weg des Menschen nach der chassidischen Lehre,* Gütersloher Verlagshaus, Gütersloh 1960/2014.

Martin Buber, *Gottesfinsternis. Betrachtungen zur Beziehung zwischen Religion und Philosophie,* Manesse Verlag, Zürich 1953.

Martin Buber, *Das dialogische Prinzip,* Gütersloher Verlagshaus, Gütersloh 1999.

Martin Buber, *Des Baal-Schem-tow Unterweisung im Umgang mit Gott,* Lambert Schneider Verlag, Heidelberg 1981.

Kenneth P. Kramer, *Martin Buber. Der Weg des Herzens in der jüdischen Mystik,* Crotona Verlag, Amerang 2013.

Salcia Landmann (Hrsg.), *Jüdische Weisheit aus drei Jahrtausenden,* Anaconda Verlag, Köln 2010.

Adin Steinsaltz, *Die dreizehnblättrige Rose. Von den Geheimnissen der Kabbala und ihrer Bedeutung für unser Leben,* Crotona Verlag, Amerang 2011.

힌두교

Eknath Easwaran (Hrsg.), *Die Upanischaden,* Goldmann Verlag, München 2008.

Raghavan Narasimhan Iyer, *The Moral and Political Thought of Mahatma Gandhi,* Oxford University Press, Oxford 1978.

Martin Kämpchen (Hrsg.), *Dein Name gewährt jeden Wunsch. Die schönsten Gebete des Hinduismus,* Herder Verlag, Freiburg im Breisgau 2011.

Shubhra Parashar (Hrsg.), *Kabir fand sich im Gesang,* YinYang Media Verlag, Kelkheim 2006.

Ralph Skuban, *In diesem Gefäß erklingt das Ewige. Kabirs Yoga des Glücks. Poetische Texte des großen indischen Mystikers,* Via Nova Verlag, Petersberg 2013.

Rabindranath Tagore, *Gitanjali. Gebete, Lieder und Gedichte,* Anaconda
Verlag, Köln 2013.

Rabindranath Tagore, *Indische Weisheiten für jeden Tag,* O.W. Barth
Verlag, Frankfurt am Main 2006.

불교/ 선불교/ 도교

Stephen Batchelor, *Buddhismus für Ungläubige,* Fischer Verlag,
Frankfurt am Main 1998.

Stephen Batchelor, *Bekenntnisse eines ungläubigen Buddhisten. Eine
spirituelle Suche,* Ludwig Verlag, München 2010.

Walter Braun, *Auf der Suche nach dem perfekten Tag. Das Tao der
Zufriedenheit,* Rowohlt Verlag, Reinbek bei Hamburg 2008.

Andy Karr, *Der Wirklichkeit auf der Spur. Eine Einführung in die
buddhistischen Sichtweisen und die Praxis der Kontemplation,* Joy
Verlag, Oy-Mittelberg 2014.

Meister Ryokan, *Eine Schale, ein Gewand. Zen-Gedichte von Ryokan,*
Kristkeitz Verlag, Heidelberg 1999.

Kodo Sawaki, *Zen ist die größte Lüge aller Zeiten,* Angkor Verlag,
Frankfurt am Main 2005.

Shunryu Suzuki, *Zen-Geist, Anfänger-Geist. Unterweisungen in Zen-
Meditation,* Theseus Verlag, Berlin 1975.

Chögyam Trungpa, *Das Buch vom meditativen Leben,* Rowohlt Verlag,
Reinbek bei Hamburg 1991.

Alan Watts, *Zen-Stille des Geistes,* Theseus Verlag, Berlin 2001.

Alan Watts, *Weisheit des ungesicherten Lebens,* Scherz Verlag, Bern,
München, Wien 1978.

기타 참고 문헌

Robert Frost, *Promises to keep. Poems—Gedichte,* Langewiesche-Brandt
Verlag, Ebenhausen 2004.

Daniel Hell, *Die Wiederkehr der Seele. Wir sind mehr als Gehirn und
Geist,* Kreuz Verlag, Freiburg im Breisgau 2013.

Dalai Lama/Desmond Tutu, *Das Buch der Freude,* Lotos Verlag,
München 2016.

Sam Keen, *Das Feuer im Herzen entfachen. Die Kraft der Spiritualität,*
Kreuz Verlag, Freiburg im Breisgau 2011.

Christian Morgenstern, *Wir fanden einen Pfad,* Zbinden Verlag, Basel
2014.

Mary Oliver, *Wild Geese. Selected Poems,* Bloodaxe Books, Hexham
2004.

Toni Packer, *Der Moment der Erfahrung ist unendlich. Meditation
jenseits von Tradition und Methode,* Theseus Verlag, Berlin 1996.

Elif Shafak, *Die vierzig Geheimnisse der Liebe,* Kein & Aber Verlag,
Berlin 2013/2014.

Brian Swimme, *Das Universum ist ein grüner Drache. Ein Dialog über
die Schöpfung und die mystische Liebe zum Kosmos,* Aurum Verlag,
Bielefeld 2007.

David Whyte, *Fire in the Earth,* Many Rivers Press, Langley 1992.

David Whyte, *Crossing the Unknown Sea. Work as a Pilgrimage of
Identity,* Riverhead Books, New York 2001.

주

1 Hazrat Inayat Khan, *Wanderer auf dem inneren Pfad*, S. 24.

2 《마태오의 복음서》 25 : 40.

3 'Minbar'는 이슬람교 사원 내부에 있는, 지도자의 설교단이다.

4 C.G. Jung, *Erinnerungen, Träume, Gedanken*, S. 40.

5 고백하건대 이 문장은 마이스터 에크하르트의 말을 내가 아주 거칠게 번역한 것이다. 원래 문장은 다음과 같다. "그러므로 우리는 신에게서 자유롭고 진리를 지각할 수 있게 되기를 기도합니다."(Meister Eckhart, *Mystische Schriften*, Insel Taschenbuch, Frankfurt am Main und Leipzig 1991, S. 89와 Meister Eckhart, *Vom Atem der Seele*, Reclam Verlag, Stuttgart 2014, S. 93 참조.

6 David Steindl-Rast, *Fülle und Nichts*, S. 34.

7 Martin Buber, *Gottesfinsternis*, S. 13.

8 Rumi, *Die Musik, die wir sind*, S. 51.

9 린 콕스는 1971~2002 사이에 미국과 소련 사이 베링 해협을 수영해 건너는 등 놀라운 일을 많이 한 미국의 장거리 야외 수영 선수이다.

10 루이스 퓨는 환경 문제를 알리기 위해 북극에서 수영하는 등 주목받는 활동을 많이 한 영국의 장거리 수영 선수이자 환경 운동가이다.

11 첸레지그Chenrezig는 자비심의 상징으로 숭배받는 티베트의 관세음

보살이다.

12 Tagore, *Gitanjali*, S. 84.

13 Buber, *Der Weg des Menschen nach der chassidischen Lehre*, S. 51.

14 Buber, *Der Weg des Menschen nach der chassidischen Lehre*, S. 52.

15 Meister Eckhart, *Predigt* 5b, DW I, S. 71.

16 Khan, *Wanderer auf dem inneren Pfad*, S. 114.

17 간접 광고 전문가로서 여기서 나의 다른 책,《우리가 알고 싶은 삶의 모든 답은 한 마리 개 안에 있다*Der Buddha auf vier Pfoten*》(불광출판사, 2021)를 읽어보기 바란다.

18 Nouwen/Nomura, *Weisheit aus der Wüste*, S. 36 참조.

19 출처: 페이스북 프로필을 비롯한 나머지 인터넷 프로필 문구들의 최소 한 4분의 3.

20 Buber, *Der Weg des Menschen nach der chassidischen Lehre*, S. 17.

21 《요한의 복음서》14: 2.

22 《마태오의 복음서》11: 19 참조.

23 《요한의 복음서》2: 1~12 참조.

24 Tagore, *Gitanjali*, S. 92.

25 Buber, *Der Weg des Menschen nach der chassidischen Lehre*, S. 21.

26 Buber, *Des Baal-Schem-tow Unterweisung im Umgang mit Gott*, S. 13.

27 MacLeod, *The Whole Earth Shall Cry Glory*, S. 16.

28 《도마복음》Logion 77.

29 《코란》, Sure 2, 115.

30 Khan, *Wanderer auf dem inneren Pfad*, S. 106.

31 Tagore, *Gitanjali*, S. 21.

32 Johannes Cassian, *De Institutis Coenobiorum* 5.

33 《이사야》 58: 6~8.

34 Zitiert in Kuster, *Franziskus*, S. 22.

35 Merton, *Die Weisheit der Wüste*, S. 9.

36 Ziegler, *Frei werden*, S. 9.

37 Ebd.

38 모든 혁명은 때가 되면 제도권에 의해 상업화되는 것 같다. 1977년에 펑크록은 진정 혁명이었다. 무정부적이고 권위를 조롱하고 (전문가의 도움 없이 스스로 하라는 뜻의) 'Do it Yourself'가 전례 없이 사람들을 고무했었다. 요즘은 이 말이 H&M '라몬즈Ramones(펑크록의 전설— 옮긴이) 티셔츠'에 프린트로 들어가는 문구로 쓰인다. 눈물 나는 일이 아닐 수 없다!

39 《루가의 복음서》 17: 21.

40 《요한의 복음서》 3: 8 참조.

41 Regis J. Armstrong의 *Francis of Assisi*(Early Documents, Vol 1, The Saint, New York 2001, S. 481)에 나오는 "Letter to a Minister" 를 인용한 것이다.

42 Rohr, *Die Liebe leben. Siehe Literaturempfehlungen auf Seite* 284.

43 Shunryu Suzuki, *Zen-Geist, Anfänger-Geist*, S. 23.

44 *Die Wolke des Nichtwissens*, z.B. Kap. 7 참조.

45 Kodo Sawaki, *Zen ist die größte Lüge aller Zeiten*, S. 34.

46 Rilke, *Briefe an einen jungen Dichter*, S. 23.

47 조지 R.R. 마틴은 세계적 베스트셀러(진짜 매우 재미있는) 판타지물, 《왕좌의 게임》과 《얼음과 불의 노래》의 저자이다.

48 ÓLaoire, *Seelen auf Safari*, S. 69.

49 Frost, *Promises to keep*, S. 67.

50 Steindl-Rast, *Credo*, S. 13.

51 Morgenstern, *Wir fanden einen Pfad*, S. 24.

52 Angelus Silesius, *Der cherubinische Wandersmann*, S. 60.

53 Swami Vivekananda in Kämpchen, *Dein Name gewährt jeden Wunsch*, S. 40.

54 Steindl-Rast, *Credo*, S. 14.

55 Rilke, *Du musst das Leben nicht verstehen*, S. 19.

56 Thomas von Aquin, *Lectura super Matthaeum* V,4 (Nr. 458).

57 Jiddu Krishnamurti, *Das Licht in uns*, S. 203.

58 Angelus Silesius, *Der cherubinische Wandersmann*, S. 26.

59 Ebd., S. 50.

60 Tagore, *Gitanjali*, S. 25.

61 대부분의 조상彫像들은 당연히 팔이 천 개까지 있지는 않다. 아시아에서 '천 개' 혹은 '만 개'라는 표현은 '아주아주 많다'는 뜻이다.

62 Khan, *Wanderer auf dem inneren Pfad*, S. 105.

63 Angelus Silesius, *Der cherubinische` Wandersmann*, S. 17.

64 hierzu, Douglas-Klotz, *Das Vaterunser*, S. 34 ff. 참조.

65 《요한의 복음서》 10: 30.

66 Rumi, *Die Musik, die wir sind*, S. 86.

67 Hafis, *Offenes Geheimnis*, S. 13.

68 Frightened Rabbit, "Holy" (Text von Scott Hutchinson) auf dem Album ⟨Pedestrian Verse⟩ (Atlantic Records).

69 Aus: David Whyte, "Self-Portrait" in *Fire in the Earth*, Übersetzung vom Autor.

70 Thoreau, *Vom Spazieren*, S. 12.

71 In: Merton, *Die Weisheit der Wüste*, S. 65.

72 Muir, *My first Summer in the Sierra*, S. 61.

73 나트룬 계곡은 이집트 베헤이라 주에 있는 계곡으로, 2~3세기 기독교 수사들이 철저하게 복음서에 따라 살기 위해 은둔해 살았던 이집트의 한 지역이다.

74 《창세기》1: 28.

75 Bradley, *Der keltische Weg*, S. 57.

76 《에제키엘》1: 4~12 참조.

77 《요한계시록》4: 6~8 참조.(티베트의 관세음보살, 첸레지그가 천 개의 팔과 손 각각에 눈을 달고 있었던 것과 매우 비슷하다.)

78 In: Massingham, *The Tree of Life*, S. 37.

79 In: Bradley, *Der keltische Weg*, S. 66.

80 In: Adam, *Tides and Seasons*, S. 33.

81 매튜 폭스의 훌륭한 책《삶과의 우정, 창조물의 영성을 위한 네 가지 길*Freundschaft mit dem Leben. Die vier Pfade der Schöpfungsspiritualität*》을 참고하기 바란다.

82 Swimme, *Das Universum ist ein grüner Drache*, S. 28.

83 기독교에서 매튜 폭스Matthew Fox, 리차드 로어Richard Rohr, 조앤 치티스터Joan Chittister, 존 메인John Main, 로렌스 프리먼 Laurence Freeman, 신시아 부르고Cynthia Bourgeault, 베아트리체 브루토Beatrice Bruteau, 존 필립 뉴엘John Philip Newell, 토머스 키팅Thomas Keating, 세안 오라이어Seán Ólaoire가 그들이다.

84 *Carmina Gadelica* I, S. 39~41.

85 Hildegard von Bingen, *Der Mensch in der Verantwortung*, S. 191.

86 O'Donohue, *Anam Cara*, S. 95.

87 《창세기》1, 2장 참조.

88 Zitiert in Landmann, *Jüdische Weisheit aus drei Jahrtausenden*, S. 57.

89 Tagore, *Gitanjali*, S. 97.

90 Chittister, *Das Leben beginnt in dir*, S. 22.

91 Swimme, *Das Universum ist ein grüner Drache*, S. 26.

92 Brihadaranyaka Upanishad V,1 in Kämpchen, S. 29.

93 Khan, *Wanderer auf dem inneren Pfad*, S. 108.

94 Angelus Silesius, *Der cherubinische Wandersmann*, S. 33.

95 In: Kämpchen, *Dein Name gewährt jeden Wunsch*, S. 110.

96 《마태오의 복음서》18: 3 참조.

97 Hafis, *Offenbares Geheimnis*, S. 9.

98 Swimme, *Das Universum ist ein grüner Drache*, S. 26.

99 Hildegard von Bingen, Gott sehen. Carmina 16, S. 35.

100 Hafis, *Offenbares Geheimnis*, S. 46.

101 Dalai Lama/Desmond Tutu, *Das Buch der Freude*, S. 23.

102 Mechthild von Magdeburg, *Das fließende Licht*, 1. Buch, 35. Kap., S. 74.

103 《도마복음》Vers 58.

104 Rumi, *Traumbild des Herzens*, S. 20.

105 Leonard Cohen, Anthem (auf dem Album *The Future*, Columbia Sony 1992).

106 Mechthild von Magdeburg, *Das fließende Licht*, 2. Buch, 15.

Kap., S. 98.

107 Die Regel des heiligen Benedikt 64, 17 참조.

108 Ebd., 64, 13.

109 Ebd., 64, 19.

110 Ebd., 64, 18 bzw. Gen 33, 13.

111 Merton, Die Weisheit der Wüste, S. 66 참조.

112 Ebd.

113 Augustinus, *Bekenntnisse*, S. 7.

114 Angelus Silesius, *Der cherubinische Wandersmann*, S. 41.

115 Bernard von Clairvaux, *Hoheliedpredigt* 18, 3 (in der lateinischen Werkausgabe Sancti Bernardi Opera I, 104, 9~28).

116 나쁜 경우 이 두 길이 결합한다. 예를 들어 미국의 바이블 벨트Bible-Belt(성서 지대, 미국 중남부에서 동남부 지역으로 기독교 근본주의, 신복음주의 개신교의 영향이 큰 지역을 의미한다—옮긴이)의 복음주의 개신교의 형태가 많이 그렇다. 이 교회들은 신의 사랑과 금전적으로 부유한 상태가 비례한다고 본다. 따라서 가난한 사람들은 이중의 고통을 받게 된다.

117 Angelus Silesius, *Der cherubinische Wandersmann*, S. 37.

118 Tagore, *Gitanjali*, S. 27.

119 Regel des hl. Benedikt 22, 6.

120 Chödrön, *Meditieren*, S. 24.

121 Ziegler, *Frei werden*, S. 52 ff. 참조.

122 《하바꾹》3: 2.

123 《전도서》7: 9. 여기서는 Salcia Landmann의 *Jüdische Weisheit aus drei Jahrtausenden*, S. 144에서 인용했다.

124 In: Miller, *Weisung der Väter*, Ausspruch 115.

125 Dalai Lama, Howard C. Cutler, *Die Regeln des Glücks*, S. 279.

126 Yoda in 〈Star Wars, Episode 1─Die dunkle Bedrohung〉.

127 《마태오의 복음서》5: 3~12 참조.

128 《마태오의 복음서》6: 5~15 참조.

129 《마태오의 복음서》6: 26~34.

130 Dalai Lama/Howard C. Cutler, *Die Regeln des Glücks*, S. 275.

131 Mischna, Awot 5,17 in Landmann: Jüdische Weisheit aus drei Jahrtausenden, S. 146.

132 《요한의 복음서》2: 13~16.

133 《마태오의 복음서》23: 2~25 참조.

134 ÓLaoire, *Seelen auf Safari*, S. 34.

135 Merton, *Die Weisheit der Wüste*, S. 28.

136 Tagore, *Indische Weisheiten für jeden Tag*, S. 13.

137 정확한 출처를 찾을 수는 없으므로, 정말 훔볼트가 이런 말을 했는지는 확실하지 않다. 하지만 누가 한 말이든 인용할 가치가 충분한, 근본적인 진리를 전달하는 말임은 분명하다. 설사 인터넷에서 장난처럼 떠도는 말이라고 해도 말이다.

138 Tagore, *Indische Weisheiten für jeden Tag*, S. 12.

139 Keen, *Das Feuer im Herzen entfachen*, S. 160.

140 Angelus Silesius, Der cherubinische Wandersmann, S. 35.

141 원죄 개념은 아우구스티누스가 마니교도인 자신의 경험을 바탕으로 기독교 안으로 가지고 들어온 개념이다. 마니교는 좋은 신과 나쁜 신 둘 다 모시는 종교인데, 안타깝게도 창조물을 책임지는 쪽은 나쁜 신 쪽이다. 따라서 원래부터 세상이 엉망일 수밖에 없고, 인간은 그런 세상에서 구원받아야 한다고 주장한다. 반대로 아일랜드의 수사 펠라기우스는 창조물이 근본적으로 선하고 신(원천)으로부터 나쁜 것이 나

올 수 없다고 믿었다. 아우구스티누스와 펠라기우스는 이 문제로 크게 다퉜는데, 결국 아우구스티누스가 이겼다. 이것이 아우구스티누스의 상당히 잘못된 생각이 여전히 우리 주변을 배회하는 이유이다.

142 《요한의 복음서》14: 12 참조.

143 ÓLaoire, *Seelen auf Safari*, S. 158.

144 Ebd., S. 158.

145 Ebd., S. 159.

146 ihr Gedicht 〈Wild Geese〉 im gleichnamigen Buch 참조.

147 Martin Buber, *Der Weg des Menschen nach der chassidischen Lehre*, S. 16.

148 시-셰퍼드 컨저베이션 소사이어티Sea-Shepherd Conservation Society는 해양 생물 보호 단체이다. 포경선을 침몰시키는 '거침없는' 행동도 주저하지 않는다.

149 존 로빈스는 1980년대부터 이미 채식을 권장하고 동물 권리 보호에 앞장섰던 미국의 작가이다.

150 아룬다티 로이는 세계화를 비판하는 데 앞장서 온 인도의 작가이다. 인도의 민족주의와 인도가 가속화하고 있는 핵무기 경쟁도 비판한다.

151 Eine dieser Seiten ist zum Beispiel www.newslichter.de.

152 Trungpa, *Das Buch vom meditativen Leben*, S. 47.

153 Khan, *Wanderer auf dem inneren Pfad*, S. 60.

154 Chittister, *Das Leben beginnt in dir*, S. 59.

155 Klemens von Alexandrien, Stromateis in Theißen, *Die Weisheit des Urchristentums*, S. 55.

156 Chittister, *Das Leben beginnt in dir*, S. 62.

157 Khan, *Wanderer auf dem inneren Pfad*, S. 125.

158 Watts, *Weisheit des ungesicherten Lebens*, S. 74.

159 Meister Eckhart, Predigt 5b, DW I, S. 71.

160 Watts, *Weisheit des ungesicherten Lebens*, S. 114.

161 이 기도문이 누구의 말인지는 확실하지 않다. 니부어 자신이 저작권을 주장하지는 않았는데, 그가 1930년대 혹은 1940년대 쓴 것 같기는 하다. 오늘날 수많은 인용문 혹은 금언집에서 이 말이 인용된 것을 볼 수 있다.

162 Tagore, *Gitanjali*, S. 88.

163 Khan, *Wanderer auf dem inneren Pfad*, S. 27.

164 Angelus Silesius, *Der cherubinische Wandersmann*, S. 39.

165 Iyer, *The Moral and Political Thought of Mahatma Gandhi*, S. 138.

166 Karr, *Der Wirklichkeit auf der Spur*, S. 173에 인용된 나가르주나의 말을 재인용했다.

167 예를 들어 《창세기》 43: 23, 《창세기》 50: 21, 《신명기》 3: 22, 《사무엘상》 12: 20, 《야고보서》 44: 8, 《요엘》 2: 22, 《학개》 2: 5, 《마태오의 복음서》 10: 31, 《마태오의 복음서》 17: 7, 《마태오의 복음서》 28: 10 등등.

168 Rumi, *Die Musik, die wir sind*, S. 13.

169 Shafak, *Die vierzig Geheimnisse der Liebe*, S. 269.

170 Original und Übersetzung aus Kurt Ruh, *Meister Eckhart. Theologie-Prediger-Mystiker*. C.H. Beck Verlag, München 1989, S. 47 ff.

171 Packer, *Der Moment der Erfahrung ist unendlich*, S. 30.

172 Weil, *Das Unglück und die Gottesliebe*, S. 58.

173 Buber, *Der Weg des Menschen nach der chassidischen Lehre*, S.

56.

174 In Kämpchen, *Dein Name gewährt jeden Wunsch*, S. 43.

175 Angelus Silesius, *Der cherubinische Wandersmann*, S. 20.

176 Steindl-Rast, *Credo*, S. 31.

177 Rohr, *Das Wahre Selbst*, S. 75.

178 Swimme, *Das Universum ist ein grüner Drache*, S. 85.

179 Steindl-Rast, *Credo*, S. 64.